VL.E

Christina Mundlos

Mütterterror

Christina Mundlos

Mütterterror

Tectum Sachbuch

Christina Mundlos
Mütterterror
Angst, Neid und Aggressionen unter Müttern
2., erweiterte Auflage

ISBN: 978-3-8288-2968-8

Umschlagabbildungen: Scherenschnittidylle mikosca – www.istockphoto.com
Druck und Bindung: CPI – Ebner & Spiegel, Ulm
Printed in Germany

Besuchen Sie uns im Internet
www.tectum-verlag.de

FSC
www.fsc.org
MIX
Papier aus verantwortungsvollen Quellen
FSC® C006701

Bibliografische Informationen der Deutschen Nationalbibliothek
Die Deutsche Nationalbibliothek verzeichnet diese Publikation in der Deutschen Nationalbibliografie; detaillierte bibliografische Angaben sind im Internet über http://dnb.ddb.de abrufbar.

Für Kolja, Alexis & Svea

Inhaltsverzeichnis

Die moderne 24-Stunden-Mutter ist neu in der Menschheitsgeschichte. Und sie ist eine Reaktion auf die Frauenbewegung.

EMMA

Es gibt kaum einen Erfahrungsbericht junger Mütter von heute, in dem das Wort »Schuldgefühl« nicht mit schöner Regelmäßigkeit wiederkehrt.

Herrad Schenk, 1996

Mutterschaft und Kinderkult sind heute die effektivste Waffe gegen die Emanzipation. Was auf der anderen Seite den rasant ansteigenden Kinderboykott der Frauen erklärt.

Alice Schwarzer, 2000

Mütter zu beschuldigen ist ein alter Taschenspielertrick des Patriarchats: Wie im Zauberer von Oz verwenden wir all unsere Energie darauf, die böse Hexe aufzuspüren, so dass wir dem Drahtzieher keine Aufmerksamkeit schenken.

Elizabeth Debold, Idelisse Malve,
Marie Wilson, 1994

Die Kinder sind das letzte Faustpfand, das die Männer in der Hand haben.

Sigrid Metz-Göckel, 1985

I. Einleitung

Was ist Mütterterror?

Die Krux des schlechten Gewissens

Mütter haben ein schlechtes Gewissen – fast immer. Von früh bis spät gibt es viele Gründe, weshalb sich Mütter für Erziehungsfragen und -probleme verantwortlich oder gar schuldig fühlen. Das schlechte Gewissen nagt an ihnen, wenn sie ihr Kind mal etwas später aus dem Kindergarten abholen oder sich beim Kauf der Babyschale nicht vorher über den Schadstoffgehalt informiert haben. Tagtäglich gibt es Situationen, in denen sie das Gefühl haben, nicht zu genügen, Rabenmütter zu sein, oder in denen sie denken, dass sie es schlicht hätten besser machen können.

Häufig haben Mütter aber nicht etwa ein schlechtes Gewissen, weil sie selbst so unzufrieden mit ihrer »Leistung« sind, sondern weil ihnen von anderen das Gefühl vermittelt wird, etwas falsch zu machen. Vor allem von anderen Müttern. Da wird gestichelt, der eine oder andere Kommentar fallen gelassen, vorwurfsvolle Fragen gestellt oder ganz direkt der Unmut über Erziehung und Haushalt der anderen geäußert. Weder Väter noch Kinderlose müssen sich eine derart ausufernde und aggressive Kritik am Lebensstil gefallen lassen. Mütter terrorisieren sich gegenseitig mit Vorhaltungen und Besserwisserei. Dieser Mütterstreit

> »verwandelt die Frauenwelt hinter vermeintlicher Freundlichkeit und fröhlichem Gezwitscher in ein Gemisch aus Intoleranz, Verständnislosigkeit, Besserwisserei, Hartherzigkeit, Aggressivität, Neid und Missgunst.«[1]

Gestiegene Ansprüche

Von Solidarität, Wohlwollen und Unterstützung unter Müttern also keine Spur. Dabei sind die Ansprüche, die an Mütter gestellt werden, in den letzten Jahren ins Unermessliche gestiegen. Es gibt kaum noch

---

1 Cornelie Kister: Mütter, euer Feind ist weiblich! Wie Frauen sich gegenseitig das Leben zur Hölle machen, Frankfurt am Main 2007, S. 123.

etwas, das Mütter tun können, ohne zuvor eine lexikondicke Bedienungsanleitung zu studieren – sei es das Breikochen oder der Umgang mit Daumen nuckeln, Trotzphase oder Hausaufgabenhilfe. Da die Anforderungen an die Kindererziehung nicht nur in hoher Taktung auf Mütter einprasseln, sondern auch noch häufig in sich widersprüchlich sind, können sie unmöglich (alle) erfüllt werden. Ein mütterlicher Schulterschluss wäre daher wichtiger denn je. Doch gerade steigende Anforderungen an Mütter heizen den Mütterterror eher noch an.

Wo findet Mütterterror statt?

Krabbelgruppen …

Die Krabbelgruppe ist nicht nur ein Treffen von fröhlichen Müttern, mit lachenden, krabbelnden, spielenden Babys. Sie ist auch ein Haifischbecken mit Sticheleien, Gemeckere, subtilen Vorwürfen, kratzbürstigen Antworten oder Vorträgen über die richtige, die einzig wahre säuglingsgerechte Beikosteinführung. Oft fühlt man sich nach einem Müttertreffen schlechter als vorher, weil man sich sorgt, ob man die falschen Windeln oder eine nicht ökotesttaugliche Popocreme verwendet. Oder man sorgt sich, ob man dem Baby zu viel Popocreme und zu wenig Muttermilch gibt. Oder man fragt sich, ob es schadet, die Muttermilch per Flasche zu füttern. Oder man sorgt sich, weil man eine Tagesmutter hat und keinen Krippenplatz, oder fragt sich, ob man die Tagesmutter vielleicht zu lange und zu früh hinzugezogen hat. Und manchmal macht man sich nach so einem Treffen auch Sorgen, ob man sich nicht genug sorgt.

… und andere Orte des Terrors

Natürlich werden Mütter mit diesen LKW-Ladungen an Vorwürfen, Unterstellungen und Verbesserungsvorschlägen nicht nur in Krabbelgruppen überhäuft. Familientreffen mit Müttern, Großmüttern und Urgroßmüttern, aber auch mit der kinderlosen Cousine oder der Bekannten, die neben einem Spielplatz wohnt, sind ebenfalls beliebte Anlässe für den »Mütterterror«. Meistens wird er vor allem von denen praktiziert, die selbst darunter zu leiden haben. Männer sticheln und kritisieren deutlich seltener als Mütter, die selbst betroffen sind. Kein Vater, Onkel, Cousin oder Spielplatznachbar kommt bei einem Familientreffen, beim Einkaufen, im Café oder auch am Gartenzaun auf andere Eltern zu und sagt »Ui, Deine Susi isst aber schon ganz gut Brei, jedenfalls dafür, dass ihr damit zu früh angefangen habt.«

Über dieses Buch

Bestandsaufnahme

Es ist wichtig, die Schauplätze des Mütterterrors und deren jeweilige Eigenheiten genauer zu beleuchten. Das gegenseitige Kritisieren und Anfeinden funktioniert je nach Gruppe, Ort und Thema ganz unterschiedlich. Mit einer Betrachtung der verschiedenen Formen des Mütterterrors, können die Ursachen für das notorisch schlechte Gewissen und den Kleinkrieg unter Müttern ausgemacht werden. Mit dem Hintergrundwissen, woher die Aggressionen und Schuldgefühle stammen, können Mütter dann versuchen, ein besseres Selbstbewusstsein zu entwickeln und Solidarität zu leben.

Wie sprechen Mütter in Krabbelgruppen und in Internetforen miteinander, wie im Kindergarten, auf Tupper-Partys und auf Familienfeiern? Und wo liegen die Unterschiede in den Sticheleien, Auseinandersetzungen und der subtilen bis hin zu direkt aggressiven Kritik? Welche Funktion haben die traditionellen Anforderungen an Mütter, wie z.B. alles selbst zu backen, zu kochen, zu basteln? Seit wann existieren diese Ansprüche eigentlich? Und warum verfolgen sie auch heute noch, im 21. Jahrhundert, emanzipierte Frauen? Wo werden neue Ansprüche an Mütter gestellt, zum Beispiel das Schönheitsideal betreffend, das bei Müttern ganz besonders perfide wirkt? Die Entwicklung und Geschichte des Mütterterrors nachzuvollziehen, hilft auch den typischen Ärger, den Mütter mit ihren eigenen Müttern haben, zu verstehen. Die Generationenkonflikte zwischen Müttern, Großmüttern und Urgroßmüttern müssen betrachtet werden, denn sie sind die Basis, auf der jeder »Mütterterror« gedeiht. Wie können Mütter in Zukunft den Streit um unterschiedliche Erziehungsstile, der jede Familienfeier trübt, vermeiden?

Einen wichtigen Schauplatz des Mütterterrors stellen die verschiedenen Medien dar. Sie spielen für das Funktionieren und den Fortbestand der Kleinkriege von Müttern eine wichtige Rolle. Hier werden den Leserinnen und Zuschauerinnen anhand von prominenten Beispielen Minderwertigkeitskomplexe eingeredet.

Ziel des Buches

Ziel der Analyse des »Mütterterrors« ist, die Wirkungen und die dahinter steckenden Mechanismen zu verstehen, um diese zu durchbrechen und zu vermeiden. Daher werden in diesem Buch verschiedene Erklärungs- und Lösungsansätze vorgestellt – vor allem aus sozialpsychologischer Sicht. Wie können Frauen lernen, mit sich und ihren Leistungen zufrieden zu sein und trotzdem andere Lebensstile nebenher als ebenso wertvoll zu verstehen? Mütter leben heute nicht mehr wie vor fünfzig Jahren. Sie haben Rechte. Und sie haben gerne Recht. Was Frauen noch fehlt, ist Selbstbewusstsein und Gelassenheit im Umgang mit der Mutterrolle. Sie dürfen anderen Müttern und gesellschaftlichen Konventionen nicht mehr die Macht geben, über ihre Zufriedenheit mit sich selbst und ihrem Leben zu entscheiden.

II. Geschichte und Auslöser des Mütterterrors

Wieso fühlen Mütter sich schlecht?

Zwischen Selbstkritik und Selbstlob

Warum haben Mütter oft das Gefühl, eine schlechte Mutter zu sein oder Fehler zu machen, und verkaufen anderen Müttern ihren Erziehungsstil dennoch als einzig richtigen? Wieso schwanken sie zwischen Selbstkritik und Selbstlob? Und weshalb ist die Kindererziehung so emotional aufgeladen, dass schon die Tatsache, dass andere Eltern ihre Kinder anders erziehen, wie ein Vorwurf an dem eigenen Erziehungsmodell aufgefasst wird? Warum können Mütter sich nicht gegenseitig bestärken?

Kindererziehung ist eine sensible und eine sehr verantwortungsvolle Aufgabe. In der medialen Öffentlichkeit wird sie stilisiert und zu einer hochemotional aufgeladenen Angelegenheit. Für Glück, Erfolg, Karriere und Zukunft eines Menschen wird seine Mutter verantwortlich gemacht. Ein Kind zu bekommen und bis ins Erwachsenenalter zu begleiten, ist das wohl größte Projekt im Leben vieler Frauen. Und das vermutlich öffentlichste (wenn man nicht gerade berühmt ist). Kindererziehung ist ein Projekt, das fast immer anders läuft als geplant und für dessen Erfolg oder Misserfolg noch Jahrzehnte später die Mütter verantwortlich gemacht werden.

Die ‚besondere Verantwortung' der Mutter

Zudem werden Frauen auch heute noch fast ausschließlich über ihre Kinder definiert. Nicht selten wird der Mutter die Rolle der Garantin eines gelingenden Lebens des Kindes zugeschrieben. Ein Mangel an Erfolg in Beruf oder Privatleben von Sohn oder Tochter fallen ebenso häufig angeblich auf die Mutter zurück. Ob das Kind schüchtern wird, schlecht in Mathe oder unsportlich ist – stets heißt es: »Es muss wohl an der Mutter liegen«. Von einem geringen Selbstvertrauen bis hin zu psychopathischen, aggressiven und kriminellen Energien – für alles soll die Mutter verantwortlich sein. Damit lastet ein enormer Druck auf den Frauen.

Sich schlecht fühlen und andere schlecht machen – zwei Seiten einer Medaille

Der Mangel an Anerkennung

Dabei hat der 24 Stunden-Job mit Haushalt, Kinderbetreuung und der Vereinbarung von Familienleben und Berufen einen gewaltigen Nachteil: es gibt keinerlei Anerkennung, Lob oder Gehaltserhöhung für die Leistungen von engagierten Müttern und Vätern. Aber gerade Anerkennung und Wertschätzung sind es, die den Frauen und zunehmend auch Männern fehlen. Gepaart mit dem Anspruch der Perfektion ist dies eine brisante Mischung. Die Maßstäbe, die heutzutage an die Erziehung von Kindern gelegt werden, sind so hoch wie nie zuvor. Die Verantwortung, die Mütter (und Väter) damit tragen, wiegt noch sehr viel schwerer als in vergangenen Zeiten. Doch je höher die Ansprüche sind, die an die Kindererziehung gestellt werden, desto schwerer ist es, sie zu erfüllen. Und je mehr Verantwortung Mütter übernehmen müssen, umso mehr Fehler und Probleme können ihnen angelastet werden. Die Folge ist, dass Mütter sich permanent schlecht fühlen und sich als ungenügend und scheiternd erleben. Da es Anerkennung ohnehin nicht gibt für diese Tätigkeiten, sind der Selbstverdammung, den Selbstvorwürfen und dem notorisch schlechten Gewissen damit Tür und Tor geöffnet.

Was aber tun Menschen, die sich vor unerfüllbare Aufgaben gestellt sehen? Wie reagieren Menschen, die überfordert werden und daher permanent als defizitär wahrgenommen werden? Wie können Mütter damit umgehen, dass sie das Beste wollen, alles geben, noch viel mehr geben sollen und nur manches erreichen?

Strategien der Selbstaufwertung

Menschen, die keinerlei Anerkennung von außen erhalten, können Versagensängste und Schuldgefühle oft nur so kompensieren, indem sie versuchen, sich selbst aufzuwerten. Da es aber keine Aufwertung durch gesellschaftliche Anerkennung oder Lob für Mütter gibt, bleibt ihnen nur eine Möglichkeit: sich selbst aufzuwerten und besser zu fühlen, indem sie andere abwerten. Um dies zu erreichen, werden andere Mütter kritisiert, und ihnen wird ein schlechtes Gewissen eingeredet.

Leidtragende sind dann natürlich nicht irgendwelche Personen, sondern wiederum Mütter. Wie kann sich eine Frau selbst aufwerten, wenn sie das Gefühl hat, als Mutter zu versagen? Sie wird sich am ehesten aufgewertet fühlen, wenn sie den Eindruck erweckt und sich auch selbst verschafft, dass alle anderen Mütter mehr Fehler machen als sie und viel schlechtere Mütter sind. Dann schneidet sie selbst im Vergleich – wenn sie auch nicht in allem mit sich selbst zufrieden ist – geradezu hervorragend ab.

Sich selbst aufwerten, indem man andere abwertet – das ist eine Technik, die vor allem von Menschen angewendet wird, die kein gutes Selbstvertrauen haben, sich minderwertig fühlen und nie gelernt haben auf ihr Können und ihre Leistungen stolz zu sein. Es sind also gerade die Personen betroffen, deren Tätigkeiten in unserer Gesellschaft wenig oder gar nicht geachtet werden, die öffentlich nicht wertgeschätzt werden und denen kein oder kaum Dank zuteil wird. Dies alles trifft auf Mütter zu.

Ungleiche Aufgabenteilung

Hausarbeit

Auch im Jahr 2013 sind Hausarbeit und Kindererziehung Tätigkeiten, die noch vorwiegend von Frauen erledigt werden. Und immer noch fristen diese Tätigkeiten ein Schattendasein am Rande der Gesellschaft. Sie werden nicht wertgeschätzt. Männer scheuen sich nach wie vor, Aufgaben in Haushalt und Kinderbetreuung zu übernehmen, wenn sie auch zunehmend in diesen Bereichen mitwirken. Ein Großteil der Männer ist aber nach wie vor Zaungast in Küche und Kinderzimmer. Häufig lassen sich die Männer auch im 21. Jahrhundert noch zu Hause von hinten bis vorne bedienen. Erschreckend ist, dass diese Männer es schaffen noch Partnerinnen zu finden, die bereit sind die komplette Hausarbeit, die auf Seiten der Männer anfällt, mit zu erledigen. Sie putzen bereitwillig die Toiletten, die die Männer mitbenutzen, und waschen ihre Wäsche, sie räumen ihr Geschirr ab und putzen ihren Dreck weg. Das heißt mitnichten, dass diese Frauen begeistert sind von der Untätigkeit der Männer. Meistens sind Haushalt und Kinder-

erziehung in Familien mit ganz traditioneller Aufgabenteilung ein großes Reizthema. Manche Männer haben einfach noch nicht verstanden, dass der Schlüssel zu einer glücklichen Beziehung ist, sich alle Arbeit partnerschaftlich zu teilen. Und genau das zeigen die Statistiken: je partnerschaftlicher die Aufgabenteilung, desto glücklicher und langlebiger sind die Beziehungen.

Als Hausfrau und Mutter eher leidenschaftslos

Der Mythos von der Glückseligkeit

Viele Frauen erledigen mehr oder weniger unfreiwillig die Hausarbeit und betreuen meist über Jahre allein zu Hause die Kinder. Dabei wünschen sich die meisten Frauen, weniger lange zu Hause zu bleiben und früher wieder in den Beruf einzusteigen. Kinderbetreuung und Haushaltsführung sind nicht die großen Leidenschaften aller Frauen und Mütter. Aber die Frauen glauben, dass von ihnen nicht nur die Übernahme dieser Arbeiten verlangt und erwartet wird, sondern dass sie dabei auch noch besonders glücklich und erfüllt wirken müssten. Der Mythos von der Glückseligkeit, die sich angeblich bei jeder Mutter einstellt, wenn sie total übermüdet einem schreienden Baby die übel stinkende Windel wechseln darf, während sich der Große gerade auf Bettwäsche und Teppich erbricht, hält sich hartnäckig. Bei frischgebackenen Müttern kommt dann langsam die leise Ahnung auf, dass Kinderbetreuung vor allem eins ist: verdammt anstrengend.

Dass es auch schöne Momente gibt, will niemand in Abrede stellen. Aber das Schöne macht das Anstrengende nicht weniger anstrengend. Häufig wird so getan, als wenn Kinderbetreuung unglaublich erfüllend wäre, zwar sehr stressig, aber irgendwie auf eine positive Art und Weise. Die meisten Frauen denken, dass sie etwas falsch machen, denn wenn ihr Körper erschöpft ist und die Nerven blank liegen, hilft ihnen auch kein Babylächeln darüber hinweg. Ähnlich wie schon in den 1950er-Jahren versuchen sie jedoch, nach außen den Schein zu wahren.

Vordergründig wird immer nur berichtet, wie unglaublich schön es mit Kindern sei und dass Mütter froh seien, zu Hause bleiben zu können. Unterhält man sich mit Müttern ein wenig länger, berichtet zum Schluss noch fast jede, dass sie ausgelaugt und entnervt ist und dass sie gerne so bald wie möglich wieder berufstätig sein möchte. Männer, die nie für ein paar Monate zu Hause Kinder und Haushalt versorgt haben, können nicht verstehen oder auch nur erahnen, was für Anstrengungen, Mühen und schweißtreibende Arbeit sich dahinter verbergen. So manche Mutter, die sich von ihrem Mann dazu überreden lässt, für Jahre zu Hause zu bleiben, obwohl Kinderbetreuung und Haushalt nicht ihre großen oder einzigen Leidenschaften sind, ist unglücklich. Es gibt genügend Mütter, die sogar bereuen, Kinder bekommen zu haben, oder die sich nicht wieder dafür entscheiden würden, wenn sie geahnt hätten, was sie aufgeben müssen. Doch nach außen wird der Schein gewahrt und vielleicht sogar schlecht über Mütter geredet, die wenige Monate nach der Geburt wieder arbeiten gehen.

Anstrengungen, Mühen und Anforderungen des Mütter-Alltags werden verschwiegen und heruntergespielt.

Entsprechend wird Kinderbetreuung und Hausarbeit gesamtgesellschaftlich absolut unterbewertet. Und viele Frauen gefallen sich darin, nach außen hin so zu tun, als würde ihnen dieser 24/7-Job ganz leicht von der Hand gehen – auch wenn sie insgeheim ihren Partner dafür verfluchen, dass er ihnen nicht mehr zur Hand geht.

Das Mutterbild

Die Erwartung des Partners

Während sich Männer immer noch im Haushalt und bei der Kindererziehung verweigern oder nur nach ewigen Diskussionen bereit sind ein wenig Arbeit zu übernehmen, verlangen sie oft gleichzeitig von ihren Frauen, zu Hause zu bleiben und bloß nicht »zu schnell« wieder arbeiten zu gehen. So bleiben Mütter, die sich davon beeinflussen lassen, länger zu Hause, als sie eigentlich wollen – weil ihr Partner Vorurteile gegenüber Tagesmüttern und Krippen hat. Andererseits zieht diese Mutter daraus häufig so etwas wie indirekte Anerkennung. Immerhin scheint ihr Partner zu denken, dass sie die gemeinsamen Kinder am besten betreuen, versorgen und erziehen kann. Für das Wohl seiner Kinder will er vermeintlich das Beste und dafür hält er dann wohl sie – die Mutter.

Vermeintliche Aufwertung

Da diese Frauen sonst keinerlei Anerkennung, Lob oder Dank für ihre überaus mühsame Arbeit erhalten, ist das häufig das einzige vermeintliche Kompliment für ihre Leistungen. Es ist also nicht verwunderlich, dass sie – obwohl sie sich meist nichts sehnlicher wünschen, als früh in ihren Beruf zurückzukehren – diese Forderung des Partners als Aufwertung ihres Selbst erleben. Meistens steckt jedoch leider etwas ganz anderes dahinter, nämlich die Verachtung von Frauen, insbesondere Müttern und der Mangel an Respekt vor ihren Fähigkeiten, Talenten und ihrer Menschlichkeit schlechthin.

Die Männer, die von ihren Frauen verlangen zu Hause zu bleiben, verlangen damit ja auch etwas, das sie selbst nie bereit wären zu tun. Dass ihre Frauen dabei unglücklich wirken, scheint viele Männer nicht zu interessieren, und dass ihre Frauen gerne wieder beruflich tätig wären, ist für sie oft absolut indiskutabel. Zum einen ignorieren diese Männer folglich, dass ihre Frauen genauso Rechte, Interessen, Sehnsüchte und Wünsche nach Selbstverwirklichung haben wie sie. Aber zumindest nehmen die Männer an, dass solche Bedürfnisse (freilich nicht bei ihnen selbst) so mal eben für viele Jahre verdrängt oder auf Eis gelegt werden können. Zum anderen ist ihr Mutterbild überaus antiquiert. Ganz wie Eva Herman stellen sie sich die leibliche Mutter gerne als einzige Person vor, die ein Kind versorgen und liebevoll betreuen kann.

Die ‚Natur' der Frauen

Dahinter steckt der Gedanke, Frauen seien von Natur aus für die Kindererziehung besser geeignet. Qua ihrer Genetik und hormonellen Verschiedenheit von Männern müssten sie ja hochzufriedene Supermütter sein, die ganz allein für das Glück ihrer Kinder zuständig sind. Kinderbetreuung könne also nicht delegiert werden, sondern müsse eben an jedem Tag in jeder Minute von der Mutter selbst erledigt werden. Denn nur die Mutter sei für diese Arbeit bestimmt. Kein Wunder – ermöglichen diese Ansichten den Männern doch eine angenehme entspannte Vaterrolle.

Das Steinzeit-Argument

Viele glauben, dass früher immer die Mütter die alleinigen Erzieherinnen der Kinder gewesen seien und sich Jahre oder sogar jahrzehntelang nur der Kinderbetreuung gewidmet hätten. Mit »früher« ist dann meist so ziemlich alles, was vor 1970 jemals stattgefunden hat, gemeint – angefangen bei der Steinzeit. Tatsächlich ist der Job »Hausfrau und Mutter als Lebensberufung« und »die Mutter als einzige Betreuerin ihrer Kinder auf weiter Flur« eine Erfindung und ein Ideal der 1950er-Jahre. Letztlich hängt die Erschaffung des Bildes der »guten Mutter«, welches gerade für Deutschland eine extreme Ausgestaltung erfuhr, mit den Prozessen der Technisierung und des Nationalismus' im späten 19. Jahrhunderts zusammen.

Die Erfindung der »guten Mutter«

HINTERGRUND

Die Trennung von Erwerbsarbeit und Hausarbeit entsprang der Industrialisierung und der Verringerung agrarisch dominierter Lebensweise. Zuvor waren auch die Aufgabenfelder von Mann und Frau nicht so verschieden, wie wir es aus dem Ende des 19. und der ersten Hälfte des 20. Jahrhunderts kennen. Ganz im Gegenteil werden sie in der Geschlechterforschung sogar als »Produktionseinheit« (Maihofer 2004, S. 386) bezeichnet.

> »Beide, Ehemann und Ehefrau, haben dabei sowohl produktive als auch reproduktive Tätigkeiten ausgeübt. Obwohl dies – allerdings in anderer Form – eine geschlechtsspezifische Arbeitsteilung implizierte, gab es viele Arbeiten, die gemeinsam getan wurden oder direkt ineinander griffen. Beide waren zudem materiell völlig aufeinander angewiesen.« (Ebd.)

Eine intensive Betreuung der Kinder durch nur einen Elternteil, wie wir sie heute kennen, fand nicht statt. Die Kinder liefen bei der Arbeit der Eltern nebenher und waren große Teile des Tages auf sich selbst gestellt. Die Familie, in der die Mutter sich ausschließlich um Haushalt und Kinder kümmert, während der Mann erwerbstätig ist, gibt es also mitnichten schon seit Urzeiten. Ebensowenig wie die damit angeblich einhergehende, besonders intensive Mutter-Kind-Beziehung.

> »In der vorindustriellen Gesellschaft war die Beziehung zwischen Mutter und Kind weniger intensiv und emotional. Babies und Kleinkinder waren weitge-

> hend sich selbst überlassen; der Arbeitsalltag ließ nicht zu, daß sich die Eltern länger mit ihnen beschäftigten«. (Schenk 1992, S. 20)

Eva Herman, Christa Meves und weitere Feinde der Gleichberechtigung behaupten unentwegt, dass die Frau bereits seit Menschengedenken in der Idylle des familiären Heims tagein tagaus ihre Kinder liebkoste, wickelte und Klos schrubbte. Häufig versuchen sie darauf sogar ihre Argumentation aufzubauen. Dann heißt es: wenn es doch schon immer so war, muss es einen guten Grund dafür geben und daher sollte es auch für alle Zeiten so sein. Umso wichtiger ist es, für Mütter, denen heute permanent Vorhaltungen aufgrund ihrer Erwerbstätigkeit gemacht werden, zu wissen, dass diese Vorstellungen über Familien in der Vergangenheit falsch sind.

Erst mit Einsetzen der Industrialisierung entstanden zwei Arbeits- und Aufenthaltsorte der Familie: die Fabrik und das Heim.

> »Mit der Auslagerung der Produktionsfunktion aus der Familie und der allmählichen Freistellung der Mittelklassefrauen beginnt sich die Form der Mutter-Kind-Beziehung zu entwickeln, die uns heute so geläufig ist, daß wir sie für die einzig ´natürliche` halten.« (Ebd.)

Die erste Frauenbewegung in Deutschland hat ihre Anfänge Mitte des 19. Jahrhunderts. Im Vordergrund standen damals die Bildungsteilhabe, die Erwerbsarbeit und das Stimmrecht für Frauen. Bis 1933 existierte diese erste Frauenbewegung. Hitler hat nach seiner Machtergreifung »alle bestehenden Frauenorganisationen, egal ob sie sozialkaritativ, beruflich oder politisch orientiert waren, aufgefordert, sich aufzulösen oder der NS-Frauenschaft anzuschließen.« (Ebd., S. 69) Zudem führte er eine »Anti-Frauen-Quote« für Studentinnen ein. Während 1932 noch 15,8% der Studierenden weiblich waren, sollte nun der Frauenanteil 10% nicht übersteigen. (Ebd., S. 73)

Literatur

Andrea Maihofer: Was wandelt sich im aktuellen Wandel der Familie?, In: Beerjorst, J.; Demirovic, A.; Guggemos, M. (Hg.): Kritische Theorie im gesellschaftlichen Strukturwandel, Frankfurt am Main 2004, S. 386.

Herrad Schenk: Die feministische Herausforderung. 150 Jahre Frauenbewegung in Deutschland, 6. Aufl., München 1992, S. 20.

Zu diesen Entwicklungen kommen außerdem die Auswirkungen der Mütterlichkeitsideologie des Nationalsozialismus hinzu, welche die Trennung der Geschlechterrollen intensiv vorantrieb.

Verschwendetes Potential

Mit der Aufwertung der angeblich angeborenen Mütterlichkeit geht dabei immer auch eine ungeheuerliche Abwertung anderer Talente und geistiger Möglichkeiten von Frauen einher. Denn ebendiese sollen die Frauen natürlich zurückstellen, um sich ausschließlich Kindern und Haushalt zu widmen. Das große Potential für unsere Gesellschaft, das von Frauen auch außerhalb der eigenen vier Wände ausgeht, wird geflissentlich ignoriert.

Dürfen Mütter die Kinderbetreuung delegieren?

Auswärtige Kinderbetreuung als 'notwendiges Übel'

Es kursieren nicht erst seit Christa Meves und Eva Herman viele Vorurteile und Gerüchte über die Betreuung von Kindern außerhalb der Familie oder enger gefasst: die Betreuung der Kinder, die nicht von der leiblichen Mutter geleistet wird. Die Vorstellung, dass ein Kind am besten 24 Stunden am Tag bei der Mutter aufgehoben ist, ist gerade bei älteren Generationen, aber auch noch verblüffend oft bei den unter 40-Jährigen vertreten. So wird die Betreuung eines Kindes bei einer Tagespflegeperson, in der Krippe oder im Kindergarten häufig als schlecht für das Kind und als notwendiges Übel dargestellt. Kein Wunder also, dass selbst die Mütter, die wissen, dass Krippenbetreuung ihren Kindern gut tut, ein schlechtes Gewissen haben, wenn sie ihr Kind in die Kita bringen.

Dabei ist die Frage, an der sich die Gemüter erhitzen und anhand derer die Qualität einer Mutter gemessen werden soll, nicht etwa »Kita: ja oder nein?«. Entscheidend ist die Frage »Kita: Ab wann und wie lange?« Der Halbtags-Kindergartenplatz ist allgemein akzeptiert und wirft kein schlechtes Licht auf die Mutter. Doch wird das Kind schon vor dem 3. Geburtstag betreut oder/und wird es auch nachmittags betreut, dann gelten die Mütter in den Augen vieler als wenig fürsorglich und karrierebesessen. Auf die Väter wirft dies jedoch kein schlechtes Licht.

Ganz im Gegenteil, sie werden für ihre vermeintlich »lieblosen« Frauen noch bemitleidet.

Eigene Bedürfnisse vs. Gesellschaftliche Ansprüche

Den Zwiespalt nie loswerden können

Die Hauptgründe für die Unzufriedenheit und das schlechte Gewissen von Müttern liegen also in dem Zwiespalt zwischen ihren eigenen Bedürfnissen und den Anforderungen, die die Gesellschaft in weiten Teilen noch an sie stellt. Einher geht dieser Zwiespalt und die Ungewissheit, ob man seinen Kindern gerecht wird, mit dem Mangel an Anerkennung. Gesellschaftliche Wertschätzung erhalten Mütter nicht dafür, wenn sie sich dazu drängen lassen zu Hause zu bleiben. Für den Wiedereinstieg in den Beruf gibt es natürlich erst recht keine Bewunderung. Von wem auch? Von den Männern, die nun zu Hause mehr mit anpacken müssen? Von den Chefs, die unter einer perfekten Mitarbeiterin eine Frau ohne Gebärmutter und familiäre Verpflichtungen verstehen? Von den kinderlosen Kollegen, die neidisch gucken, wenn man das Büro um 11.25 Uhr schon wieder verlassen muss, weil das eigene Kind sich im Kindergarten auf die Schuhe der Erzieherin erbrochen hat? Oder von den Erzieherinnen, die auch liebend gern irgendwo in einem ruhigen klimatisierten Büro arbeiten würden, stattdessen aber auf zwanzig Kinder von berufstätigen Müttern für einen Hungerlohn aufpassen müssen?

Fakt ist also: Mütter sind unzufrieden mit sich, mit ihrem Leben und mit den unvereinbaren und widersprüchlichen Bedürfnissen, die sie haben.

Sie wollen frei sein, selbst über ihr Leben bestimmen, beruflich erfolgreich sein und mit einer sinnvollen Tätigkeit Geld verdienen. Aber sie wollen auch den gesellschaftlichen Vorstellungen einer guten Mutter entsprechen, sie wollen das Beste für ihre Kinder, sie wollen im Notfall für ihre Kinder da sein und sie wollen nicht, dass ihre Bedürfnisse gegen die der Kinder ausgespielt werden. Sie wollen nicht jahrelang zu Hause bleiben, um sich zwischen Kindergeschrei und Wischmop bei

Sisyphos-Arbeit selbst zu verlieren. Sie wollen nicht ihr Glück für das Glück ihrer Kinder opfern müssen. Und sie wollen nicht für die Inanspruchnahme existentieller Menschenrechte verurteilt werden, wie zum Beispiel Ruhe- und Entspannungsphasen, Zeit für Mahlzeiten und Körperhygiene zu haben oder mal etwas tun zu können, das ihnen selbst Freude bereitet.

Versklavte Mütter

Viele Mütter fristen in Deutschland ein versklavtes Dasein, das menschenunwürdig ist. Sie versprechen sich davon entweder gesellschaftliche Annerkennung und Liebe bzw. fürchten Missbilligung und Verachtung. Oder ihnen wurde von Eva Herman und Co. erfolgreich weisgemacht, dass Kinder nur glücklich und gesund seien, wenn sich ihre Mütter für sie bis zur Selbstaufopferung krumm machen.

Doch wie sie es auch drehen und wenden, wie sehr sich Mütter bemühen und was sie auch alles an eigenen Träumen und Wünschen begraben: es wird ihnen das Gefühl vermittelt, permanent Fehler zu machen, nicht zu genügen und keine guten Mütter zu sein. Die Messlatte für gute Mutterschaft hängt dabei nicht nur so hoch, dass sie nicht erreicht werden kann, sondern es versteht auch jeder etwas anderes darunter. Und gerade Mütter haben besonders strenge Ansichten dazu, was eine Frau alles tun und was sie lassen muss, damit man nicht die Nase über sie rümpft. Kein Wunder, sind sie doch selbst Zielscheibe von unerfüllbaren Forderungen.

Mutterschaft im 21. Jahrhundert – ein Knochenjob

Der Teufelskreis

Das Phänomen, dass Mütter zwischen Selbsterhöhung und Selbsterniedrigung schwanken, ist nicht neu. Es existiert seit und so lange Frauen und Mütter diskriminiert, unterdrückt und nicht wertgeschätzt werden. Je mehr jedoch ihre unterschiedlichen Bedürfnisse unvereinbar sind und je mehr ihre Bedürfnisse mit den gesellschaftlichen Ansprüchen unvereinbar sind, umso eher geraten Frauen in diesen Teufelskreis aus Minderwertigkeitsgefühlen und Hybris. Sie werden aufgerieben zwischen dem Gefühl, eine Rabenmutter zu sein und dem

Wunsch, anderen dieses Gefühl zu vermitteln. Zur Zeit nimmt der Druck, der auf Müttern lastet, noch zu. Dies liegt an den mittlerweile sehr unterschiedlichen Konzepten einer guten Mutter, die es in unserer Gesellschaft gleichzeitig gibt. Die Frauen müssen nicht mehr nur einem konkreten Mutterbild genügen und sämtliche Bedürfnisse auf Autonomie, Selbstverwirklichung, geistige Betätigung und finanzielle Entlohnung verdrängen, wie das früher noch häufig der Fall war.

Das Mütterbild der 50er-Jahre

In den 1950er-Jahren gab es ein ganz simples Mutterbild. Auch, wenn es alles andere als simpel war, diesem zu entsprechen, waren die Vorgaben und Ansprüche an eine »gute« Mutter doch klar. Die Mütter sollten zu Hause bleiben, nach der Heirat nicht mehr erwerbstätig sein, rund um die Uhr für Kinder, Mann, Haus und Garten schuften und dabei stets gut gelaunt und entspannt wirken. Heutzutage hängen zwar noch viele diesem Bild nach und so gelten oft die damaligen Ansprüche auch heute noch. Hinzu kommen nun aber auch ganz viele Anforderungen, die nicht klar gefasst sind und sich täglich ändern können.

Gestiegene Anforderungen

Heute gibt es für Mütter unendlich viele neue Aufgaben. Es wird erwartet, dass sie sich jeder Menge Fragen stellen und diese »richtig« beantworten: Soll der Babybrei selbst gekocht oder gekauft werden? Soll eine Mutter stillen und wenn ja, wie lange? Kann man Zahnungsgel bei Zahnungsbeschwerden und ätherische Öle bei Erkältungen geben? Sollten sechs Monate alte Kinder besser zu einer Tagesmutter oder in die Krippe? Sind die Plastikbecher aus dem Supermarkt schadstofffrei? Füttert man aus Glas- oder Plastikfläschchen, mit Latex- oder Silikonsauger, aus Standard- oder Weithalsflaschen, mit Kirsch- oder Rundsauger, mit Henkeln oder ohne? Kauft man die Fläschchen von bekannten Marken oder aus der Drogerie oder kauft man gar ganz besonders teure, aber innovative Fläschchen und Sauger aus der Apotheke?

An jeder noch so alltäglichen Entscheidung, die Eltern treffen müssen, scheiden sich die Geister. Frauen können unmöglich überall als gute Mutter gelten. Wo sie für die eine Entscheidung mitleidig belächelt oder streng kritisiert werden, trifft eine andere Entscheidung auf großen Anklang und Zustimmung. Die kaum zu bewältigende Vielfalt an Möglichkeiten raubt zudem Kraft und Zeit. Die Informationen und Hinweise, die gelesen und recherchiert werden müssen, sind vom Umfang her mit einer Abendschule zu vergleichen. Diese wird von (werdenden) Müttern so ganz nebenbei – neben dem 24-Stunden-Job als Hausfrau und Mutter absolviert.

Die Ansprüche an Kindererziehung sind in den letzten 20–30 Jahren enorm gestiegen. Zufälligerweise genau seitdem Mütter verstärkt gegen das jahrelange zu Hause bleiben rebellieren. Der Zuwachs an Erziehungsaufgaben kann als direkte Reaktion auf die Frauenbewegung und Mütteremanzipation verstanden werden. Als Antwort auf die Forderung, Kinder und Beruf zu vereinbaren und früh wieder arbeiten zu gehen, wächst der Berg an Erziehungsaufgaben stetig an. Denn wer sich – wenn die Kinder endlich schlafen – bis nachts über die unterschiedlichen Schnullerformen, Weichmacher in Laufradlenkern oder wackelige Hochstühle informieren muss, hat es deutlich schwerer, auch noch eine Berufstätigkeit in diesen übervollen Tag zu pressen.

Mutterschaft unterliegt einer starken Professionalisierung. Wenn Mütter daran nicht kaputt gehen wollen, müssen sie die Ansprüche runterschrauben, die Aufgaben reduzieren und sich diese mit den Vätern und Betreuungseinrichtungen teilen.

III. Schauplätze des Mütterterrors

1. Mutter-Kind-Gruppen – Wölfe im Schafspelz

Es gibt viele verschiedene Gruppen und Kurse, in denen der Mütterterror stattfindet. Sogar Schwangere, die als Erstgebärende noch keine Mütter sind, werden bereits im Geburtsvorbereitungskurs und beim Schwangerenschwimmen damit konfrontiert. Und es setzt sich nahtlos fort bei der Babymassage, beim Pekip, Delfi, Pikler, Babyschwimmen, in der Krabbelgruppe, im Rückbildungskurs und diese Liste ließe sich ewig weiterführen. Egal, welchen Kurs man besucht: Um die Gruppendynamik beim Mütterterror kommt man kaum herum.

Subtile Formulierungen

Der 'wohlmeinende Ratschlag'

Dabei gehen die Sticheleien und die Missbilligungen sowohl von den anderen Teilnehmerinnen als auch von den Leiterinnen der Kurse – meist übrigens auch Mütter – aus. Die Kritik in den Kursen wird deutlich subtiler, indirekter und versteckter formuliert als zum Beispiel im direkten Gespräch zweier Mütter, im Internet oder zwischen den Müttergenerationen. In den Gruppen kommt Missbilligung fast immer im Gewand des wohlmeinenden Ratschlags oder der überraschten Nachfrage daher.

In einem Babymassagekurs sitzt eine Mutter mit einem besonders kräftigen und großen Baby, Liane. Die Babys sind alle zwischen zwei und drei Monaten alt und sehen trotz offensichtlicher Größenunterschiede doch im Vergleich zu Liane alle ähnlich groß und dick aus. Liane wirkt durch ihr Gewicht mehrere Monate älter. Als die Mutter von Liane in der Vorstellungsrunde dran ist und das Alter ihrer Tochter nennt, geht ein Raunen durch die Gruppe. Eine Mutter fragt direkt »Stillst Du sie denn?« Allen in der Gruppe ist klar, was sie meint. Es geht um die Ursachenforschung, weshalb Liane so groß geraten ist. Ist die Mutter schuld an Lianes Überdimen-

sionierung? Dahinter steckt die Annahme, dass gestillte Babys immer ein absolut gesundes durchschnittliches Gewicht haben und Babys, die mit Säuglingsmilch ernährt werden, zu Übergewicht neigen. Lianes Mutter stillt voll. »Gottseidank«, wie sie hinzufügt, »sonst müsste ich mir wohl ständig Vorwürfe machen lassen.« Dass gerade das Stillen ein Reizthema unter Müttern ist, werden wir später noch näher betrachten.

Starke Wirkung

Gruppeneffekte

Obwohl in Gruppen die Wortwahl deutlich harmloser ist als auf anderen Schauplätzen des Mütterterrors, bedeutet dies nicht, dass hier Mütter nicht genauso heftig vor den Kopf gestoßen werden. Eine subtile Kritik vor einer ganzen Gruppe hinterlässt bei der betroffenen Mutter ein mindestens ebenso schlechtes Gefühl, wie eine direkte Kritik im Zwiegespräch. Zum einen sind mehrere andere Personen dabei, wenn eine Beschwerde über das eigene Erziehungsverhalten laut wird – die Scham ist umso größer. Zum anderen muss man in einer Gruppe immer die Angst haben, dass noch weitere Mütter auf den fahrenden Zug aufspringen, um durch die Abwertung einer anderen von der Aufwertung der eigenen Person zu profitieren. Schnell wird man zur Zielscheibe vieler. Zudem sind dort genügend Mütter, mit denen man sich vergleichen kann. Das Gefühl zu haben, dass eine einzelne Mutter etwas vielleicht besser macht als man selbst oder genauer informiert ist, ist weit weniger schlimm, als wenn man feststellt, dass man unter sieben oder acht Müttern die einzige ist, die einen vermeintlichen Fehler begeht.

Keine Solidarität unter Müttern

Natürlich würde eine Gruppe sich auch anbieten, um andererseits Unterstützerinnen für das eigene Verhalten oder den eigenen Erziehungsstil zu finden. Doch in einer Gruppe mit Personen, die alle das Gefühl haben, nicht zu genügen, bewirkt die Gruppendynamik weit seltener Solidarität, als man hoffen könnte. Mütter, die sich selbst als schlecht und fehlerhaft empfinden, werden sich deutlich seltener mit Opfern von Vorwürfen solidarisieren als mit denjenigen, die die Vorwürfe formulieren.

Tabuthemen

Dies liegt auch daran, dass die Belastungen, unter denen Mütter zu leiden haben, ein großes Tabu-Thema sind. Um sich mit anderen Müttern zu solidarisieren, müssten aber das eigene schlechte Gewissen, die Überforderung im Alltag, die nervliche Überlastung und negative Gefühle gegenüber dem Job als Hausfrau und Mutter angesprochen werden.

In einer Krabbelgruppe fragte eine Mutter ganz entrüstet eine andere »Wie, Du hast noch nie Brei selber gekocht?« Daraufhin begannen einige Frauen, zu erzählen wie sie immer Brei selbst kochen und sich gegenseitig Rezepttipps geben. Einstimmiger Tenor schien, dass Brei kochen sehr einfach sei und viel gesünder als Gläschenkost. Am Ende des Kurses löste sich die Gruppe schnell auf und es waren außer mir nur noch zwei Mütter im Raum. Ich sagte zu ihnen, dass ich bei meinem ersten Kind kein einziges Mal selbst Brei gekocht habe und es wohl diesmal auch nicht tun würde. Da stellte sich heraus, dass beide auch noch nie selbst gekocht hatten und es auch erst mal nicht vor hatten. Dennoch hatten sie während der Situation in der Gruppe nichts davon gesagt. Zu groß war die Angst, dann selbst als schlechte Mutter zu gelten, und zu übermächtig ist das eigene schlechte Gewissen, mit dem diese Mütter in dem Moment beschäftigt waren.

Fragen statt direkter Vorwürfe

Wie in beiden Beispielen deutlich wurde, sind die hier angeführten Kritteleien tatsächlich sehr indirekt formuliert. Viele – vor allem Nicht-Mütter und Außenstehende – werden sogar meinen, dass es sich überhaupt nicht um Kritik oder dergleichen handelt. Tatsächlich liegen hier aber vorwurfsvolle Äußerungen, negative Bewertungen und Anspielungen vor, die sehr geschickt getarnt sind. Formulierungen wie »Es ist schlecht, dass Du nicht stillst«, »Dass Du nicht stillst, schadet Deinem Kind« oder »Wer Brei nicht selbst kocht, ist keine gute Mutter«, »Gekaufter Brei ist schlecht für Dein Kind« werden in den Gesprächen unter Müttern kaum verwendet. Vor allem in den Müttergruppen wäre solch ein deutlicher Tadel undenkbar. Sehr häufig werden Vorwürfe indirekt und vermeintlich interessiert in Fragen verpackt. Dadurch können sie allerdings auch nur schwer als solche enttarnt werden.

Was würde passieren, wenn eine Mutter vor einer Babyschwimmgruppe zu einer anderen sagt: »Die Babyschwimm-Wegwerfwindel, die Du Deinem Sohn angezogen hast, ist gar nicht gut für ihn«? Sie würde vermutlich von allen Umstehenden skeptisch angeschaut und müsste sich von der Angesprochenen die Frage gefallen lassen: »Meinst Du, ich schade meinem Kind?« Die geäußerte Kritik würde letztendlich auf sie selbst zurückfallen. Sie würde wie eine Besserwisserin wirken, die sich ganz offensichtlich als besonders kluge und gut informierte Mutter darstellt. Wenn ein solcher Vorwurf subtil formuliert worden wäre, würde er wahrscheinlich die gewünschte Wirkung entfalten. Direkt und offen geäußert, würde er allerdings nahezu lächerlich wirken. Denn es stellt sich die Frage, ob die Mutter tatsächlich behaupten möchte, dass durch die vermeintlich falsche Windelwahl das Kindeswohl als gefährdet anzusehen ist.

Kontakte und Anerkennung

Man darf nicht vergessen, dass die Krabbelgruppen und Babykurse nicht nur besucht werden, damit die Kinder optimal gefördert werden. Ein Hauptgrund für Mütter, an solchen Kursen teilzunehmen, ist, dass sie Kontakte zu anderen Müttern knüpfen möchten. Sie haben also natürlich nicht vor, unsympathisch zu wirken. Sie möchten wie besonders gewiefte, sehr bedachte und fürsorgliche Mütter wirken. Andere sollen am besten denken »Die hat Ahnung. Vielleicht kann ich von ihr noch den ein oder anderen Tipp erhalten.« Mütter möchten also in Gruppen Kontakte knüpfen. Sie wollen sich beliebt machen, damit andere mit ihnen befreundet sein wollen. Diese Hauptmotivation zum Kursbesuch steht in starkem Widerspruch zu der Äußerung direkter wortgewaltiger Vorhaltungen. Niemand findet Menschen sympathisch, die offen und ungefragt andere für ihr Verhalten oder ihre Lebensweise kritisieren – erst recht nicht, wenn sie dies vor einer großen Gruppe tun.

Der Fragetrick

Fragen scheinen also hier der perfekte Ausweg und ermöglichen den Müttern vermeintlich zwei Ziele mit einer Methode zu erreichen: 1. Sie können an anderen interessiert wirken und 2. Sie können zeigen, was für gute Mütter sie sind. Wenn Fragen zu stellen, den Eindruck erweckt, man würde sich für seine Mitmenschen interessieren, dann müsste es einen sehr sympathisch machen. Und wenn sie mit diesen Fragen gleichzeitig zeigen können, wie gut informiert sie sind und wie wenig andere Mütter wissen, dann können sie sich selbst dadurch aufwerten. Ihr Bedürfnis, sich selbst über andere zu erhöhen, wird von den Sticheleien, die in Frageform verpackt sind, befriedigt. Gleichzeitig wirken sie wie besonders gute, engagierte und fürsorgliche Mütter und daher müssten andere Frauen den Kontakt zu ihnen suchen, um von ihrer Erfahrung und ihren Ratschlägen zu profitieren.

Die Gefahr als unfreundliche Besserwisserin und Pedantin zu gelten, die permanent darauf bedacht ist, sich selbst als ausgezeichnet und andere als miserabel darzustellen, ist durch die Frage-Kritik ebenfalls gebannt. Die eigenen Anliegen, die einen eigentlich sofort unsympathisch machen müssten, sind deutlich undurchsichtiger als bei direkten Angriffen.

Kritik von Kursleiterinnen

Wie bereits angemerkt, kommen die stichelnden Bemerkungen und die fragenden Vorhaltungen in den Gruppen und Kursen nicht nur von den Teilnehmerinnen. Die Leiterinnen der Kurse sind fast immer auch Mütter. Dies trifft sowohl auf die Hebammen und Physiotherapeutinnen zu, die Babyschwimmen und Babymassage anbieten, als auch auf die Leiterinnen von Pekip-, Fabi-, Emmi-Pikler- und allen weiteren Baby- oder Mutter-Kind-Kursen. Kommen also negative Bemerkungen von den Kursleiterinnen, dann handelt es sich fast immer auch um Mütterterror: Es sind Mütter, die andere Mütter angreifen.

Negative Kritik der Gruppenleitung

Gerade Äußerungen und Bemerkungen von der Leitung hören sich auf den ersten Blick meist sehr harmlos an und lassen einen zumeist nicht im Entferntesten an Kritik denken. Dies ist – wie bei den Meckereien der Teilnehmerinnen auch – der Gruppendynamik geschuldet. Hinzu kommt allerdings noch, dass eine negative Bewertung der Leiterin als umso bedeutender eingeschätzt wird, da sie im Umgang mit Babys und Kindern als Autoritätsperson angesehen wird – vergleichbar mit einer Krankenschwester oder einer Ärztin. Direkte Kritik würde von ihr also noch härter wirken als von den Teilnehmerinnen, weil sie einfach ernster genommen werden würde.

Darüber hinaus hat aber vor allem die Leiterin eines Kurses ein sehr großes Interesse daran, dass die Mütter sich in dem Kurs wohlfühlen. Sie ist darauf angewiesen, dass die Mütter sie weiterempfehlen, weil sie mit dem Anbieten des Kurses ihren Lebensunterhalt oder zumindest einen Teil davon verdient. Und die Ausbildung zur Kursleiterin erfolgt mittlerweile häufig im Franchise-System, wobei erst einmal hohe Kosten anfallen, bevor auch nur der erste Euro verdient wurde. Die Leiterin möchte also, dass die Frauen mit dem Kurs zufrieden sind und denken, dass er sinnvoll ist. Denn dann dürften die Chancen gut stehen, dass die Mutter den Kurs weiterempfiehlt. Die Mütter dürfen daher einerseits nicht zu hart oder unfreundlich kritisiert werden und andererseits muss der Anschein aufrechterhalten werden, dass die Mütter Probleme haben, die durch die Leiterin mit Ratschlägen behoben werden können.

Unbewusste Anteile in der Kommunikation

Vielen Kursleiterinnen ist nicht bewusst, wie sie auf andere Mütter wirken und wie manche Bemerkung aufgefasst wird. Als Privatperson und Mutter haben sie sich wahrscheinlich schon über Jahre einen bestimmten Kommunikations- und Gesprächsstil angeeignet, der ihnen kaum bewusst ist. Das Bedürfnis von anderen als erfahrene Mutter und als Person, die sich mit der Förderung von Babys optimal auskennt, anerkannt und wertgeschätzt zu werden, ist auch bei einer Kursleiterin vorhanden.

Und offenbar ist sie der Ansicht, eine richtige Expertin auf dem Gebiet der Baby- oder Kinderförderung zu sein, sonst hätte sie sich wohl nicht für diesen Beruf entschieden. Vermutlich gibt sie auch anderen sehr gerne Tipps. Dafür bieten sich solche Kurse natürlich an. Auch eine Kursleiterin kann also nicht aus ihrer Haut. Ungebetene Ratschläge zu erteilen oder Verbesserungsvorschläge zu machen, scheinen ihr außerdem sicher als gute Möglichkeit, sich als besonders kompetente Ansprechpartnerin in Bezug auf Entwicklungsfragen, Erziehungsmethoden, Ernährungsweisen etc. darzustellen. Der Kurs könnte dadurch aufgewertet werden und erst recht weiterempfohlen werden. Tatsächlich ist es ein schmaler Grat, auf dem sie wandeln. Immer zwischen wohlgemeinten, nett formulierten Tipps und besserwisserischen Ratschlägen, die vor allem die Unfähigkeit einer Mutter aufzeigen sollen. Nur eine Mutter, die Probleme hat bzw. der solche eingeredet werden, ist bereit, für die vorgebliche Lösung dieser Probleme – also für den Besuch eines Kurses – Geld zu bezahlen.

Ursachenforschung statt Akzeptanz von Unterschieden

Beim Pekip berichteten die Mütter, wie weit ihre Kinder alle schon entwickelt sind und was sie schon alles können. Auf Nachfragen erzählte eine Mutter, dass ihre sechs Monate alte Tochter sich immer noch nicht richtig mit den Armen aufstützt, wenn sie auf dem Bauch liegt. Die Leiterin des Kurses versuchte daraufhin ein wenig Druck zu nehmen und sagte ihr, dass das noch völlig normal wäre und sich alle Kinder unterschiedlich schnell entwickeln. Die Mutter schien beruhigt. Fünf Minuten später setzte sich die Leiterin zu der Mutter und fragte sie, wie oft sie ihre Tochter denn auf den Bauch legen würde. Auch wollte sie wissen, ob sie die Arme ihrer Tochter denn in der Bauchlage nach vorne nehmen und ihr in den Stütz helfen würde, und ob sie sie mit Spielzeug locken würde und motivieren würde, nach vorne zu greifen.

Obwohl die Leiterin anfangs sagte, dass die Entwicklung der Tochter vollkommen normal und unauffällig sei, fand sie es offenbar doch wichtig, Ursachenforschung zu betreiben. Und bei allen Fragen, die sie der Mutter stellte, ging es vor allem um eins: hatte die Mutter genug getan, hatte sie alles in ihrer Macht stehende versucht, um die Entwicklung ihrer Tochter voranzutreiben? Oder war die Mutter untätig geblieben und hatte die Entwicklung der Tochter sich selbst überlassen.

Der Mutter wurde dadurch das Gefühl vermittelt, dass die Entwicklung ihrer Tochter also doch nicht ganz so normal sei und in jedem Fall von außen interveniert werden müsste, um sie zu beschleunigen. Zudem wurde auch der Eindruck erweckt, dass die Mutter für die Entwicklung ihrer Tochter und für die Geschwindigkeit dieser Entwicklung komplett verantwortlich sei. Eine Mutter, die hier nicht alle notwendigen Maßnahmen ergriffen hat, müsste sich nun verantwortlich für die vermeintlich langsamen Fortschritte ihres Kindes fühlen. Sie hätte das Gefühl, dass ihre Versäumnisse ihrem Kind geschadet hätten und würde sich zu Recht von der Kursleiterin kritisiert fühlen.

Leistungsdruck durch Vergleiche

Kinderwagenwettlauf

Gerne wird in den Förderkursen wöchentlich verglichen, wie weit entwickelt welches Baby schon ist, welches Kind sich bereits aufstützt, dreht, Brei isst, sitzt oder krabbelt. Es ist nicht unüblich, dass zu Beginn des Pekip oder Delfi jede Mutter kurz berichtet, was sich bei ihrem Kind in der letzten Woche getan hat. Dieser vorgeblich harmlose Entwicklungsvergleich wird schnell zum Kinderwagenwettlauf. Leistungsdruck schon im Krabbelalter ist keine Seltenheit. Jede Mutter möchte doch mit ihrem Baby glänzen. Das ist die Kehrseite der Medaille, wenn Mütter vollständig für die Entwicklung und Gesundheit ihrer Kinder verantwortlich sind. Ein weit entwickeltes Baby wirft dann ein gutes Licht auf die Mutter. Somit haben die Mütter natürlich ein Interesse daran, ihre Kinder bestmöglich zu fördern und zu unterstützen. Allerdings haben sie auch ein Interesse daran, dass ihr Kind nach außen noch weiter entwickelt wirkt, als es eigentlich ist.

Im Babyalter mag es sein, dass die Kinder vom Leistungsdruck, der auf sie ausgeübt wird, kaum etwas mitkriegen. Sie spüren vielleicht, dass sie ihre Kunststückchen in Gegenwart anderer häufiger aufführen müssen. Oder sie merken, dass sie in der Öffentlichkeit besonders dafür gelobt werden bzw. ihre Eltern auffälliger darauf reagieren, wenn sie sich aufstützen, drehen, sitzen, robben, krabbeln, klettern usw.

Schlimm wird es für die Kinder erst, wenn sie im Kleinkindalter immer noch mit anderen Kindern verglichen werden, ihre Eltern ständig in ihrer Gegenwart anderen berichten, was sie können und was sie noch nicht können und worauf sie nun täglich warten. Kinder haben ein sehr feines Gespür dafür, dass ihre Eltern sich besonders gut fühlen und stolz sind, wenn sie etwas gelernt haben, das andere noch nicht beherrschen.

Die Mutter steht und fällt mit ihrem Nachwuchs

Problematisch ist, dass bereits in den Krabbelgruppen und Babykursen Eltern lernen, dass ihre eigene Person darüber bewertet wird, was ihre Kinder können. Mütter werden hier zu einem Verhalten geradezu erzogen, das sie später nicht mehr oder nur schwer wieder ablegen können. Leistungsdruck im Babyalter setzt sich also meist nahtlos fort. Und ältere Geschwister erleben natürlich auch, dass die Eltern fast schon besessen davon sind, ihre Babys mit anderen Babys zu vergleichen. Häufig wird mit diesen Vergleichen im Babyalter begonnen, um sich angeblich gegenseitig zu beruhigen und Akzeptanz von Unterschiedlichkeit zu fördern. Das ist ein ehrenwertes Ziel. Da Mütter aber wissen, dass ihr Stand in der Gesellschaft mit den Leistungen ihrer Kinder steht und fällt, ist letztendlich das Gegenteil der Fall. Das Vergleichen der Fähigkeiten und der Entwicklungsschritte der Babys bei Pekip-, Delfi-, Pikler- und anderen Kursen fördert nicht etwa die Akzeptanz von Unterschiedlichkeit, sondern den Druck, dass das eigene Kind funktionieren muss – und zwar am besten besser und schneller als alle anderen. Aber in jedem Fall sollte es sich nicht langsamer entwickeln als andere, sonst stehen die Mutter und ihre Erziehung auf dem Prüfstand.

Diejenigen, die an diesen Kursen teilnehmen und darauf schwören, dass man dort lernen würde, dass alle Kinder unterschiedlich sind und ihr eigenes Tempo haben, sind meist diejenigen, deren Kinder in den meisten Bereichen weit entwickelt sind. Interessant ist aber die Frage, wie sich in solchen Gruppensituationen Mütter fühlen, deren Kinder ein wenig anders sind und sich eben von der Norm abweichend verhalten. Wobei sich die Frage anschließt, wer diese Norm festlegt. Ein Kurs ist dann empfehlenswert, wenn sich auch eine Mutter mit einem riesigen dicken behäbigen Baby, das stets schläft und sich kaum bewegt, dort wohl fühlt und nicht von früh bis spät mit Tipps überhäuft wird, wie aus ihrem Kind ein anderes werden könnte.

Sorgen über Sorgen: der defizitorientierte Blick

In einem Babymassage-Kurs gab die Leiterin zu Beginn bekannt, dass sie gelernte Krankenschwester sei. Sie würde die Babys nun jede Woche genau beobachten und wenn ihr in der Entwicklung oder Gesundheit der Kinder etwas auffallen würde, dann würde sie es der entsprechenden Mutter mitteilen können. Beispielsweise, wenn ein Kind Hörprobleme hätte oder sich merkwürdig bewegen würde. Einige Mütter berichteten ganz begeistert davon, denn nun würde es sofort auffallen und diagnostiziert werden können, wenn ihren Kindern etwas fehlen würde. Die Vorsorgeuntersuchungen bei der Kinderärztin reichten ihnen zu diesem Zwecke offenbar nicht aus.

Wachsende Ansprüche, wachsende Sorgen

Mit den wachsenden Ansprüchen, die an Mütter gestellt werden, wachsen auch die Sorgen. Die Ängste und Sorgen, ein krankes oder langsam entwickeltes Kind zu haben, sind so übermächtig bei manchen Müttern, dass sie ihr Kind am liebsten täglich beim Kinderarzt untersuchen lassen würden. Jede Mutter möchte eben auf der sicheren Seite sein und rechtzeitig vorsorgen. Vor lauter Sorgen wird dann schnell vergessen, dass eine gewisse Unbeschwertheit und ein wenig Optimismus im Umgang mit Kindern auch nicht schaden würden.

Die Leiterin des Kurses hat es sicher gut gemeint. Allerdings muss man feststellen, dass sie sich wohl auch etwas aufspielen wollte. Eine Krankenschwester ist nicht besser darin zu erkennen, ob ein Kind sich eigenartig bewegt oder schlecht hört, als die Kinderärztin bei den Vorsorgeuntersuchungen und die Eltern im täglichen Umgang.

Orientierung an Mängeln und Fehlern

Zudem wird durch solche Angebote ein defizitorientierter Blick bei den Eltern angeregt und eine »Ich guck dann mal, ob etwas mit dem Kind nicht stimmt!«-Haltung bei Müttern provoziert. Sollte das unser Selbstverständnis im Umgang mit Babys und Kleinkindern sein? Wollen wir immer nach Mängeln und Fehlern und Defiziten Ausschau halten? Sicher ist in jedem Fall eins: Mit diesen überfürsorglichen Umgangsweisen werden die Eltern unglücklicher. Dass dadurch häufiger Krankheiten bei den Kindern erkannt werden, ist dagegen zweifelhaft.

Gewichtsprobleme?

Durch diese Rundum-Überwachung der Kleinen und die permanente Suche nach Krankheiten und Entwicklungsverzögerungen steigt der Druck, ein kerngesundes Kind haben zu müssen. Kein Wunder also, dass unter Müttern das aktuelle Gewicht und die genaue Körpergröße des Babys so wichtig sind wie für Aktionäre die täglichen Börsenkurse. Egal, wo man Mütter trifft, im ersten Lebensjahr ihrer Kinder und auch noch weit darüber hinaus gibt es keine häufiger gestellte Frage als »Wie groß ist Dein Kind jetzt und wie schwer ist es?« Und auch hier bleibt es nicht bei einem einfachen sachlichen Vergleich von Werten.

Viele Mütter berichten, dass ihre Kinder in den ersten ein bis zwei Lebensjahren vollkommen durchschnittlich von Gewicht und Körpergröße waren. Trotzdem konnten sie sich fast täglich Vorhaltungen machen lassen, ihre Kinder wären wohl unterernährt oder überfüttert.

Mit ein und demselben Baby, der kleinen Pia, konnte ihre Mutter am Montag im Supermarkt von einer älteren Dame mit Einkaufswagen Folgendes im Gang mit den Putzmitteln zu hören bekommen: »Hal-

lo kleine Maus, na, Du bist aber auch ein ganz schöner Brummer, gibt Deine Mama Dir zu viele Kekse?« Und am Dienstag kam eine befreundete Mutter zu Besuch, die ein Baby im exakt gleichen Alter hat, und sagt über Pia: »Ich hab grad an der Garderobe gesehen, dass Pia auch schon 74 trägt, so wie meine Annika. Hätte ich gar nicht gedacht. Ich finde, es sieht so aus, als würde Pia gar nicht wachsen.«

Am Mittwoch wurde die Urgroßmutter besucht und weiß auch gleich das Gewicht von Pia richtig einzuordnen: »Es ist gar nicht so schlimm, wenn sie ein paar Kilos mehr auf den Rippen haben. Dann hat Pia was zuzusetzen, wenn sie mal eine Erkältung kriegt.« Und bei einem Grillabend mit Freunden am Donnerstag liegt Pia dann neben zwei anderen gleich alten Babys und eine Freundin sagt mitleidig zu Pias Mutter, als sie erfährt, dass alle Babys gleich alt sind: »Keine Sorge, das holt sie schon noch auf.«

Jedes Baby ist anders, die Vorwürfe sind immer gleich

Normabweichungen

All diese Situationen hat eine Mutter mit einem Baby erlebt, dessen Gewicht und Körpergröße durchschnittlicher nicht hätte sein können. Da stellt sich die Frage, was sich Mütter anhören müssen, deren Kinder eher kleiner, größer, schwerer oder leichter sind als die meisten Altersgenossen. Viele von ihnen haben es tatsächlich schwer. Wie bereits beschrieben, werden sie oft immer wieder in vorwurfsvollem Ton nach dem Stillen gefragt.

Der Stillvorwurf

Bei schweren Kindern heißt es schnell, dass die Mutter schuld am Gewicht ist, weil sie nicht oder zu kurz gestillt hätte. Bei leichten Kindern wird dann wiederum – gerne von nicht stillenden Müttern – dazu geraten schnellstens Säuglingsmilch zuzufüttern, da wohl die Milch der Mutter nicht ausreichen würde oder nicht gut genug wäre. Bei älteren Babys wird sich beschwert, die Mutter würde wohl zu viel Brei füttern und müsste das Baby auch mal hinhalten. Oder aber, sie müsste nur mal etwas Nahrhaftes unter den Brei rühren.

Mütter von Kindern, die größen- oder gewichtsmäßig etwas von den Altersgenossen abweichen, müssen sich meist täglich von den unterschiedlichsten Leuten Kritik über ihre angeblichen Füttermethoden anhören. Auch wildfremde Menschen und Personen, die überhaupt nicht wissen, wie dieses Kind ernährt wird, fühlen sich häufig berufen den Müttern mal zu erklären, was sie wohl falsch machen. Die Reihenfolge dabei ist meist dieselbe. Erst wird das Kind betrachtet, dann werden Daten abgefragt und verglichen und zum Schluss folgt die deftige Kritik als Ratschlag getarnt.

Täglicher Mecker-Marathon

Nicht-Eltern, Außenstehende oder auch Väter mögen vielleicht denken, dass das alles ja so schlimm nicht sein kann. Und dass diese Begegnungen und Sticheleien schon gar nicht als Mütterterror bezeichnet werden könnten. Doch wenn man sich vorstellt, es würde einer anderen Personengruppe so gehen, hätte man schnell ein Einsehen, dass der Umgang mit Müttern und vor allem von Müttern untereinander ein sehr rauer ist.

So wird beispielsweise keinem Bäcker mehrfach am Tag von Kunden, Lieferanten, Passanten, Freunden, Konkurrenten und Familienmitgliedern gesagt, wie er bessere Brötchen backen könnte oder der Laden sauberer wäre. Er wird nicht von morgens bis abends bei seiner Arbeit bewertet und kritisiert oder muss sich immer wieder Folgendes anhören:

> »Hast Du keine Angst, die Brötchen so eng aufs Blech zu legen? Nicht, dass sie zusammenbacken.«

> »Warum hast Du denn heute keinen Streuselkuchen gebacken? Im Herbst wird der doch gerne gegessen.«

> »Mach doch mal mehr Quark in die Quarktaschen. Dann werden sie gesünder.«

»Trägst Du mit dem vielen Spritzgebäck nicht zur Volksverdickung bei?«

»Dein Laden wird es schon noch schaffen so gutes Gebäck anzubieten, so beliebt zu werden und so viel Kundschaft anzuziehen wie alle anderen Bäckereien in der Stadt.«

»Hast Du keine Sorge, was aus Deinem Laden werden soll, wenn Du so selten da bist und alles den Angestellten überlässt?«.

Wer derartige Fragen und Vorwürfe und diese in Flötentönen formulierte Kritik täglich zigfach erlebt, merkt schnell, dass sie die eigene Stimmung deutlich trüben kann und man früher oder später das Gefühl hat, fast nichts richtig zu machen und sich ein schlechtes Gewissen einstellt.

Ohne Kurse keine Entwicklung

Vertreter_innen der Kurs-Propaganda

Babykurse und Krabbelgruppen sind nicht nur beliebter Ort und Schauplatz des Mütterterrors. Sie sind auch häufig Anlass für Vorhaltungen und Meckereien. Seit Jahren wird durch Elternzeitschriften, Hebammen und Ratgeber der Eindruck vermittelt, dass Babyschwimmen, Babymassage, Pekip und Co. unbedingt nötig wären für die geistige und motorische Entwicklung der Kleinen. In unzähligen Artikeln wird hervorgehoben, welch ausgezeichnete Auswirkungen das Massieren und das Planschen, das Nacktstrampeln und das Ansprechen der verschiedenen Sinne auf die Babys haben. Eine Mutter, die etwas besonders Gutes für ihr Kind tun möchte, geht also in möglichst viele Kurse und Krabbelgruppen. Unter Müttern herrscht dadurch natürlich der Druck, viele dieser Angebote wahrzunehmen. In den Gesprächen unter Müttern, aber auch unter Schwangeren, stellt sich immer wieder die Frage: »Und welche Kurse besuchst Du?«. Antwortet eine Frau dann womöglich »Keinen.« wird sie schief angesehen und hinterlässt den Eindruck einer Mutter, die sich nicht im Mindesten um das Wohlergehen ihres Sprösslings schert.

Nachsorgehebammen

Sogar die Nachsorgehebamme stellt gegen Ende der Wochenbettbetreuung die Frage, welche Kurse die junge Mutter mit dem Baby besuchen möchte. Wenn die Antworten nicht überzeugen, also zu wenig Kurse genannt werden, wird diese Frage auch gerne von Woche zu Woche erneut gestellt. Die Hebammen erläutern dann noch einmal den Nutzen und den Sinn der Kurse. Und wenn die Mutter dann immer noch unbelehrbar scheint »Nein, also einen Babymassagekurs wollte ich nicht besuchen.«, dann folgt nicht selten die Nachfrage: »Weshalb nicht?«

An diesem Beispiel kann man schon sehr gut erkennen, wie stark der Zwang ist, mit seinem Kind an den entsprechenden Kursen teilzunehmen. Im Wochenbett sollte das Bespaßungsprogramm mit der Nachsorgehebamme eigentlich kein Thema sein. Es geht dort um das gesundheitliche, das medizinische, das physische und psychische Wohl von Mutter und Kind. Dass Hebammen in diesem Zusammenhang die Kurswahl der Mutter besprechen möchten, erweckt den Anschein, als müssten sie dies abfragen und als würde es zu ihren Fürsorgeaufgaben gehören bzw. hätte eine medizinische Bedeutung.

Für die Mütter wirkt das so, als würde sich nun das Gesundheitssystem, ja vielleicht sogar der Staat, dafür interessieren, ob sie auch genügend Kurse mit ihren Kindern besuchen. Der dadurch entstehende Beigeschmack, dass eine Mutter, die keine oder wenig Kurse mit ihrem Kind besucht, sich nicht richtig um es kümmert, ist nur noch schwer zu beseitigen.

Hintergrund ist natürlich ein ganz anderer. Keine Hebamme könnte allen Ernstes behaupten, dass Babyschwimmen und Delfi unabdingbar für die Gesundheit des Kindes wären. Die meisten von ihnen kennen jedoch Personen, die diese Kurse anbieten und sie mit möglichst vielen Müttern füllen müssen. Es ist eine Art Freundschaftsdienst, jede Mutter, die man betreut, auf die Kurse anzusprechen und dann die jeweiligen Freundinnen, die diese Kurse leiten, zu empfehlen. Mit den Ängsten der Mütter wird hier also auch Geld verdient. Und so manche Mutter wird für das Kursprogramm der Kleinsten einige Hundert

Euro los. Ob Zwergensprache, Pikler oder afrikanische Tänze für Mütter und Babys, all diese Kurse kosten Geld. Dass Mütter glauben, eine schlechte Mutter zu sein oder ihrem Kind zu schaden, wenn sie ihm diese Kurse vorenthalten, füllt also vor allem die Kassen derjenigen, die die Kurse anbieten. Und es verdienen nicht nur die Leiterinnen der Kurse. Viele Angebote laufen bereits im Franchise-System. Dahinter steht ein ganzes Unternehmen, das mitverdient.

2. Die Internet Community – Moderner Pranger

Wortgewalt

Nachdem nun sehr viel von dem fast schon harmlos und freundlich anmutenden Mütterterror in Krabbelgruppen berichtet wurde, stehen in diesem Kapitel die wortgewaltigen Auseinandersetzungen von Müttern im Internet im Mittelpunkt.

In Elternforen, Mütterchats, sozialen Netzwerken für Eltern und in anderen Internet Communities finden häufig sehr aggressive, stark emotionalisierte Kleinkriege unter Müttern statt. Am Ende eines solchen Streits steht nicht selten die Drohung einer Mutter im Raum, Polizei oder Jugendamt einzuschalten. Für Unbeteiligte kaum vorstellbar, werden in vielen Internetforen rund um Familie, Erziehung und Babys gerne gutes Benehmen und jegliche Umgangsformen über Bord geworfen, um ganz direkt einer anderen Mutter zu schreiben »Dass du dein Kind nicht stillst, ist so dermaßen eigensüchtig. Was bist Du nur für eine Mutter?«

Reizthemen

Auffällig ist, dass es bestimmte Reizthemen gibt, bei denen die Wogen schnell hochschlagen und der Tonfall oft besonders scharf ist. Manche Erziehungsfragen haben ein besonders hohes Potential, in einem Mütterkrieg mit verhärteten Fronten zu enden. Es sind zum einen Themen, die eine besonders große Anzahl von Müttern provozieren, ihre Meinung abzugeben. Und zum anderen handelt es sich um Erziehungsfragen, die dazu geeignet sind die eigene Meinung als alleingültig darzustellen, wie zum Beispiel Fragen zur Kinderbetreuung, zu Geschlechterunterschieden, zum Stillen oder zum Impfen. Zudem werden online Fragen auch besonders heftig diskutiert, bei denen Eltern das Wohl ihrer eigenen Kinder durch den Erziehungsstil anderer Eltern gefährdet sehen. Hier sind natürlich alle Beteiligten auf eine besonders intensive Art emotional involviert. Manchmal stecken hinter bestimmten Erziehungsvorstellungen auch ganze Weltanschauungen. Eine generelle religiöse oder politische Ansicht von Müttern wird dann ausschlaggebend für die Beantwortung von Erziehungsfragen. In solchen Fällen ist der Tonfall der Mütter meist besonders scharf. Denn eine andere Meinung zum Verhalten von Eltern ist für sie dann

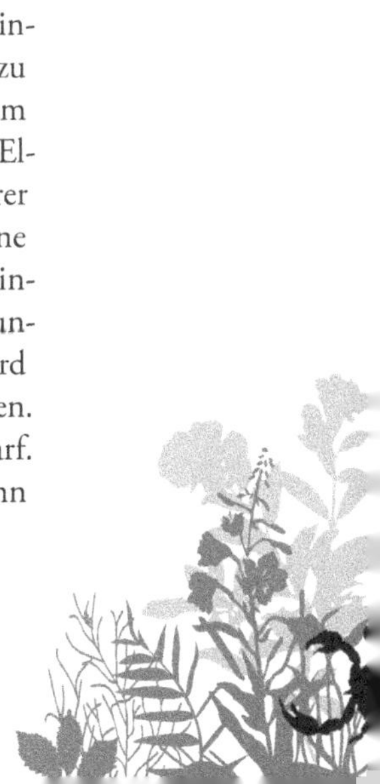

auch gleichzeitig eine Ablehnung ihrer Weltanschauung. Dies ist zum Beispiel fast immer bei dem Thema Ernährung von Kindern der Fall. Angefangen bei der Frage nach dem Stillen bis hin zur Frage, ob Brei gekauft oder gekocht werden sollte. Bei Müttern, die strikt für das Stillen und für selbstgekochten Brei sind, steckt vielleicht folgende Grundeinstellung dahinter: Vielleicht erachtet sie gesunde Ernährung, die Verbundenheit mit der Natur und ein biologisch wertvoll und ökologisch nachhaltiges Verhalten als besonders erstrebenswert. Sie strebt vielleicht ein besonders biologisch-natürliches Verhalten an und möchte besonders viel Einfluss auf die Ernährung haben. Zudem hat sie vermutlich ein biologistisches Mütterbild, nach welchem das Kind in den ersten Monaten unbedingt seine Mutter – in Form von Muttermilch oder ihren Kochkenntnissen – braucht. Sachlich und an ernährungstechnischen Fakten orientiert, wird dann kaum diskutiert.

Es folgt eine Liste von Fragen und Themen, die ein hohes Potential haben, in Elternforen aus vermeintlich vernünftigen Internet-Usern sich gegenseitig beleidigende und bedrohende Feinde zu machen. Es besteht kein Anspruch auf Vollständigkeit.

Impfen: Lässt man seine Kinder impfen oder nicht? Wie intensiv sollen sich Eltern mit der Impf-Thematik auseinandersetzen? Geht von ungeimpften Kindern eine Gefahr aus? Sind die Schäden durch mögliche Krankheiten als höher und wahrscheinlicher einzuschätzen als schadhafte Nebenwirkungen von Impfungen? Welche Impfungen sind sinnvoll? Wann sollten Kinder geimpft werden? Sollte eine Impfpflicht eingeführt werden?

Stillen: Stillt eine Frau ihre Kinder oder nicht? Welche Gründe für ein Nicht-Stillen werden akzeptiert? Darf der Vater bei dem Thema Stillen mitreden? Wie lange sollten Kinder voll gestillt werden? Wie lange sollten sie überhaupt gestillt werden? Soll man seine Kinder in der Öffentlichkeit stillen? Darf man Kaffee, Alkohol oder Zigaretten konsumieren, wenn man stillt? Darf die Mutter bestimmen, wann abgestillt wird oder muss man dies dem Kind überlassen?

Kinderbetreuung: Ab welchem Alter sollten Kinder in eine Betreuungseinrichtung gehen? Welche Betreuungsform ist die Beste? Tagesmutter, Krippe, altersübergreifende Kita, Au-Pair-Mädchen, Großeltern? Wann nützt und wann schadet welche Betreuungsform? Wie viel Stunden können Kinder in welchem Alter in die Krippe/Kita gehen? Darf man seine Kinder nur in eine Kita geben, wenn man arbeiten gehen muss, weil man auf das Geld angewiesen ist? Wie sehr sollte Kinderbetreuung finanziell unterstützt werden vom Staat? Sollte es mehr Betreuungsplätze geben und mit welchen Betreuungszeiten?

Mädchen und Jungen: Sollte man Mädchen und Jungen unterschiedlich behandeln und erziehen? Ist es gut Mädchen und Jungen als vollkommen unterschiedliche Menschen mit ganz anderen Voraussetzungen, Fähigkeiten und Begabungen wahrzunehmen und danach zu fördern? Müssen Eltern im klassischen Sinne Mädchen zu Mädchen machen/erziehen und Jungen zu Jungen? Darf man seinen Kindern aufgrund des Ge-schlechts bestimmte Kleider- und Spielzeugfarben verbieten und vorenthalten? Darf man seinen Kindern aufgrund unserer Vorurteile über ihr Geschlecht bestimmtes Spielzeug verbieten bzw. sie mit anderem Spielzeug überschütten? Müssen Jungen mit Puppen spielen? Sollte man seiner Tochter Bagger und Kräne anbieten? Darf man seinem Sohn erlauben eine Jeans mit Pailletten oder lila Schuhe mit Glitzer anzuziehen, wenn er sein Interesse bekundet? Ist es gut, wenn man seinen Kindern erzählt, dass Mädchen schwach seien und Jungen stark? Ist es schädlich, den Kindern zu erzählen, dass Jungen mehr von Technik verstünden und Mädchen vom Putzen und Kümmern? Sollen Mädchen und Jungen später freie Ausbildungs- und Studiengangwahl haben? Haben Mädchen und Jungen jemals die freie Wahl, wenn man sie von Geburt an zu einem erwünschten geschlechtlich konnotierten Verhalten drängt und erzieht?

Männer: Wie sollte die Arbeitsteilung zwischen Vater und Mutter aussehen? Müssen Männer sich an der Haushaltsarbeit beteiligen? Unter welchen Bedingungen müssen sie sich im Haushalt einbringen (wenn die Frau nicht erwerbstätig ist, wenn sie Teilzeit/Vollzeit erwerbstätig ist)? Welche Tätigkeiten kann man von Männern erwarten? Sollten

Männer oder Väter sich um die Kinder kümmern? Sollten die Väter zu Hause bleiben, wenn ein Kind oder die Mutter krank ist? Können die Mütter verlangen, dass die Männer sich mal am Abend oder Wochenende um die Kinder kümmern und sie dafür weggehen oder wegfahren? Sollten Männer in Elternzeit gehen?

Gewalt: Darf man seine Kinder schlagen? Gibt es einen Unterschied zwischen einem Klaps auf den Po und härteren Schlägen oder dem Verprügeln? Was für Folgen hat es, wenn man seine Kinder schlägt? Wie sollte man reagieren, wenn man mitbekommt, dass andere ihre Kinder schlagen? Darf oder muss man Eltern, die ihre Kinder schlagen oder häufig schlagen oder verprügeln beim Jugendamt melden? Sollten Eltern, die ihren Kindern Gewalt antun, angezeigt werden? Hat es erzieherisch oder pädagogisch gesehen einen Nutzen, Kinder zu schlagen? Stellen geschlagene Kinder ein unerwünschtes Verhalten eher ab als Kinder, die nicht geschlagen werden? Ist es richtig, körperliche Gewalt in der Elternschaft von Beginn an kategorisch auszuschließen? Gibt es neben körperlicher auch psychische Gewalt? Was ist psychische Gewalt und sollte man sie vermeiden?

Kinderanzahl: Wie viele Kinder sollte man bekommen? Gibt es da eine angebrachte Zahl, die von der beruflichen und finanziellen Situation abhängt? Sollten Eltern, die arm sind, weitere Kinder oder sehr viele Kinder bekommen? Sollten Eltern, die finanziell gut situiert sind, gar keine Kinder bekommen? Für wie viele Kinder reicht die elterliche Aufmerksamkeit, Fürsorge und Liebe aus? Um wie viele Kinder können sich Eltern noch intensiv kümmern? Bleibt etwas auf der Strecke, wenn Eltern viele Kinder haben? Werden Kinder in Familien mit drei, vier oder noch mehr Kindern häufiger geschlagen oder lieblos behandelt? Wie viel Zeit sollten Eltern für jedes Kind täglich haben?

Darüber hinaus gibt es noch viele weitere Reizthemen. In den Internetforen sind sie am leichtesten daran zu erkennen, wenn zu einem Thema besonders viele Einträge oder Wortmeldungen in relativ kurzer Zeit verfasst wurden. Wenn sich sehr schnell hintereinander viele Personen geäußert haben oder auch wenige Personen immer wieder Stellungnahmen abgegeben haben, dann wird meist ein sehr umstrittenes Thema kontrovers diskutiert. Die Wortwahl und der »Tonfall« sind dann meist emotional aufgeladen und nicht selten aggressiv.

Impfen oder nicht impfen, das ist hier die Frage

Polarisierungen

Auf einer Internetseite zu den Themen Gesundheit, Entspannung und Wohlbefinden, die bezeichnenderweise unter dem Domainnamen www.enjoyliving.at erreichbar ist, findet sich zum Thema Impfen folgender Text: »Das Thema 'Impfungen' wird umstritten diskutiert. Die Meinungen gehen stark auseinander.«[2] In den Elternforen finden sich die Pro- und die Contra-Position. Mütter und Väter, die sich für das Impfen aussprechen, führen ins Feld, dass die Impfungen vor Krankheiten schützen. Viele Krankheiten würde es hierzulande kaum noch geben, da die breite Masse gegen sie geimpft sei und so Röteln, Diphtherie, Kinderlähmung und viele weitere gefährliche Krankheiten nicht mehr große Möglichkeiten hätten, sich zu verbreiten. Folgeerscheinungen und Komplikationen vieler Krankheiten, wie Behinderungen und sogar Tod, könnten durch das Impfen verhindert werden.

Wird gegen das Impfen argumentiert, so hört man vor allem, dass die Impfungen nicht ganz ungefährliche Zusatzstoffe enthielten. Diese sollen allergie- oder vielleicht auch krebsauslösend sein. Zudem würden von den Impfstoffen ebenfalls Nebenwirkungen wie Behinderungen oder Tod ausgehen. Häufig wird auch behauptet, dass es immer wieder sogenannte »Impfversager« gibt. Das heißt, dass eine Impfung nicht wie gewünscht wirkt und hinterher kein entsprechender Titer, sprich keine Immunität gegen die Krankheiten vorhanden ist. Daher wird auch angeführt, dass die Krankheiten selbst bei einer alle Menschen umfassenden Impfung niemals aussterben würden, da es immer Impfversager gebe und folglich nie alle Menschen immun gegen diese Krankheiten sein könnten.

---

2 Artikel: Impfen – Pro und Contra, http://www.enjoyliving.at/gesund-und-fit-magazin/ratgeber-gesundheit/gesundheit-aktuell/impfen-proundcontra.html (Stand: 3.1.2012).

Nun könnte über dieses Thema durchaus kontrovers diskutiert werden, dabei bestünde allerdings keinerlei Notwendigkeit für vorwurfsvolle Streitereien oder aggressive Auseinandersetzungen. Weshalb in den Chatrooms und sozialen Netzwerken für Mütter dennoch ebensolche Mütterkriege ausgefochten werden, liegt an folgenden Hintergründen:

HINTERGRUND

Pro – Die Impfbefürworter sehen den Schutz der Menschen vor ernstzunehmenden Krankheiten durch die Impfverweigerer als gefährdet an. Sie sind der Ansicht, dass zu viele Nicht-Geimpfte das Überleben der Krankheiten sichern würden. Viele denken auch, dass irgendwann auf das Impfen verzichtet werden könnte, wenn bestimmte Krankheiten erst mal weltweit ausgestorben sind. Hierfür wäre eine flächendeckende Impfung ohne Impfaussetzer allerdings vonnöten. Gerade von der Impfung gegen Röteln wird sich auch ein entsprechender Schutz für nicht geimpfte Schwangere versprochen. Denn erkrankte Kinder stellen für Schwangere mit nicht ausreichendem Impfschutz eine Gefahr dar. Erkrankt eine Frau in der Schwangerschaft an Röteln, kann sie je nach Schwangerschaftswoche das Ungeborene verlieren. Daher sehen Impfbefürworter die Impfgegner als Bedrohung an: »Insgesamt sind Impfgegner unsolidarisch, da ja durch Herdenimmunität bei durch Impfung eliminierbaren Krankheiten auch Personen geschützt sind, die aus medizinischen Gründen nicht geimpft werden können.« (Maurer, S. 17)

Wolfgang Maurer: Impfgegner gibt es seit es Impfungen gibt, JATROS Vaccines (1/2003), S. 17.

Contra – Die Impfgegner beanspruchen für sich die freie Entscheidung, die sie in Deutschland auch haben. Es gibt keine Impfpflicht. Sie sehen häufig mehr Gefahren als Nutzen in den Impfungen. Nicht selten werden auch Verschwörungstheo-

Eltern, die für Impfungen sind, empfinden es oft als verantwortungslos, wenn andere Eltern ihre Kinder nicht impfen. Sie haben den Eindruck, dass diese Eltern ihre Kinder nicht vor schlimmen Krankheiten schützen. So schreibt im Juli 2011 eine Mutter auf der Seite www.netmoms.de folgende Frage zum Impfen ins Forum, auf die sie abends innerhalb einer Stunde 77 Antworten[3] erhält: »Kenne jemanden, der sein Kind nicht impfen lassen will, da das Impfen ja 'Gift` wäre. Was haltet ihr davon. Verantwortungslos oder??«

Auf oben zitierte Frage aus dem Netmoms-Forum folgt dann auch sogleich eine Antwort einer Impfgegnerin: »Vielleicht informierst du

rien laut, dass die Pharma-Industrie mit den Impfungen vor allem Geld verdienen möchte. Deshalb würde auch in der medizinischen Ausbildung und im Mainstream des Gesundheitswesens nicht thematisiert, dass das Impfen Risiken birgt und wohlmöglich beispielsweise bei »Impfversagern« keinerlei Schutz darstellt. Sie verweisen auf den Titer, den man theoretisch nach jeder Impfung per Blutabnahme überprüfen müsste, um herauszufinden, ob die Impfung beim eigenen Kind überhaupt angeschlagen hat. Viele Impfverweigerer werfen den Impfbefürwortern vor, sich nicht intensiv informiert zu haben, sondern einfach nur impfen zu lassen, weil ihre Kinderärztin das für nötig hält. Wissenschaftler wie Prof. Dr. Werner Zenz von der Universitätsklinik für Kinder- und Jugendheilkunde in Graz versuchen hier mit Studien über Impferfolge aufzuklären. (Zenz) Und auch auf der Nationalen Impfkonferenz 2009 in Mainz wies Frau Dr. Reiter vom Robert-Koch-Institut in Berlin darauf hin, dass die Impfgegner in Deutschland zwar eine kleine, aber öffentlichkeitswirksame Gruppe seien, die mit Fehlinformationen Eltern verängstige und einen beträchtlichen Einfluss haben könnte. (Reiter 2009)

Werner Zenz: Argumente von Impfgegnern, http://www.impfinformationen.de/startseite/impfgegner/impfgegner-argumente.html (Stand: 05.05.2012).

Sabine Reiter: Impfkritische Gruppierungen in Deutschland; Wahrnehmung in der Gesellschaft, Mainz 2009, http://www.nationale-impfkonferenz.de/media/Vortraege_Eingeladene_Referenten/Reiter.pdf, (Stand: 05.05.2012).

dich erstmal richtig zum Thema Impfen, bevor du sowas loslässt. Finde das einfach nur das aller Letzte von dir, so von Leuten zu sprechen, die sich gegen das Impfen entschieden haben.«

[3] Dies ist eine beachtliche Zahl. Auf manche Fragen wird beispielsweise auch gar nicht geantwortet. Häufig erhalten die Mütter zwischen zwei und zehn Antworten.

Von jungen Mädchen und mädchenhaften Jungen

Geschlechterschablonen

Ein Thema, das in den letzten Jahren immer höhere Wellen schlägt und heiß umstritten ist, ist die Erziehung von Mädchen und Jungen. Oder besser gesagt, die Erziehung zum Mädchen bzw. zum Jungen. Immer mehr Eltern legen großen Wert darauf, ihre Kinder in keine Geschlechterschablone zu pressen. Sie wollen sie zu freien Menschen erziehen, die selbst entscheiden, welche Farben und Kleidungen und Spielsachen ihnen gefallen. Es sollen ihnen nicht nur aufgrund ihres Geschlechts bestimmte Interessen oder Charaktereigenschaften von Beginn an abtrainiert oder aufgedrängt werden. Das ist ein sehr ehrenwertes Ziel. Leider sind diese Eltern damit immer noch recht allein und sehr verunsichert sind. Sie werden sogar oft zur regelrechten Zielscheibe anderer Eltern, die offenbar noch stärker verunsichert und sich auf Geschlechterklischee-Inseln zu retten versuchen. Eltern, die ihren Kindern wirkliche Wahlfreiheit lassen, greifen mit ihren Erziehungsweisen offenbar die Grundfeste der Erziehung aller anderen Eltern an. Weil nicht sein kann, was nicht sein darf.

Die Angst vor dem Auffallen

Konservative, häufig bildungsferne Eltern, halten es meist für unabdingbar, Mädchen in rosa Tütüs zu zwängen und von Jungen alles Farbenfrohe fernzuhalten.[4] Dahinter steckt kein ausgefeilter pädagogisch untermauerter Erziehungsplan. Es müsse einfach so gemacht werden, wie es schon immer gemacht worden sei und wie es alle machen würden. Dass die Annahme, es wäre schon immer so gemacht worden, dabei grundfalsch ist, hindert diese Eltern nicht daran, es unentwegt zu behaupten. Wenn sich Eltern, die ihre Jungen zu Jungen und ihre Mädchen zu Mädchen erziehen wollen, zumindest ein wenig Gedanken über Erziehungsfragen machen, dann steckt meist der Wunsch nach Konformität dahinter. Ihre Kinder sollen es einfach haben im Leben. Und darunter verstehen diese Eltern, dass ihre Kinder alles so machen wie alle anderen. Ihre Kinder sollen bloß nicht auffallen, ge-

---

[4] Das heißt keinesfalls, dass es nicht auch das Phänomen der modernen, studierten Eltern gibt, die anachronistische Vorstellungen über die Geschlechter haben und besonderen Wert auf eine geschlechtsspezifische Kindererziehung legen.

hänselt oder geärgert werden. Leider geraten diese Eltern dabei selbst mit zunehmendem Alter des Kindes in die Rolle der Person, die ihrem Kind Interessen ausredet, weil sie sie für unpassend hält. Eigentlich genau das, wovor sie ihre Kinder bewahren wollten. Es gibt also keinen einfachen Weg für Kinder. Entweder müssen sie einen Teil ihrer Interessen und Leidenschaften leugnen und verdrängen oder sie schwimmen gegen den Strom.

Diese Zwickmühle bietet Zündstoff. Spätestens, wenn der Junge, der nicht mit Barbies spielen darf, im Kindergarten auf einen Jungen stößt, der seine Puppen sogar am Spielzeugtag mitbringt. Vielen Jungen wird beispielsweise von ihren Eltern erklärt, dass sie keine Puppenküche zu Weihnachten bekommen, weil diese nur für Mädchen sei. Und Glitzerhaarspangen seien natürlich erst recht nur dem weiblichen Geschlecht vorbehalten. Für 3-Jährige ist es dann irritierend, im Kindergarten zu bemerken, dass die von den Eltern als so eindeutig beschriebenen Regeln nicht bei allen Kindern greifen.

Latente Homophobie und Frauenfeindlichkeit

Im Elternchat halten sich die Mütter bei diesem Thema nun nicht lange zurück. »Eine Mutter, die ihren Sohn liebt, wird ihm niemals rosa anziehen.« ist von einer aufgebrachten Mutter zu lesen. Oder auch: »Wie kannst Du Deinen Jungen mit anderen Jungen spielen lassen, die Puppen haben? Hast Du nicht Angst, dass er schwul wird?« Darauf antwortete die angesprochene Mutter: »Ich liebe meinen Sohn, deshalb ist mir seine sexuelle Orientierung egal. Ich wünsche mir, dass er eine Partnerin oder einen Partner hat, mit dem oder der er glücklich ist.« Es folgte eine lange Auseinandersetzung, in welcher der Mutter des Jungen unter anderem noch vorgeworfen wurde, sie würde ihr Kind nicht lieben, wenn ihr seine sexuelle Orientierung egal wäre. Im Kampf um das vermeintlich angemessene Verhalten für das richtige Geschlecht zeigen sich latente Aggressionen gegen Homosexualität und Frauen.

Geschlechterkampf am Wickeltisch

Weniger dramatisch, aber dennoch sehr emotional verlaufen Unterhaltungen bzw. Chatgespräche, wenn es um die Aufgabenteilung zwischen Männern und Frauen geht. Dieses Thema ist brisant, weil viele Mütter mit der Aufgabenteilung nicht zufrieden sind. Gerade in Partnerschaften, in denen die Männer Alleinverdiener sind und die Frauen mehr oder weniger allein für die Kinderbetreuung und den Haushalt zuständig sind, leiden die Frauen unter ihrer Rolle. Ganze 96% gaben in Umfragen an, nicht ausschließlich Hausfrau und Mutter sein zu wollen. Werden sie allerdings offen gefragt, ob sie gerne ausschließlich Hausfrau und Mutter sind, oder damit konfrontiert, dass andere Männer auch als Hauptverdiener einen Beitrag im Haushalt leisten, verteidigen sie ihre traditionelle Rollenverteilung.

HINTERGRUND

Kognitive Dissonanz

Die Sozialpsychologie hat dafür eine Erklärung: Wenn die Einstellungen oder Ansichten, die ein Mensch vertritt, nicht mit seinen tatsächlichen Handlungen konform gehen, dann passt er seine Einstellungen seinen Handlungen allmählich an. (Festinger 1978)

Es gibt mittlerweile viele Mütter, die ein sehr emanzipiertes Geschlechterverständnis haben. Sie befürworten die finanzielle Unabhängigkeit von Frauen und erwarten, dass Männer sich Fürsorgetätigkeiten mit ihren Partnerinnen teilen. Dennoch bleiben viele dieser Mütter trotz emanzipierter Ideale einige Jahre komplett zu Hause, weil ihre Männer nicht möchten, dass sie arbeiten gehen. Oder weil ihre Männer sie mit Haushalt und Kinderbetreuung komplett allein lassen, so dass sie nicht erwerbstätig sein können. Es ist für die Psyche sehr schwierig zu integrieren, dass man ein Leben jenseits der eigenen eigentlichen Meinungen und Vorstellungen führt. Daher passen Menschen ihre Ansichten ihren Handlungen an. Das bedeutet in diesem Fall, dass Frauen, die aufgrund äußerer Umstände oder der mangelnden Unterstützung durch ihren Partner zu Hause bleiben müssen, beginnen, eine aufgeschlossene Einstellung gegenüber der Hausfrauen-Ehe zu entwickeln.

Statt tagtäglich damit konfrontiert zu sein, dass ihr Leben absolut nicht so verläuft, wie sie es sich gewünscht hätten, arrangieren sie sich mit der Situation und versuchen sich Vorteile dieser Lebensweise einzureden.

Leon Festinger: Theorie der kognitiven Dissonanz, Bern, Stuttgart, Wien 1978.

Schildert in den sozialen Netzwerken oder Mütterchats nun eine Mutter, dass ihr Mann sich im Haushalt vorbildlich einbringt, seine Stelle reduziert hat oder Elternzeit nimmt, haben andere Mütter häufig das Bedürfnis sich zu rechtfertigen.

So schreibt eine »Carina« bei www.netmoms.de: »Also mein Mann macht sehr viel im Haushalt. Und nach der Geburt des Zweiten geht er auch wieder in Elternzeit. Ist doch selbstverständlich sich das zu teilen. Kann nicht verstehen, dass sich da Männer noch drum drücken und ihre Frauen das akzeptieren.«

Darauf antwortet dann Tanja: »Ich bin sehr froh, dass mein Mann hier die Kohle ranschafft ohne zu Murren und da braucht er natürlich nicht noch Wäsche waschen. Er kommt auch immer erst sehr spät nach Hause, möchte natürlich, dass er seine Ruhe hat dann und nerve ihn nicht mit Kindern oder Haushalt. Ist doch keine Arbeit. Manche Männer haben nur faule Frauen«.

Aus dem Versuch seine eigene Lebensweise zu rechtfertigen und den Ehemann zu verteidigen, der sich zu Hause ausschließlich bedienen lässt, wird ein Angriff auf gleichberechtigte Partnerschaften. Ein ehrliches Gespräch, bei welchen eingeräumt wird, dass man selbst auch unglücklich mit der einseitigen Aufgabenteilung ist, ist nicht möglich. Als wäre dies ein Eingeständnis von Schwächen oder Fehlern.

Vom Schlagen und Hauen

Internetdiskussionen über Gewalt an Kindern sind nicht besonders häufig. Wenn sie jedoch aufkommen, dann schlagen sie hohe Wellen. Häufig enden sie damit, dass einer Mutter mit einer Anzeige oder einer Meldung beim Jugendamt gedroht wird. Gewalt an Kindern taucht in den Internetforen für Eltern meistens dann auf, wenn eine Mutter fragt, ob ein Klaps auf den Hintern oder auf die Finger, denn nicht in Ordnung sei.

Sonja schreibt in einem sozialen Netzwerk für Mütter: »Gebt ihr euren Kindern mal eine auf die Finger? Wie haltet ihr es, wenn eure Kinder mal unmöglich sind und einfach nicht hören wollen?«

Die Reaktionen darauf sind gemischt. Die Mehrheit ist entsetzt und distanziert sich von den »Klapsen«. Viele finden sogar deutliche Worte für schlagende Eltern:

»Das ist absolut tabu, Gewalt und Körperverletzung und strafbar auch. Hab dafür absolut kein Verständnis. Wie kann man nur Kinder schlagen? Bist Du hilflos oder warum machst Du so einen Mist?«

Angst vor Strafverfolgung

Kaum jemand bekennt sich im Internet zum Schlagen oder Verprügeln. Fast alle, die zugeben, körperlich gegen ihre Kinder anzugehen, erklären sich lang und breit. Zum einen behaupten die Befürworter, dass es einen sehr großen Unterschied zwischen angeblich harmlosen Klapsen und harten Schlägen gäbe. Und dies würde dazu führen, dass sie Klapse befürworten und Schlagen eben nicht. Vielleicht auch aus Angst vor Strafverfolgung geben klapsende Mütter oft an, dass sie »es« sehr sanft täten. Meist wird behauptet, die Kinder »nur« auf den Hintern zu schlagen und nur, wenn sie dicke Windeln tragen. Dann würden die Kinder davon kaum etwas spüren. Fragt sich natürlich, weshalb es dann überhaupt gemacht wird, sprich welche Effekte man sich von dem nicht spürbaren Klaps verspricht. Eine Mutter erklärt sich folgendermaßen: »Einen Klaps auf die Finger geb ich auch nur, wenn was gefährlich wird. Ist ja nur zu ihrem Schutz und nicht andauernd.«

Wenn Mütter davon berichten, ihre Kinder stärker zu schlagen, dauert es meist nicht lange, bis andere Mütter ihnen damit drohen, sie anzuzeigen. Andersherum werden aber auch gerne die Mütter hart angegangen, die ihre Kinder absolut gewaltfrei erziehen. Ihnen wird vorgehalten, dass es ohne einen »Klaps« nicht geht und die Kinder dann schlecht erzogen seien, sich später schlecht benehmen und sogar eher zu Gewalt neigen würden. Das läge daran, dass man ihnen Friedfertigkeit nicht genügend eingetrimmt hätte. Manches Mal wird dann darauf verwiesen, dass Jugendliche heutzutage wesentlich gewaltbereiter wären als früher und dass dies an antiautoritärer und gewaltfreier Erziehung läge. Beides ist natürlich nicht richtig. Dennoch finden solche »Argumente« immer wieder Anhänger in Elternchats.

Rauchen der Eltern

Neben Schlägen werden auch andere Verhaltensweisen und Handlungen der Eltern immer wieder als Form der Gewalt diskutiert. Ein sehr umstrittenes Thema ist das Rauchen der Eltern innerhalb der Wohnung, in welcher auch die Kinder leben. Besonders heftig wird auch diskutiert, wenn eine Mutter fragt, ob man seinem 2-jährigen Kind Ohrlöcher stechen lassen sollte oder überhaupt darf. Bei all diesen Themen sind viele Mütter sehr emotional betroffen, weil sie das Kindeswohl durch solche elterlichen Handlungen als gefährdet ansehen.

Erst eins, dann zwei, dann drei, dann vier…

Kinderanzahl

Bezüglich der Anzahl der Kinder, die eine Mutter hat, gibt es mehrere verschiedene Vorwürfe, die häufig formuliert werden. Entweder schimpfen Mütter im Internet über Frauen, die ...

... keine Kinder haben,
... keine Kinder bekommen wollen,
... nur ein Kind haben,

... nur ein Kind haben und keine weiteren Kinder bekommen möchten,
... mehr als zwei oder drei Kinder bekommen haben,
... die mehr als zwei oder drei Kinder bekommen wollen.

Mütter, die zwei Kinder haben und keine weiteren bekommen wollen, sind die einzigen, die nicht von anderen Müttern aufgrund ihrer Kinderanzahl oder des Kinderwunsches terrorisiert werden. Vorhaltungen, die Frauen mit keinem oder nur einem Kind gemacht werden, lesen sich meist wie folgt: »Finds absolut ungerecht, keine Kinder kriegen aber hinterher Rente kassieren. Die müssen unsere Kinder doch dann zahlen! Kinderlose sind asozial!«

Sündenbock Kinderlose

Bemängelt wird die ungleiche Verteilung gesellschaftlicher Arbeit. Dabei geht es den meisten Müttern, die Kinderlose kritisieren, weniger darum, dass sie um die Anstrengungen der Kindererziehung herumkommen. Kinder kosten Zeit und Geld. Und weil sie Zeit kosten, kosten sie noch mehr Geld. Wer Kinder hat, muss für deren Unterhalt aufkommen. Zudem muss man die Kinder betreuen und erziehen und es fällt deutlich mehr Arbeit im Haushalt an. Daher schaffen es die meisten Paare mit Kindern nicht, zwei Vollzeitjobs in ihrem Leben unterzubringen, so wie kinderlose Paare das können. Eltern haben also höhere Ausgaben und geringere Einnahmen. Dass eine Familiengründung somit in doppelter Hinsicht kostspielig ist und trotzdem staatlich nicht stärker unterstützt wird, ärgert viele Eltern. Zumal es außerdem manche Bezuschussungen unverständlicherweise für das Verheiratetsein, aber nicht für die Kinder gibt. Gemeint ist das Ehegattensplitting. Kinderlose gelten dann aus ihrer Sicht als Profiteure einer ungerechten Verteilung der Belastungen in einer Gesellschaft.

Argumente, die angeführt werden, um Kinderreichen Vorhaltungen zu machen, sind interessanterweise oft voller Widersprüche. Und gerne werden fast dieselben Argumente ins Feld geführt wie bei der Kritik an Kinderlosen.

»Wie kann man nur sechs Kinder kriegen? Die können einem echt leidtun. Wie viel haben die von Mama und Papa? Einfach nur traurig. Und das nur weil manche Hartz-4-Eltern nicht verhüten können.«

oder

»Fürs Kindergeld tun die doch alles ... auch noch ein achtes Kind bekommen. Echt schlimm, wenn die Vater Staat so abzocken.«

Sündenbock Kinderreiche

Kinderreiche werden oft dafür kritisiert, dass ihre Kinder zu wenig Zeit mit ihren Eltern verbringen könnten. Der zweite Vorwurf, der auch gerne von älteren Generationen gemacht wird, ist, dass Eltern nur deshalb viele Kinder bekommen würden, um mit dem Kindergeld reich zu werden. Dies widerspricht nun genau der Argumentation, die gegen Kinderlose vorgebracht wird. Wie man es auch dreht und wendet: Kinder kosten in jedem Fall deutlich mehr Geld, als irgendjemand mit Kindergeld »verdienen« könnte. Daher ist es nahezu lächerlich zu behaupten, dass man am Kindergeld verdienen könnte.

Deutlich häufiger als über die verschiedenen Ansichten zum Impfen, zur geschlechtergerechten Erziehung, zur Aufgabenteilung zwischen Mann und Frau, zur Gewalt gegen Kinder und zur Kinderanzahl wird in den Mütternetzwerken über das Stillen und die Kinderbetreuung gestritten. Diese beiden Themen sind jedoch auch außerhalb des Internets sehr raumgreifend und absoluter Spitzenreiter unter den Gründen und Auslösern für regelrechte Mütterkriege. Daher werden diese umfassenden Auseinandersetzungen zu den Themen Stillen und Kinderbetreuung in jeweils eigenen Kapiteln beschrieben.

Gewicht und Größe

Neben diesen Reizthemen eignet sich im Internet jede Kleinig- und Nichtigkeit, um einen Mütterstreit zu entfachen. Auf Facebook beispielsweise posten viele Mütter nach den Vorsorgeuntersuchungen das aktuelle Gewicht und die Größe ihres Kindes und den Entwicklungsstand.

Julia schrieb hierzu: »Hatten heute die U 4 mit 4 Monaten. Wiegt jetzt 5900g bei 59cm :-)«

Sofort meldeten sich zwei Mütter zu Wort mit Kommentaren wie: »Ui das ist aber sehr spät für die U 4. Verpasst? Wir hatten die mit 3 Monaten.« »Ja, das ist wirklich zu spät. Wir hatten die auch mit 12 Wochen.«

Julia antwortete daraufhin, dass die U 4 zwischen drei und vier Monaten stattfinden soll und dass sie sogar noch ein paar Tage später hätte stattfinden können. Damit ist das Thema allerdings nicht beendet. Weiter schreibt eine dritte Mutter: »Man sollte die Untersuchungen immer möglichst spät machen, damit die Kinder auch genug Zeit haben sich den Anforderungen entsprechend zu entwickeln. So wurde uns es geraten und so haben wir es auch immer gemacht.«

Und eine weitere weiß einzubringen: »Spät würde ich sie nicht machen. Lass mal eine Erkältung dazwischen kommen oder der Arzt hat Urlaub, dann kannst Du die Frist nicht halten. Wir gehen immer rechtzeitig hin.«

Darauf reagiert eine Mutter prompt: »Man hat doch aber drei Wochen Zeit sie nachzuholen und es wird eben immer empfohlen den Kindern die Zeit zu geben, sich zu entwickeln.«

Eine ewig lange Diskussion entbrannte. Versteckt waren die Vorwürfe, dass Eltern, die spät dran sind, die wichtige Vorsorge wohl vergessen oder nicht »rechtzeitig« wahrnehmen würden. Als Gegenvorwurf wurde formuliert, dass man dem Kind keinen Gefallen damit tut, früh zu den Untersuchungen zu gehen, weil es dann keine Zeit gehabt hätte, sich zu entwickeln.

Man sieht an diesem Beispiel, dass Kleinigkeiten beäugt, analysiert und bewertet werden. Julia wollte nur mitteilen wie viel ihre Tochter wiegt und wie groß und alt sie nun ist. Dies wurde als Anlass genommen, sich darüber zu streiten, was nun der beste Termin für solch eine Untersuchung wäre. Potential für Mütterterror steckt also in jeder noch so vermeintlich unwichtigen Äußerung oder Handlung.

Der Mütterterror im Internet, in den verschiedenen Eltern-Foren, Mütterchats und sozialen Netzwerken zeichnet sich dadurch aus, dass er bisweilen sehr aggressive Züge hat. Verglichen mit dem Kleinkrieg, der in Mutter-Kind-Gruppen und Kursen stattfindet, sind die Streitigkeiten im Internet sehr direkt und werden häufig in einem konfrontativen, scharfen Tonfall geführt. Sie sind weniger subtil und unterschwellig. Nicht selten schaukeln sich die gegenseitigen Vorwürfe selbst bei Kleinigkeiten schnell hoch und enden mit Beleidigungen oder Drohungen. Häufig scheinen sich auch mehrere Userinnen zu verbünden und einzelne Mütter anzugreifen. Dies würde beispielsweise in Mutter-Kind-Gruppen nur in geringem Maße akzeptiert. Da eine Gruppe von Müttern dort für eine Dauer von wenigstens ein paar Wochen einigermaßen (zumindest vordergründig) harmonisch miteinander auskommen muss, können sich hier kaum mehrere Mütter auf eine einzelne Frau »einschießen«. Das Internet wird offenbar oft als Ventil für unterschwellige Aggressionen genutzt. Hier kann geschrieben werden, was man sonst nicht aussprechen kann und darf. Zumindest nicht, ohne die sozialen Konsequenzen tragen zu müssen. Statt den eigenen Freundinnen seine Abneigung gegenüber ihren Erziehungsstrategien mitzuteilen, kann man sie online Wildfremden sagen. Dabei haben die Userinnen offenbar den Eindruck, im anonymen Internet ihre Aggressionen ohne Rücksicht auf soziale Konsequenzen ausleben zu können. Beim Mütterterror im Netz ist es deshalb ratsam aus der Schusslinie zu gehen, seine Vorhaltungen für sich zu behalten und sie nicht in beleidigendem Tonfall in Foren zu schreiben. So kann man sich den Anfeindungen entziehen.

IV. Reizthemen

1. Stillst Du noch oder lebst Du schon?

Das Beste fürs Kind

Der Druck zu Stillen

Das Stillen ist eines der umstrittensten Themen unter Müttern. Es ist ein Paradebeispiel für Themen, die jederzeit ein friedlich-freundliches Müttergespräch in einen aggressiven Mütterkrieg verwandeln können. In der Schusslinie stehen hier vor allem Mütter, die nicht oder eher kürzer stillen, und Mütter, die vergleichsweise lange stillen. Der Druck, Stillen zu müssen, ist nicht nur im Internet oder in Krabbelgruppen, sondern auch in allen anderen Lebenszusammenhängen zurzeit extrem hoch.

Still-Terror

Noch lange bevor das Kind geboren ist, beginnt der Still-Terror. Egal, wo sich Schwangere und Mütter aufhalten, was sie lesen oder sehen, überall werden sie einer regelrechten Still-Propaganda ausgesetzt. Ob auf der Babynahrung, in den Elternzeitschriften, auf den Internetpräsenzen von Babynahrungsfirmen und Drogerien, bei Kinder- und Frauenärztinnen, in der Fernsehwerbung, bei Hebammen, in Krankenhäusern etc. – überall wird Frauen mitgeteilt, dass Stillen das Beste für ihr Kind sei. Dabei ist gemeint, dass die Zusammensetzung der Muttermilch gesünder wäre als bei käuflicher Säuglingsmilch. Dennoch stimmt auch, dass Säuglingsmilch noch nie so gut war und so sehr der Muttermilch ähnelte, wie dies momentan der Fall ist. Mangelernährungen oder ernährungsbedingte Krankheiten sind bei der Fütterung von Säuglingsmilch ausgeschlossen.

Stillen und Bindung

Neben der Muttermilch selbst soll das Stillen eine Zeit der körperlichen Nähe und des Kuschelns für das Kind sein. Dabei wird oft behauptet, dass das Stillen eine intensive Bindung des Kindes an die Mutter fördert. Körperliche Nähe zwischen Kind und Eltern kann jedoch auch problemlos ohne das Stillen ermöglicht werden.

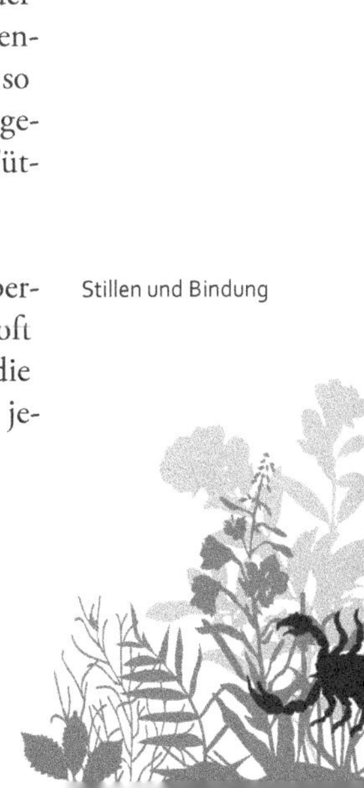

Stillen ist – berücksichtigt man alle Gesamtumstände von Mutter und Kind – nicht immer das Beste für das Kind und es ist auch nicht immer das Beste für die Mutter. Wobei vom Besten für die Mutter ohnehin nie die Rede ist. Mütter, die nicht stillen können oder aus diversen Gründen nicht stillen wollen, werden mit der »Information«, dass Stillen das Beste für ihr Kind sei, regelrecht überflutet. Natürlich ist die Folge, dass sich diese Frauen dadurch schlecht fühlen – und das ist durchaus beabsichtigt. Immerhin erhält ihr Kind nicht das Beste, sondern höchstens das Zweitbeste. Ihnen wird damit subtil die Frage gestellt, ob sie als Mütter denn etwa nicht das Beste für ihr Kind wollen.

Still-Propaganda

Säuglingsmilch

Die Säuglingsmilch – als Alternative zum Stillen – wird unterdessen geradezu verteufelt. Gesetzlich ist festgelegt, dass auf allen Säuglingsmilchnahrungen stehen muss, dass Muttermilch und Stillen das Beste für das Kind sind. Solche gesetzlich aufgezwungenen Botschaften, die wie eine Art Anti-Werbung wirken sollen, gibt es sonst nur bei Zigaretten. Weder auf Alkohol oder Kaffee muss abgedruckt werden, dass Saft oder Mineralwasser gesünder wären. Auch auf Milchcremeschnitten oder auf Schokoriegelverpackungen muss nicht stehen, dass Gurke und Vollkornbrot »besser« wären.

Und es kommt noch schlimmer: Für die Pre- und die 1er-Milch, die beide direkt ab der Geburt gefüttert werden dürfen, ist es VERBOTEN, Werbung zu machen. Auch dürfen Proben dieser Milchnahrung nicht gratis unter Müttern verteilt werden.[5] Für kein anderes legal zu erwerbendes Produkt gibt es so viele Auflagen und Beschränkungen. Zigaretten- und Alkoholwerbung ist grundsätzlich erlaubt und auch kostenlose Proben dürfen hiervon verteilt werden.[6] Sind die Gesetz-

---

5 Vgl. Homepage der Nationalen Stillkommission, Artikel vom 29.09.2006: Stillen – es dürfte etwas länger sein. http://www.bfr.bund.de/de/presseinformation/2006/27/stillen___es_duerfte_etwas_laenger_sein_-8416.html (Stand: 2.1.2012).

6 Zigarettenwerbung unterliegt allerdings einigen Reglementierungen.

geber ernsthaft der Ansicht, dass Säuglingsmilch für Babys schädlicher oder gefährlicher ist als Zigaretten oder Alkohol für Jugendliche und Erwachsene?

Still – wenn Du kannst

Die Argumente von Frauen, die weniger oder kürzer stillen als von der Zentrale für gesundheitliche Aufklärung, der La Leche Liga oder der WHO empfohlen wird, sind den Befürwortern des Stillens hinlänglich bekannt. Die unterschiedlichen Gründe, die angeführt werden, sind zum Beispiel:

- die Frauen haben große Schmerzen beim Stillen,
- die Frauen haben Krankheiten, Wunden und Entzündungen durch das Stillen,
- die Frauen haben Angst vor dauerhaften Veränderungen ihres Brustgewebes,
- die Frauen befürchten, das Stillen nicht mit ihrer Berufstätigkeit vereinbaren zu können,
- die Frauen fühlen sich durch das Stillen eingeengt, abhängig und angekettet.

Herunterspielen des Problems

Auf all diese Argumente wird mittlerweile von Hebammen, in allen Pro-Stillen-Broschüren und in Zeitungsartikeln eingegangen. Immer wieder wird behauptet, dass lediglich ein verschwindend geringer Prozentsatz der Frauen nicht stillen könnte. Frauen, die aufgrund von großen Schmerzen, fieberhaften Brustentzündungen oder blutig-offenen Wunden an den Brustwarzen abstillen möchten, geben oft an »nicht stillen zu können«. Ihnen wird entgegnet, dass dies alles keine Gründe für ein Abstillen sind und sie sehr wohl stillen können und nur nicht stillen wollen. Hier stellt sich natürlich die Frage, wo das »können« aufhört und wo das »wollen« beginnt.

Bei dieser Diskussion geht es eigentlich um zwei Hauptfragen: die nach der Lebensqualität und die nach der Schuld. Vermutlich kann man auch mit einer Axt im Rücken Billard spielen oder mit 40 Grad Fieber zur Arbeit gehen. Die Frage ist, ob wir solche Dinge in unserer Gesellschaft von einem Menschen erwarten oder sogar verlangen können. Gebührt nicht auch Frauen und Müttern ein Mindestmaß an Lebensqualität? Wenn eine Frau beim Stillen täglich mehrere Stunden große Schmerzen hat und nur unter Tränen stillen kann, kann man dann behaupten, sie könne schon stillen, wolle aber nur nicht? Und dieses Beispiel ist kein Einzelfall! Mütter, die sagen, dass sie nicht stillen können, möchten damit doch nur ausdrücken: »Ich habe mich bemüht, ich schaffe es nicht, aber es ist nicht meine Schuld.« Antwortet man diesen Müttern nun »Du könntest schon, Du möchtest nur nicht!«, dann steckt hier eine Schuldzuweisung dahinter. Es wird behauptet, dass es der Frau nicht an der Möglichkeit oder körperlichen Voraussetzung, sondern am Willen mangelt. Sie möchte eben nicht das Beste für ihr Kind. Dieser Vorwurf ist einer der wirksamsten und schlimmsten für Frauen – Schuldunterstellungen und schlechtes Gewissen bilden die Waffen gegen ein starkes Selbstbild von Müttern.

Stillen und Brustideal

Forciert durch das übermächtige westliche Schönheitsideal, fürchten Frauen stillbedingte äußerliche Veränderungen der Brustform. Es ist unter Frauen und Müttern schon lange bekannt, dass sich durch das Stillen die Form und Gewebebeschaffenheit der Brust leicht bis deutlich ändern kann. Dieser Prozess könnte als ganz normale körperliche Veränderung angesehen werden, der keine große Bedeutung zukommt.

Medien und Schönheitsindustrie

Nun wird aber von Medien und Schönheitsindustrie seit Jahrzehnten verstärkt ein weiblicher Körper gepredigt, der mit Weiblichkeit und vor allem mit Mütterlichkeit kaum noch etwas zu tun hat. Sämtliche Anforderungen, die von Kosmetik- und Modeunternehmen an den Frauenkörper gestellt werden, beinhalten die Negierung jeglicher mütterlicher Körperformen. Die Brust der Frau soll groß und fest und straff sein und vom Brustkorb abstehen, als hätte man sich Luftballons unter einen engen Pullover geschoben.

Die Brust von Müttern, insbesondere von Müttern, die gestillt haben, ist meistens das genaue Gegenteil von diesem medial inszenierten, künstlichen Brustideal. Man könnte beide Brustformen auch überspitzt als Silikonbrust und als Frauenbrust gegenüberstellen. Je stärker dieses Brustideal nun den Frauen eingetrichtert wird, desto mehr fürchten sie die Körperveränderungen, die durch das Stillen hervorgerufen werden. Verständlich, denn eine weibliche, mütterliche Brust ist sowohl auf dem Partnermarkt als auch in der eigenen Partnerschaft nichts mehr wert. Frauen fürchten die Reaktion ihrer Partner und den Verlust ihrer Attraktivität. Damit einhergehend haben sie Angst vor einem Liebesverlust.[7]

Verleugnung der körperlichen Veränderungen

In Artikeln, Broschüren und Büchern, die zum Stillen animieren wollen, wird propagiert, dass das Stillen die Brust überhaupt nicht in Form und Gewebefestigkeit verändere. Die Schwangerschaft soll Ursache einer Brustmetamorphose sein. Ob man stillt oder nicht stillt, würde keinen Unterschied machen. Das Stillen würde zu keinerlei dauerhaften körperlichen Veränderungen führen. Auch Frauen, die nicht stillen, so kann man nachlesen, hätten eben dieselben neuen Brustformen. Dies läge an der Schwangerschaft und dem Umstand, dass die Brust in den neun Monaten vor der Geburt auf das Stillen vorbereitet wird – ob man nun tatsächlich stillt oder nicht. Den Frauen wird vorgegaukelt, dass das Stillen keine weiteren Auswirkungen auf die Brust hätte, die die Schwangerschaft nicht schon gehabt hätte.

Besser wäre es, das krankmachende Schönheitsdiktat der Medien und der Schönheitsindustrie anzuprangern. Stattdessen erhöht man den Druck auf Frauen weiter. Der Schönheitsterror bleibt bestehen, man hält sie in dem Glauben, sie hätten reale Chancen, diesem künstlichen Schönheitsideal auch nach dem Stillen zu entsprechen, und lässt die Frauen am Ende mit ihrer Verzweiflung über ihren Körper und ihr gesellschaftliches Ansehen allein. Mit der Behauptung, ein Luftballon würde bereits ausleiern, wenn man ihn sich zwischen die Lippen klemmt und dass das darauffolgende Aufpusten damit überhaupt

[7] Christina Mundlos: Schönheit, Liebe, Körperscham. Schönheitsideale in Zeitschriften und ihre Wirkung auf Mädchen und Frauen, Marburg 2011.

nichts zu tun hätte, ist den Frauen nicht geholfen. Sie werden schlicht für dumm verkauft.

Anscheinend glaubt man bei La Leche Liga & Co. wohl, dass der Zweck hier die Mittel heiligen würde. Es steht außer Frage, dass die Brust durch die Schwangerschaft bereits kleinere Veränderungen erfährt. Sie wird bei vielen fester und größer und kann etwas spannen. Doch es wird noch so gut wie keine Milch gebildet – ein paar Tropfen maximal. Und die Milchdrüsen und -kanäle können etwas anschwellen. Das ist der Luftballon, den man sich zwischen die Lippen klemmt. Beim Stillen aber können dann durchaus mal 200–250 ml Milch pro Brust für eine Stillmahlzeit gebildet werden. Das entspricht der Menge eines kleinen Kindersaft-Tetrapacks. Dieses Gewicht und dieses Volumen muss die Brust aushalten. Erst hier wird der Ballon aufgeblasen.

Stillen und Pumpen am Arbeitsplatz

Unrealistische Vorschläge

Gerade Frauen, die in den ersten Monaten nach der Schwangerschaft oder auch im ersten Lebensjahr des Kindes wieder in ihren Beruf einsteigen, sorgen sich, dass das Stillen nicht mit der Berufstätigkeit zu vereinbaren ist. Bewirkt das Stillen doch, dass sie als Einzige für die Ernährung des Kindes zuständig sind und nicht durch den Vater, die Großeltern, Tagesmutter oder Krippenpersonal ersetzt werden können. Doch auch für diese Befürchtung haben die Still-Befürworter die passende Lösung angeblich parat.[8] Es verwundert kaum, dass bei der umfassenden Still-Propaganda nun auch noch die Ansicht vertreten wird, dass es natürlich überhaupt kein Problem wäre, Stillen und Beruf miteinander zu vereinbaren. Meist werden zwei Ratschläge gegeben, damit der Spagat zwischen Stillen und Job auch funktioniere:

---

[8] Vgl. Homepage der Nationalen Stillkommission, Artikel vom 14.05.2003: Checkliste für Wöchnerinnen klärt Fragen rund ums Stillen. http://www.bfr.bund.de/de/presseinformation/2003/11/checkliste_fuer_woechnerinnen_klaert_fragen_rund_ums_stillen-2131.html (Stand: 2.1.2012). Vgl. auch Homepage der Nationalen Stillkommission, Aktualisierte Elterninformation vom 26.03.2003 (aktualisiert am 1.8.2007): Stillen und Berufstätigkeit. http://www.bfr.bund.de/cm/343/stillen_und_berufstaetigkeit.pdf (Stand: 2.1.2012).

1. Wenn die Mutter Milch abpumpt, dann kann das Kind in Abwesenheit der Mutter per Flasche die Muttermilch von einer anderen Person bekommen.

2. Müttern müssen am Arbeitsplatz Stillmöglichkeiten gegeben werden und Stillpausen eingeräumt werden.

Reale Probleme

Bekommt das Kind die Muttermilch in einer Flasche, wird also während der Arbeitszeit nicht gestillt, aber statt Säuglingsmilch kann das Kind Muttermilch erhalten. Hier gibt es gleich mehrere Haken. Permanent Milch auf Vorrat abzupumpen, ist eine sehr schwierige Angelegenheit. Praktisch würde das folgendermaßen aussehen: Die Mutter stillt früh morgens, bevor sie ins Büro fährt, und pumpt die nächsten zwei Stillmahlzeiten gleich ab. Doch woher soll so plötzlich die Milch kommen, die abgepumpt werden kann? Milch, die für zwei Mahlzeiten reichen müsste? Die Mutter müsste ja morgens die dreifache Menge an Milch produzieren. Und tagsüber auf der Arbeit? Da sollte natürlich kaum Milch produziert werden, denn auch bei einem Halbtags-Job müsste sie es wenigstens sechs Stunden ohne Stillen und Pumpen aushalten. Die Brüste produzieren einigermaßen gleichmäßig Milch. Morgens also die dreifache Menge und mittags gar keine Milch zu haben, ist quasi unmöglich.

Abpumpen am Arbeitsplatz

Die Stillpausen könnten natürlich zum Abpumpen genutzt werden. Das heißt, die Milch würde während der Arbeitszeit abgepumpt – eben dann, wenn sie auch produziert wird und vorhanden ist. Gefüttert würde sie dann am nächsten Tag. Die abgepumpte Milch müsste dann in dem Büro-Kühlschrank aufbewahrt und in einer Kühltasche nach Hause transportiert werden, damit das Kind sie am nächsten Arbeitstag erhalten kann. Doch wie viele Mütter wollen im Büro im Nebenraum mit ihrer Milchpumpe hantieren, diese dann in der Teeküche abwaschen (und sterilisieren?) und ihre Muttermilch im Bürokühlschrank aufbewahren? Und auch die Schwierigkeiten und Probleme, die entstehen können, wenn man versucht dem Baby Brust und Flasche im Wechsel zu geben, werden hier komplett übersehen.

Stillpausen am Arbeitsplatz

Die Stillpausen am Arbeitsplatz, bei denen den Müttern das Kind gebracht wird und sie in einem Nebenraum stillen können, können auch von fast niemandem genutzt werden. Wer hat schon eine Betreuung für sein Kind, die auf keine weiteren Kinder aufpasst, und sich so nah am Arbeitsplatz befindet, dass sie in der Arbeitszeit immer mal wieder mit dem Kind vorbeikommen kann? Würde das Kind in einer Betriebskrippe betreut, die im gleichen Hause ist wie der Arbeitsplatz der Mutter, dann könnte die Mutter telefonisch darüber informiert werden, dass das Kind Hunger hat und die Mutter könnte in die Krippe gehen, um dort ihr Kind zu stillen.

In der Praxis heißt das jedoch, dass die Erzieherinnen immer eindeutig erkennen müssten, wann das Kind Hunger hat und wann es nur schlecht gelaunt ist. Dies ist wahrlich nicht bei allen Babys so einfach möglich. Darüber hinaus müsste die Mutter einem Beruf nachgehen, der jederzeit ganz kurzfristig unterbrochen werden kann. Komplizierte Computereingaben, schwierige Berechnungen, konzeptuelles Arbeiten, Konferenzen, Mitarbeitergespräche – alles müsste überstürzt verlassen werden können. Darüber hinaus haben die wenigsten Frauen eine Betriebskrippe im Haus. Ein weiterer Hinderungsgrund: die meisten Kinder sind keine Maschinen. Wenn ihre Mutter während der Betreuungszeit plötzlich greifbar ist, kann es sein, dass sie sie ungern wieder gehen lassen. Das Stress-Potential für Baby und Mutter ist sehr hoch. Von den teilweise fundamentalistischen Stillverfechtern wird dies jedoch verschwiegen.

Vorspiegelung falscher Tatsachen

Stillen mit einer Berufstätigkeit zu vereinbaren, ist also alles andere als leicht – wenn überhaupt möglich. Es hört sich in den Broschüren erst mal schön und einfach an. Die Konfrontation mit der Realität im Praxis-Test bestehen Tipps wie »Abpumpen« und »Stillen am Arbeitsplatz« jedoch nicht. Da das Stillen also nicht (so einfach) mit einer Berufstätigkeit vereinbart werden kann, geht es den RedakteurInnen der Still-Broschüren offenbar darum, Frauen unter Vorspiegelung falscher Tatsachen zum Stillen zu überreden. Darüber hinaus bewirken solche »Ratschläge«, dass die Mütter wiederum ein schlechtes Gewissen bekommen, schließlich haben sie den Eindruck, dass ihnen etwas schwer fällt, dass doch so einfach sein soll. Und zu guter Letzt erschweren diese Lügen Frauen den baldigen Wiedereinstieg in ihren Beruf.

Ob Du stillst oder nicht

Vermeintliche 'Lösungen'

Egal aus welchem Grund eine Frau nicht stillen möchte oder kann – die Stillfanatiker haben vermeintlich immer das passende Gegenargument und die richtige Lösung parat. Oder wie es die Nationale Stillkommission formuliert: »Stillen ohne wenn und aber«[9]. Dass diese »Lösungen« nur aus heißer Luft bestehen, merken die Frauen schnell. Sie stillen also ab, wie und wann sie es ohnehin vorhatten – fühlen sich nun aber schlecht dabei. Denn offenbar ist es für alle anderen Frauen so einfach, mit den Nachteilen des Stillens zu Recht zu kommen und die ein oder andere Still-Klippe zu umschiffen, dass sie sich als gescheitert erleben.

Kein Wunder also, dass ein Thema, mit welchem Mütter so sehr unter Druck gesetzt werden, gegenseitige Beleidigungen, Streit und Vorwürfe provoziert. Zumal den Müttern der Still-Terror eben auch nicht nur in den Broschüren, Büchern, Artikeln, Internetforen und Zeitschriften begegnet. Eine Mutter, die nicht stillen kann oder will, begegnet ausschließlich Müttern, die diese Broschüren ebenfalls gelesen haben und der dort verbreiteten Propaganda aufsitzen. Sie wird von anderen Frauen überflutet mit Still-Tipps und Durchhalte-Parolen: »Keine Sorge. Diese Brustentzündung oder deine unerträglich grauenhaften Schmerzen müssen kein Grund fürs Abstillen sein. Du musst das nur eine Weile ertragen. Danach wird es besser. Hab ich gelesen.« Angenehm sind dann die Begegnungen, bei der eine andere Mutter unverwunden zugibt: »Ich hatte genauso schlimme Milchstaus und habe dann auch abgestillt.« Bei folgendem Kommentar einer anderen Mutter macht sich aber wieder das schlechte Gewissen breit: »Diese extremen Schmerzen hatte ich auch. Ich habe es geschafft trotzdem weiterzustillen. Es nützt ja nichts. Wo es doch so gut für die Babys ist.«

[9] Homepage der Nationalen Stillkommission, Artikel vom 20.6.2005: Stillen ohne wenn und aber. http://www.bfr.bund.de/de/presseinformation/2005/20/stilen_ohne_wenn_und_aber-6434.html (Stand: 06.02..2012)

Mütter, die Säuglingsmilch kaufen und füttern, müssen sich regelrecht stigmatisiert vorkommen. Beschämt laden sie die Pulverpackungen in ihre Einkaufswagen und versuchen mit anderen Frauen bloß in keine Ernährungs-/Stilldiskussionen verwickelt zu werden, in welchen sich herausstellen könnte, dass sie gar nicht stillen.

Auswirkungen des Stillterrors

Legitimationsdruck

Diejenigen, die nicht stillen, fühlen sich meist sehr schlecht. Sie haben den Eindruck, zu versagen und dass sie von den meisten Menschen für Rabenmütter gehalten werden. Dieses Gefühl ist häufig so stark, dass sie psychisch damit nur noch insofern umgehen können, als dass sie anfangen eine Abwehrhaltung aufzubauen. Natürlich wäre es gesellschaftlich nicht akzeptiert, wenn sie das Stillen schlecht reden würden. Zumal ihre Absichten, hierdurch besser von sich selbst ablenken zu können und zu versuchen sich nicht zu schuldig zu fühlen, zu offensichtlich wären. Meist lassen sie stillende Mütter durch Randbemerkungen wissen, dass sie der Ansicht sind, gerade das Nicht-Stillen hätte bedeutende Vorteile.

Da wird einer stillenden Mutter geraten: »Vielleicht solltest Du wenigstens abends mal eine Pre-Milch geben, damit die Kleine gut durchschläft.« Oder die Mutter eines absolut normalgewichtigen drei Monate alten Babys muss sich anhören: »Ui, der ist ja regelrecht mager gegen meinen Tobi, naja, er bekommt ja auch nur Muttermilch.« Und bei kerngesunden und gut gedeihenden Spuckkindern von stillenden Müttern hört man häufig einen Kommentar wie diesen: »Wenn Lara so viel spuckt, solltest Du vielleicht abstillen und das Fläschchen geben, dann kannst Du die Milch andicken.« Diese »Kritik« am Stillen und der Versuch, das Stillen als negativ oder als Ursache von vermeintlich Negativem darzustellen, kommt natürlich von nicht stillenden Müttern. Sie verfolgen hierbei ihr ganz eigenes Ziel: das Verarbeiten ihrer Schuldgefühle, die sie bezüglich des eigenen Nicht-Stillens haben und die von der allgemeinen Still-Propaganda herrühren.

Diejenigen, die weniger als vier bis sechs Monate voll stillen oder vor einem Alter von acht bis zehn Monate komplett abstillen, müssen sich zumindest permanent dafür rechtfertigen, dass sie so früh abstillen. Ähnlich geht es denen, die den »Supercocktail Muttermilch«[10] abpumpen und mehr oder weniger per Flasche füttern. Zumal Frauen, die die Milch vorwiegend abpumpen, meistens nach ein paar Monaten abstillen.

Diffamierung und Erhöhung

Diejenigen, die den Forderungen von La Leche Liga[11] und WHO annähernd nachkommen, also vier bis sechs Monate voll stillen und erst ein paar weitere Monate später abstillen, haben natürlich kaum ein schlechtes Gewissen oder Schuldgefühle. Immerhin haben sie das Gefühl, ihrem Kind das Beste zu geben. Das heißt aber nicht, dass es ihnen immer leicht fällt. Für manche ist das Stillen nach anfänglichen Problemen angenehm. Für manche ist es monatelang von starken Schmerzen oder Komplikationen wie blutig-wunden Brustwarzen, Milchstaus und Brustentzündungen begleitet. Sie erleben die andere Seite der Medaille. Auf der einen Seite steht die Diffamierung von Frauen, die nicht oder eher kurz stillen. Auf der anderen Seite steht die Erhöhung von Frauen, die stillen bzw. entsprechend lange stillen. Besondere Bewunderung wird denen zuteil, die trotz Schmerzen oder Problemen weiter stillen.

Stillen als Leistung

Dieses Lob und die Anerkennung für das Stillen schreiben die stillenden Mütter gerne ihrer eigenen Leistung zu. Die Wertschätzung fühlt sich gut an. So gut, dass stillende Mütter dazu neigen, zu denken, sie hätten die Bewunderung für ihre Entbehrungen verdient. Frauen, die sich den »Stress«, die Schmerzen, die Einschränkungen und die körperlichen Veränderungen durch das Stillen antun, empfinden es nur

---

10 Homepage der Nationalen Stillkommission, Artikel vom 4.7.2003: Supercocktail Muttermilch schützt auch vor Übergewicht im Kindesalter. http://www.bfr.bund.de/de/presseinformation/2003/17/supercocktail_muttermilch_schuetzt_auch_vor_uebergewicht_im_kindesalter-2215.html (Stand: 3.1.2012).

11 Von der La Leche Liga wird übrigens auch das Buch von Eva Herman »Vom Glück des Stillens« vertrieben. Im nächsten Kapitel geht es unter anderem um Eva Hermans Ansichten zum Thema Kinderbetreuung, mit welchen sie den Mütterterror schürt.

als gerechten Ausgleich, wenn ihnen ein wenig Anerkennung zuteil wird. Das heißt gleichzeitig, dass sie denken, nicht-stillende Mütter hätten ebendiese Bewunderung auch nicht verdient. Gerne stellen sie das Stillen anderen gegenüber ebenfalls wie La Leche Liga & Co. als das Beste für ihr Kind dar. Je besser die Muttermilch, umso höher müsse ihre Leistung des Stillens schließlich eingeschätzt und bewertet werden. Es fühlt sich eben gut an, wenn ihnen jemand sagt, dass sie ihrem Kind etwas viel Besseres geben, als andere Mütter das tun. Sie werden aufgewertet und fühlen sich überlegen. Und wenn sie dann in einem Babykurs hören, dass eine Mutter nicht (mehr) stillt, reißen sie die Augen weit auf, als hätten sie einen schlimmen Autounfall gesehen, und mit skeptisch-besorgter Stimme fragen sie »Warum stillst Du denn nicht?« oder »Du hast abgestillt? Wieso das denn?« oder auch einfach nur »Wie alt ist Sophie [das Baby, das nicht mehr gestillt wird] jetzt?«

Stillst du noch oder lebst du schon?

Unkenntnis der faktischen Stillquoten

Müttern wird suggeriert, fast alle Frauen würden den Still-Empfehlungen der Nationalen Stillkommission oder der La Leche Liga nachkommen. Dass bei den Müttern der Eindruck entsteht, es wäre absolut ungewöhnlich nicht oder nicht lange zu stillen, macht einen Teil des Stilldrucks aus, dem sie ausgesetzt sind. Frauen, die früher als empfohlen abstillen oder gar nicht erst mit dem Stillen beginnen, fühlen sich wie die einzigen, die die Ziellinie nicht erreichen. Die meisten Mütter sind folglich vollkommen überrascht, wenn man ihnen die tatsächlichen Still-Quoten darlegt. Und dies hilft ihnen dabei sich mit sich selbst zu versöhnen, Schuldgefühle abzulegen und sich in Müttergruppen, in denen jede Mutter voll zu stillen scheint, selbstbewusst behaupten zu können.

In einem gesellschaftlichen Klima, in dem Frauen stigmatisiert werden, die nicht stillen oder zumindest nicht so lange wie es die Still-Fanatiker empfehlen, trauen sich diese Mütter kaum laut darüber zu sprechen, wie ihre Kinder ernährt werden. Sie vermeiden zu sagen, dass ihre

Kinder Säuglingsmilch erhalten, da sie Schuldgefühle, Angst vor den Reaktionen und vor Ausgrenzung haben. Wer stillt, spricht jedoch oft gerne und lange und laut über das eigene Stillen. Denn wenn man sich schon für das Kind quält, dann soll es zumindest jede und jeder mitbekommen. Es ist also nicht verwunderlich, dass viele Eltern denken, dass das Stillen deutlich verbreiteter ist als das Nicht-Stillen. Dabei ist vor allem das Sprechen über das Stillen viel weiter verbreitet als das Sprechen über das Nicht-Stillen.

Die tatsächliche Still-Bilanz

HINTERGRUND

In der SuSe-Studie, die 1997/98 durchgeführt wurde, stellte sich heraus, dass fast 10% der Mütter von vorneherein gar nicht erst mit dem Stillen beginnen. Bei der Entlassung aus der Klinik ein paar Tage nach der Geburt sind es dann bereits 15%, die nicht stillen. Wenn die Babys zwei Wochen alt werden, stillen nur noch 75% voll und nach zwei Monaten nur noch 58%. Weitere 10–12% stillen zu diesem Zeitpunkt teilweise also nicht voll. Nach vier Monaten sinkt die Still-Quote (volles Stillen) weiter von 45% auf 33% ab. Mit sechs Monaten werden zwar insgesamt noch ca. 50% der Babys gestillt jedoch nur ca. 10% werden noch voll gestillt. Die Ergebnisse von Studien aus 2004 und 2005 bestätigen diese Ergebnisse. Wie viele von den Frauen zwar Muttermilch füttern, diese aber abgepumpt haben, geht aus den Statistiken leider nicht hervor. Da viele Apotheken aber mehrere elektrische Milchpumpen haben, die fast ununterbrochen verliehen sind, und auf den Entbindungsstationen fast mehr Milchpumpen im Einsatz sind als Stillhütchen, kann man nur von einem bedeutenden Anteil ausgehen.

Vor der Geburt gaben laut SuSe-Studie 60% der Frauen an, bis zum Alter von sechs Monaten voll stillen zu wollen. Es sind allerdings bereits nach zwei Monaten nicht mal mehr diese 60%, die voll stillen. Man könnte auch sagen, dass die Realität des Stillens die Frauen schnell einholt. Wunsch und Wirklichkeit klaffen weit auseinander, was daran liegt, dass den Schwangeren ein vollkommen falsches Bild vom Stillen vermittelt wird. Die Bilder von selig lächelnden Müttern, die ihre zufriedenen fröhlichen Babys stillen, wirken bis tief in die Köpfe der Frauen hinein. Und sie sind mächtiger als die Brustentzündung der Nachbarin, von der man mal in einem Nebensatz vor zwei Jahren erfuhr, oder als das Wissen um die Freundin, die gar nicht erst stillen wollte, weil sie bei ihrer Schwester die damit verbundenen Schmerzen und Tränen sah.

Vgl. Homepage der Bundeszentrale für gesundheitliche Aufklärung: Stillen und Muttermilchernährung (Bd. 3). http://www.bzga.de/?uid=9680786df0733668a55f2f866d4e 2e84&id=medien& sid=1&idx=628 (Stand: 2.1.2012).
Vgl. Monatsschrift Kinderheilkunde 10/2002: Fakten zum Stillen in Deutschland. Ergebnisse der SuSe-Studie. http://resources.metapress.com/pdf-preview.axd?code= nufhjg2amax9ujkp&size=largest (Stand: 2.1.2012).

Vgl. Homepage der Nationalen Stillkommission, Artikel vom 29.09.2006: Stillen – es dürfte etwas länger sein. http://www.bfr.bund.de/de/presseinformation/2006/27/ stillen___es_duerfte_etwas_laenger_sein_-8416.html (Stand: 2.1.2012).

Vgl. Homepage der Bundeszentrale für gesundheitliche Aufklärung: Stillen und Muttermilchernährung (Bd. 3). http://www.bzga.de/?uid=9680786df0733668a55f2f866d4e 2e84&id=medien&sid=1&idx=628 (Stand: 2.1.2012).

Idealisierung

Die meisten Frauen, die ihr erstes Kind bekommen, haben kein realistisches Bild vom Stillen. Dies liegt eben auch an dem Stillterror von Stillkommission, La Leche Liga & Co. Den Frauen wird eingetrichtert:

- Stillen ist schön für die Mutter und das Beste fürs Kind,
- es muss gestillt werden,
- wer nicht stillt, will nicht das Beste für sein Kind und ist folglich eine Rabenmutter,
- Säuglingsmilch ist gefährlicher als Zigaretten und Alkohol.

Natürlich wollen daher sehr viele Frauen stillen. Und selbstverständlich können sie den Gedanken, dass das Stillen so unangenehm ist und dass sie es vielleicht nicht (lange) aushalten, nicht zulassen. Diese Probleme werden erst mal verdrängt. Die Vorstellung, dass sie vielleicht nicht stillen können oder möchten, würde die Frauen gesellschaftlich ins Abseits treiben. Eine ehrliche Auseinandersetzung mit dem Stillen kann also nicht erfolgen.

2. Kinderbetreuung – die heilige Kuh

Deutscher Sonderweg?

Gerade in den letzten Jahren wurden viele hitzige Diskussionen zum Thema Kinderbetreuung geführt. In kaum einem Land ist die Betreuung von Kindern in Krippen, Kitas und bei Tagespflegepersonen so stark umstritten wie in Deutschland. Durch unzählige Talkshows, Zeitungsartikel, Bücher, Stadtgremien, Hochschulbüros, Parlamente, Feierlichkeiten oder Gespräche unter Eltern geistert die Frage: Welche Betreuung ist gut für Eltern und Kinder? Dabei wird im öffentlichen Bewusstsein oft von der Frage, ob, in welchem Alter und wie lange die Kinder betreut werden, auf die Qualität ihrer Mutter geschlossen.

Nicht alle, die an dieser gesamtgesellschaftlichen Diskussion teilnehmen, befinden sich an demselben Ausgangspunkt. Für die einen ist klar: Wir brauchen öffentliche Kinderbetreuungsmöglichkeiten, damit beide Elternteile erwerbstätig sein können. Sie stellen sich nur noch Fragen zur konkreten Ausgestaltung der Betreuung. Wie sollen Kinder betreut werden und wie lange? Wie kann solch eine Betreuung organisiert und wie kann sie finanziert werden? Die anderen stellen die Frage, ob eine Kinderbetreuung grundsätzlich nötig ist. Sie zweifeln, ob öffentliche Kinderbetreuungsangebote überhaupt gebraucht werden und ob sie zu befürworten sind.

Die Mutter gehört zum Kind?

'Mindestalter'

Unstrittig ist meist ein Mindestmaß an institutioneller Kinderbetreuung. Der Kindergarten für 3–6-jährige Kinder wird – jedenfalls was Halbtagsplätze betrifft – von den Wenigsten abgelehnt. Die Wogen gehen eher hoch, wenn diskutiert wird, ab welchem Alter Kinder von einer Tagespflegeperson oder in der Krippe betreut werden können und sollten. Ähnlich polarisierend ist die Frage nach dem Betreuungsumfang, also der wöchentlichen Stundenzahl.

Die Gegner von öffentlicher Kinderbetreuung sind dabei gleichzeitig die Befürworter von ausschließlich mütterlicher Betreuung. Als

Hauptbezugsperson für Kinder ist ihnen einzig und allein die Mutter recht. Somit schließt sich für sie die Betreuung durch Erzieherinnen, Tagespflegepersonen, Babysitter oder Au-Pairs natürlich genauso aus wie die Betreuung durch Väter oder Großeltern. Sie sind gegen die Einrichtung von Krippen, gegen jegliche Ganztagsplätze in Krippe, Kindergarten oder Hort und strikt gegen die Betreuung von Kindern unter 3 Jahren. Ganz radikale Betreuungsgegner lehnen sogar Halbtagsplätze im Kindergarten für 3–6-Jährige ab. Als Gründe gegen die Kinderbetreuung werden häufig angeführt:

- die Betreuung durch andere Personen gefährde oder zerstöre die Bindung des Kindes an die Mutter (psychologische Gründe),

- dass Kinder lediglich von der Mutter betreut werden sollten, würde in der Natur des Menschen liegen und wäre biologisch vorgegeben (biologische Gründe),

- Kinder würden durch die Betreuung von anderen Personen als der Mutter körperlich und psychisch krank oder könnten sogar daran sterben (medizinische Gründe),[12]

- dass Mütter jahrelang zu Hause bleiben, nicht erwerbstätig sind und sich nur der Kinderbetreuung widmen, wäre von Gott so gewollt (religiöse Gründe),

- wenn Kinder nicht ausschließlich von der Mutter betreut werden, würden daraus gesellschaftliche Probleme und Gefahren wie z.B. eine Verwahrlosung der Jugend oder eine Abnahme der Geburtenrate resultieren (soziale/demographische Gründe),

- die Kinder sollten zu Hause von der Mutter betreut werden, da dies schon immer so gemacht worden wäre (traditionelle/kulturelle Gründe).

---

12 Vgl. Christa Meves: Ohne Familie geht es nicht. Ihr Sinn und ihre Gestaltung, Kassel 1983, S. 74.

Herman & Co. blasen zum Mütterterror

Anti-Betreuungs-Bewegung

Die bekanntesten Rädelsführerinnen der Anti-Betreuungs-Bewegung sind unter anderem Eva Herman, Christa Meves, Gabriele Kuby und Christa Müller (bis 2011 familienpolitische Sprecherin der Linken). Sie eint eine biologistische Weltsicht und die Auffassung, dass Kinder nur von der Mutter betreut werden sollten. Herman, Meves und Kuby sind zudem für ihren christlichen Fundamentalismus bekannt. Um ihre kritischen und abenteuerlichen Ansichten zu Mutterschaft und Kinderbetreuung möglichst glaubhaft wirken zu lassen, stellen sie in ihren Argumentationsversuchen teils widersprüchliche und absurde Zusammenhänge her. So werden beispielsweise religiöse Texte als unbezweifelbare Zeugnisse realer Geschehnisse präsentiert.[13]

Die 'gute' Mutter

Besonders Mütter haben unter diesen Debatten und Angriffen zu leiden. Die Betreuungsgegner sind der Ansicht, dass eine gute Mutter ihre Kinder in keine Krippe oder zu keiner Tagespflegeperson geben würde. Eltern von Kindern, die in Kita oder Hort betreut werden, wurden von ihnen zum Feindbild auserkoren. Müttern wird vorgeworfen, sie würden ihren Kindern schaden, um sich aus angeblich rein »egoistischen« Motiven im Beruf selbst verwirklichen zu wollen. Die Väter trifft diese Kritik kaum. Zum einen sind die Gegner von Kita und Co. der Ansicht, dass der Vater sich ohnehin nicht zum Wechseln der Windeln eignet und die Kinderbetreuung auch im Jahr 2013 Frauenarbeit sein sollte.[14] Zum anderen gestehen sie den Vätern natürlich

---

[13] Eine umfassende Beschreibung der Argumente von Krippengegnern wie Meves und Herman und eine genaue Analyse ihrer Argumentationsversuche und widersprüchlicher Herleitungen findet sich hier: Christina Mundlos: Die traditionelle Mutterrolle als Heilsversprechen. Argumentationsanalyse am Beispiel von Eva Herman und Christa Meves, Marburg 2010.

[14] Diese Ansicht vertreten zum Beispiel Eva Herman und Christa Meves in ihren Büchern: Vgl. Eva Herman: Das Eva Prinzip. Für eine neue Weiblichkeit, München 2007; Christa Meves: Ohne Familie geht es nicht. Ihr Sinn und ihre Gestaltung, Kassel 1983; Christa Meves: Kinderschicksal in unserer Hand. Erfahrungen aus der psychagogischen Praxis, Freiburg/Basel/Wien 1974; Christa Meves: Es geht um unsere Kinder. Erfahrungen und Einsichten aus der Beratungspraxis, Gießen 1988.

zu, einen Beruf ausüben zu wollen. Was aus ihrer Sicht für Männer selbstverständlich ist, sei bei Frauen Egoismus.

Vorurteile und festgefahrene Meinungen

Mütter müssen sich sehr oft vor anderen Müttern, befreundeten Paaren, Verwandten und Bekannten rechtfertigen, weshalb sie ihr Kind mit sechs Monaten oder mit einem Jahr oder auch mit zwei Jahren in Betreuung geben. Die Vorwürfe sind dabei wenig originell, werden mit nichts als mit Vorurteilen und festgefahrenen Meinungen zu untermauern versucht und überfluten die Mütter in einer Tour:

> »Was, wieso wollt Ihr Finn denn jetzt schon in Betreuung geben?«
> »Sie ist doch noch soo klein!«
> »Muss das denn jetzt schon sein?«
> »Habt Ihr denn gar keine Angst, dass das Luisa schadet?«
> »Bei uns gab es so etwas nicht. Da blieben die Kinder bei der Mutter. Und wenn wir aufs Feld raus mussten, haben wir sie am Baum festgebunden oder den Kinderwagen hinter die Scheune geschoben.«

Andere nehmen sich vermeintlich zurück, zäumen das Pferd allerdings nur von hinten auf:

Pärchen A möchte ihre sechs Monate alte Tochter von einer Tagesmutter betreuen lassen. Dazu sagt Pärchen B erst mal nur »Aha. Das geht schon so früh? Ich wusste ja gar nicht, dass es für das Alter schon Betreuungsplätze gibt.« Kurz darauf kommt man auf den 2-jährigen Sohn von Pärchen B zu sprechen. Die Mutter des 2-Jährigen gibt nun scharf von sich: »Also unser Kind ist ja noch zu jung für die Krippe. Das würde ich nicht übers Herz bringen.«

Mütter wollen nicht zu Hause bleiben

Fernseher statt Kita

Die Vorteile, die es hat, wenn Kinder gemeinsam mit anderen Kindern betreut werden, sind in solchen Gesprächen nur selten Thema. Viele Eltern haben durch die massive Kritik, die Betreuungsgegner in den Medien an Kinderbetreuung äußerten, Sorgen, um das Wohl ihrer Kinder. Dabei haben manche derart diffuse Ängste, dass sie eher bereit sind ihr Kind zu Hause vom Fernseher »betreuen« zu lassen, während sie den Haushalt erledigen oder sich um weitere Kinder kümmern, anstatt es in einer Kita mit anderen Kindern spielen zu lassen. Interessanterweise sind die Mütter oft nach außen besorgt, was die Kinderbetreuung angeht, und bleiben scheinbar gerne etwas länger zu Hause, weil sie denken, damit ihren Kindern einen Gefallen zu tun. Spricht man länger mit ihnen, stellt sich sehr oft heraus, dass sie liebend gern wieder erwerbstätig wären und eigentlich eine viel kürzere Elternzeit bevorzugt hätten. Kinderbetreuung und Haushaltsführung ist für sie kein Inbegriff eines angenehmen oder gar heiß geliebten Alltags.

Druck durch den Partner

Manche geben zu, dass es eigentlich ihre Männer sind, die darauf bestehen, dass sie zu Hause bleiben und für die eine Tagesmutter oder Krippe nicht infrage kommt. Andere sind überwältigt von dem Gefühl, dass es ihre Aufgabe sei, zu Hause zu bleiben, und dass sie ihre eigenen Bedürfnisse zum vermeintlichen Wohl der Kinder leugnen und verdrängen müssten.

Alle Mütter, die ihre Kinder gerne in die Kita geben würden, um wieder arbeiten zu gehen, haben jedoch eines gemeinsam: sie fürchten die sozialen Auswirkungen. Sie haben Angst, dass sie in Zukunft als Rabenmütter dargestellt werden – ob von Gästen in Fernseh-Talkshows oder von Nachbarn, Bekannten oder Freunden bei privaten Treffen oder hinter ihrem Rücken. Mütter wollen in der Mehrheit eine Betreuung auch für die unter 3-Jährigen. Dies wird auch von anonymen Befragungen bestätigt. Ganze 96% (!) der Mütter möchten lieber erwerbstätig sein, als sich um Haushaltsführung und Kinderbetreuung zu kümmern.[15]

[15] Vgl. Homepage der Zeitschrift Focus: Artikel vom 14.10.2007: Die Mehrheit will in den Job zurück. (Laetitia Seybold) http://www.focus.de/finanzen/karriere/berufsleben/beruf-und-familie/tid-7656/berufstaetige-muetter_aid_135719.html (Stand: 06.02..2012).

Aber sie tun es trotzdem – und fühlen sich schlecht dabei

Verlust der Lebensfreude

Was bewirkt nun der Druck, der bei diesem Thema auf Mütter ausgeübt wird? Herman, Meves und Co. bezwecken mit ihren Diffamierungen von Eltern und der Darstellung von Kinderbetreuung als Bedrohung für die Gesellschaft, dass mehr Mütter jahrelang zu Hause bleiben. Zum Teil erreichen sie dies sicherlich auch durch die Ängste, die sie schüren. Aber was bedeutet es, wenn Frauen eigentlich wieder in ihren Beruf einsteigen wollen, stattdessen aber zu Hause bleiben, da sie befürchten sonst als »Rabenmutter« abgestempelt zu werden? Sie quälen sich durch einen Alltag, der ihre Bedürfnisse ausblendet und an dem sie keine Freude haben. Denn die Freude am Beruf und das Unglück bei Haushalt und Kinderbetreuung kann man jemandem nicht verbieten oder aberziehen. Man kann nur ahnen, dass das vielzitierte Wohl der Kinder unter einer unglücklichen und ängstlichen Mutter sicherlich leidet.

Selbstverleugnung als gutes Vorbild?

Davon einmal abgesehen, haben Mütter und Väter auch eine Vorbildfunktion. Kinder sollen lernen, ihre Bedürfnisse und Wünsche zu erkennen und äußern zu können. Eltern möchten doch nicht, dass ihre Kinder sich jemanden zum Vorbild nehmen, der ihnen zeigt, wie man seine eigenen Sehnsüchte verdrängen und leugnen kann. Eltern möchten Kindern beibringen, wie man glücklich wird und wie man seine Vorstellungen vom Leben mit den äußeren Umständen in Einklang bringen kann oder wie man sich eben einen Weg zur Umsetzung seiner Wünsche bahnt. Selbstaufopferung steht bei Eltern wohl kaum auf der Erziehungs-Agenda. Stattdessen soll Kindern Selbstvertrauen und Selbstbewusstsein, Zielstrebigkeit und Verantwortungsbewusstsein mit auf den Weg gegeben werden. Hierfür sind Vorbilder, die ihnen aber genau diese Eigenschaften und Verhaltensweisen vorleben, vonnöten. Absolute Opferbereitschaft ist dabei nur hinderlich.

Mütter haben Schuldgefühle – egal was sie tun

Schuldgefühle

Und die Frauen, die trotz aller Häme arbeiten gehen? Sie fühlen sich auch nicht gut, haben Schuldgefühle und ein schlechtes Gewissen. Sie fühlen sich schlecht, wenn sie ihr Kind an einem Tag erst kurz vor 17 Uhr als letztes aus dem Kindergarten holen oder es nach der Woche in der Kita auch noch Samstag abends zu den Großeltern gebracht wird, damit der Hochzeitstag gefeiert werden kann. Sie sind zerfressen vom schlechten Gewissen, sie sorgen sich am Arbeitsplatz darum, wie dem Kind die Ganztagsbetreuung bekommt. Sie haben Schuldgefühle, wenn ihr Kind abends bereits kurz nach dem Abholen aus der Krippe einschläft und seine Eltern nicht besonders lange am Tag gesehen hat. Sie trauen sich kaum, auch noch Freizeit, Erholung oder Urlaub ohne Kinder für sich zu beanspruchen. Ein Kurzurlaub am Wochenende, während die Kinder bei den Großeltern bleiben, wird dann als Kindeswohl gefährdend eingeschätzt und folglich unterlassen.

HINTERGRUND

Vorurteile der ErzieherInnen gegenüber erwerbstätigen Müttern

Erzieherinnen und Tagesmütter führen häufig selbst sehr traditionelle Partnerschaften. Meist waren sie nach der Geburt ihrer Kinder lange zu Hause und wurden bei der Kinderbetreuung von den Vätern kaum unterstützt. Ihre eigenen Kinder hätten sie selbst nicht mit unter 3 Jahren in Betreuung gegeben oder geben auch ihre 5-jährigen Kinder nicht in Ganztagsbetreuung. Sie hegen selbst die Befürchtung, dass die Betreuung ihren Kindern nicht gut getan hätte und vor allem, dass sie von andern als schlechte Mütter angesehen worden wären. »Zwar haben Erzieherinnen durchaus ein professionelles Selbstverständnis ihres Berufs, aber weiblich geprägte kulturelle Muster erschweren den Prozess der Professionalisierung. Dazu gehören die Vorstellung einer 'natürlichen, intuitiven Mütterlichkeit' als wesentlichem Element des Erziehungshandelns« (Rohrmann, 2003).

Entsprechend spiegeln sie ihre Vorurteile über Mütter, die ein Jahr nach der Geburt wieder arbeiten gehen und ihre Kinder sieben oder acht Stunden am Tag betreuen lassen, auch den betreuten Kindern und deren Eltern wider. Viele Betreuungs-

kräfte geben den Eltern, die ihre Kinder tatsächlich erst am Ende der vereinbarten Betreuungszeit abholen (und nicht schon deutlich früher), das Gefühl, schlechte Eltern zu sein. Dabei zielen die Blicke und Sprüche, die Mütter und Väter von der Erzieherin am Ende des Tages zu spüren kriegen, natürlich vor allem auf die Mütter ab.

Tim Rohrmann: Gender Mainstreaming in Kindertageseinrichtungen, Aus: Kindertageseinrichtungen aktuell, Ausgabe ND, 2003, Jg. 11, Heft 11, S. 224-227.

Ein Vater, der vier Tage in Folge sein Kind in den Kindergarten bringt (die Mutter war krank) und wieder abholt, musste sich zum Beispiel sagen lassen: »Der Jannis hat die letzten Tage mittags nicht so gut gegessen. Vermutlich fehlt ihm seine Mutter.«

Bei genauer Nachfrage stellte sich dann heraus, dass Jannis eigentlich nur an zwei Tagen mittags nicht gut gegessen hatte. Das eine Mal gab es Linseneintopf und das andere Mal Reis. Beides mag Jannis sonst auch nicht.

In einer Krippe bat man einen Vater beim Abholen zum kurzen Gespräch. Die Mutter studierte noch und war gerade in den Abschlussprüfungen. Die Tochter wurde daher oft vom Vater abgeholt und meist tatsächlich ganztags betreut und sehr selten früher abgeholt. Die betreuende Tagesmutter gab an, dass das Verhalten der kleinen Lina auffällig wäre. Sie wäre mit einem größeren Jungen befreundet, der sie ab und zu schubst und haut. Trotzdem würde sie nicht weglaufen und wäre immer noch mit diesem Jungen befreundet.

Der Vater wurde gebeten, ob die Mutter nicht öfter kommen könnte und wenigstens ab nächster Woche – wenn Semesterferien wären – Lina wieder früher abholen könnte. Die Eltern verstanden die Welt nicht mehr. Aus ihrer Sicht zeigte Lina kein auffälliges Verhalten. Sie war an die Ganztagsbetreuung gewöhnt, freute sich auf die Krippe und der Vater war für sie von Beginn an eine der Mutter gleichwertige Bezugsperson.

Kurz nach dem Gespräch fiel dem Vater auf, dass es eben dieser größere Junge ist, der ebenfalls bis zum Schluss der Betreuung nachmittags immer blieb. Lina und er waren an fast jedem Tag die letzte Stunde allein in der Krippe ohne weitere Kinder. Das hatte sie offenbar zusammengeschweißt. Dass die Erzieherinnen von Linas Freundeskreis auf eine Verhaltensauffälligkeit schlossen und diese mit der vermeintlichen Abwesenheit der Mutter in Verbindung brachten, ist natürlich absurd. Es spiegelt nicht etwa die angeblichen Probleme eines kleinen Mädchens wider, sondern die Vorurteile und das Mutterbild der Erzieherinnen. Ein Kind, das Mutter und Vater als gleichwertige Bezugspersonen hat, müsse ja irgendeine Verhaltensstörung aufweisen, so war vermutlich die unbewusste Annahme der Erzieherinnen.

Mutterbild und Berufsauffassung von Betreuungspersonal

Ideologische Aspekte

Erzieherinnen und Tagespflegepersonen haben oft Vorurteile gegenüber der Kinderbetreuung und sehen eine klassische Rollenverteilung zwischen Mutter und Vater als Ideal an. Mütter, die ihre Kinder betreuen lassen, um einer Berufstätigkeit oder einem Studium nachzugehen, entziehen sich der in ihren Augen erwünschten Mutterrolle. Sie nehmen nicht die Aufgaben wahr, die die Erzieherinnen als Mütter sehr wohl wahrnehmen mussten. Von ihnen wurde erwartet zu Hause zu bleiben. Weshalb sollte es also nun anderen Müttern anders gehen?

Handfeste Interessen

Zudem haben sie natürlich ihre ganz eigenen Motive, nicht damit einverstanden zu sein, wenn ein Kind die vereinbarte Betreuungszeit tatsächlich in Anspruch nimmt. In vielen Krippen oder Kindergärten gehört es quasi zum guten Ton, sein Kind mindestens eine halbe Stunde vor Betreuungszeitende abzuholen. Wer dies aus beruflichen Gründen nicht kann, gerät schnell ins Visier der Erzieherinnen. Dabei ist auch völlig gleich, ob dieses Kind zwar erst um 17 Uhr abgeholt werden kann, aber auch erst um 9 Uhr in den Kindergarten gebracht

wird und somit weniger Zeit von den Erzieherinnen betreut wird, als dies bei Kindern der Fall ist, die von 7.30 bis 16.30 anwesend sind.

In manchen Kindertagesstätten ist den ErzieherInnen nur eins wichtig: wenn alle Eltern bereits um 16.30 Uhr da sind, dann können sie früher Schluss machen und haben eine halbe Stunde eher Feierabend. Das kann man natürlich gut verstehen, aber für viele ist die Kita kein Luxus, um tagsüber die Füße hochzulegen, sondern notwendig, damit sie einer Erwerbstätigkeit nachgehen können. Es wird dann schnell an das ohnehin schon schlechte Gewissen der Eltern appelliert, obwohl der einzige Grund dafür, die Eltern zu hetzen, nicht das Kindeswohl, sondern der frühe Feierabend des Betreuungspersonals ist.

—+—

Dies gilt natürlich nicht für alle Betreuungseinrichtungen. Wenn Eltern nahe gelegt wird, ihre Kinder früher abzuholen, sollten sie allerdings erst mal prüfen, worum es tatsächlich geht. Bevor sie sich ganz geknickt und voller Schuldgefühle den Kopf zermartern, weshalb ihnen nicht aufgefallen war, dass es ihrem Kind schlecht geht, ist es ratsam, sein Kind genau zu betrachten: macht es einen unglücklichen Eindruck oder geht es gerne in die Kita? Möchte es manchmal sogar noch bleiben, wenn es abgeholt wird, und was berichtet es über den Krippen- oder Kindergartenalltag?

—+—

Betreuungsgegner schüren Stress und Überarbeitung

Die Betreuungs-Gegner erreichen Folgendes:

Scheu vor der Betreuung

Eltern scheuen sich, Betreuung für ihre Kinder ab dem Alter, in dem sie sie benötigen, in Anspruch zu nehmen. Und Eltern scheuen sich davor, die Betreuung in dem Umfang in Anspruch zu nehmen, wie es nötig wäre. Sie lassen ihre Kinder also nicht oder weniger betreuen, als sie es ohne schlechtes Gewissen vorgehabt hätten. Zumindest aber – und das trifft ausnahmslos auf alle Eltern zu – fühlen sie sich schlecht. Sie haben ein schlechtes Gewissen. Das belastet das Verhältnis der Kinder zu ihren Betreuungspersonen.

Ausgebremste Leistungsfähigkeit

Wenn die Eltern sich nicht wirklich wohl dabei fühlen, ihre Kinder zur Tagesmutter oder in die Kita zu bringen, wie sollen es die Kinder dann? Gestört wird auch die Konzentration am Arbeitsplatz. Wer permanent Schuldgefühle hat und denkt, dass es ihm gar nicht zusteht, arbeiten zu gehen, der kann tagsüber in seinem Beruf nicht die gewohnte Leistung zeigen. Aufmerksamkeit, Gedächtnis, Konzentrationsfähigkeit und die Freude an der Arbeit leiden.

Kinderbetreuung: Kitt oder Krise für die Partnerschaft?

Stress als Partnerschaftskiller

Aber auch der private Alltag leidet. Wenn Mütter sich nicht trauen, Betreuung durch Kita, Babysitter und Großeltern in dem Umfang zu nutzen, wie sie es auch privat benötigen, dann stresst dies unnötig die Mütter und die ganze Familie. Dass Eltern gerade nach der Geburt eines Kindes auch ihre Partnerschaft nicht vergessen dürfen, hat sich inzwischen herumgesprochen. Weshalb gibt es dennoch so viele Paare, die im ersten und auch zweiten Lebensjahr des Kindes so gut wie keinen Abend, kein Wochenende, ja kaum eine Stunde mehr zu zweit verbracht haben? Weil diese Eltern keine Zeit zu zweit mehr verbringen möchten? Nein, weil man ihnen eingetrichtert hat, dass nur Rabeneltern aus »egoistischen« Motiven ihren Kindern einen Nachmittag bei der Oma zumuten würden.

Angesichts der heutigen Scheidungs- und Trennungsquoten sind kinderfreie Abende und Wochenenden gerade auch in Bezug auf das Kindeswohl eine hervorragende Möglichkeit, die Partnerschaft zu pflegen. Doch vielen Müttern wird eingeredet, dass es den Kindern nicht gut tut, wenn sie mal ein paar Stunden nicht greifbar sind. Wenn sie also Zeit für sich brauchen, Freizeit für Hobby und Sport oder auch Zeit für Erholung vom Stress im Beruf, vom Stress in der Familie und vom

Stress, Familie und Beruf zu vereinbaren, dann nehmen sie sich diese Zeit nicht.

Opferanforderung

Die Gesellschaft vermittelt ihnen das Gefühl, kein Recht auf diese Lebensqualität zu haben und dass eine gute Mutter all ihre Bedürfnisse zum vermeintlichen Wohle der Kinder opfern müsste. Überarbeitung, Stress und dem Eltern-Burnout[16] sind somit Tür und Tor geöffnet.

Mutterbild im Wandel – Ideologie vs. Menschenrechte

Die Debatte um die Kinderbetreuung rührt an die Grundfeste unseres Mutterbildes. Daher wird dieser Krieg auch so erbittert geführt. Für die Diskussion um den Ausbau von Betreuungsplätzen oder um die Qualität von Kita & Co. wäre es von Vorteil, wenn das Thema Kinderbetreuung losgelöst von dem Mutterbild, das jede und jeder von uns hat, geführt werden könnte. Erst wenn die Betreuung eines Kindes von einer anderen Person als der Mutter nicht mehr zum Gradmesser der Qualität einer Mutter wird, können Mütter und Väter einen entspannten Umgang mit diesem Thema pflegen. Fragen zur Ausweitung und Verbesserung der Betreuung könnten sich dann tatsächlich wieder am vielzitierten Kindeswohl und auch am Eltern- und Gesellschaftswohl orientieren.

Ideologie ist hinderlich

Müttern und Vätern, Kindern und auch der Gesellschaft insgesamt schadet es, wenn Mutter- und Elternschaft ideologisch besetzt werden. Mütter, Kinder, Väter und Gesellschaft sind keine Gruppen, die man gegenüberstellen und gegeneinander ausspielen kann. Drängt man Müttern ein Leben auf, das sie nicht führen wollen, dann gefährdet dies ihre Partnerschaft, es schadet den Kindern und letztendlich der Gesellschaft und dem Staat insgesamt. Eine Zunahme der Freiheit und der Menschenrechte für Frauen stellt keine Gefahr für die Gesellschaft dar. Ganz im Gegenteil. Im Sinne der Aufklärung führen gerade Gewaltfreiheit, das Recht auf Selbstbestimmung und essentielle Men-

---

16 Hierzu empfehlenswert: Bettina Mähler, Peter Musall: Elern-Burnout. Wege aus dem Familienstress, Hamburg 2007 (2. Aufl).

schenrechte zu einer besseren und menschlicheren Gesellschaft. Der Wandel des Mutterbildes führt nicht ins Verderben, wie Krippengegner gerne behaupten. Das Wohl der Kinder darf nicht zitiert werden, um für anachronistische, fundamentalistische und freiheitsfeindliche Ansichten und die Unterdrückung von Müttern im 21. Jahrhundert missbraucht zu werden.

3. Schulkind-Terror

Schulreifes Kind = Urlaubsreife Mutter ?

Noten für die Erziehung

Eine besondere Brisanz bekommt der Mütterterror bei älteren Kindern im Vorschul- und Grundschulalter. Erstmals werden nun das Verhalten und die Fähigkeiten des eigenen Kindes nicht mehr blumig umschrieben oder im Gespräch mit Kinderärztin und Erzieher ausdiskutiert und gemeinsam besprochen. Leistungen von Tochter oder Sohn werden nun (bald) bewertet – mit Noten, an denen es nichts zu beschönigen, wegzudebattieren oder zu rechtfertigen gibt. Für die meisten Eltern ist es gerade zu Beginn sehr schwer, mit diesen Benotungen und Bewertungen des eigenen Kindes zurechtzukommen.

Schon die Einschätzung der Ärztin bei der Einschulungsuntersuchung entspricht oftmals so ganz und gar nicht der Vorstellung der Eltern über ihr Kind. Gleich mehrere Mütter berichteten mir, dass ihr Kind fast keine oder (zumindest vorerst) keine Einschulungsempfehlung erhalten hat, obwohl sie ihr Kind für ganz sicher schulreif hielten. Doch Eltern können sich in diesen Fällen oft nicht einfach nur sachlich und nüchtern für die Einschulung des Kindes einsetzen, beispielsweise durch ein Gespräch mit der/dem entsprechenden Ärztin/Arzt oder die Bitte um einen weiteren später gelegenen Untersuchungstermin.

Das vermeintlich 'negative' Urteil des medizinischen Fachpersonals über ihr Kind wird zur emotionalen Zerreißprobe. Gerade Mütter stellen sich immer wieder Fragen wie:

- Was habe ich falsch gemacht?
- Sehe ich die Fähigkeiten des Kindes vielleicht durch eine emotional gefärbte Brille?
- Wie erzähle ich das nur meinen Freundinnen, deren Kinder alle top-schultauglich, frühreif und hochbegabt sind?
- Was werden andere Mütter (und Väter) nun von mir und meinem Erziehungsstil denken?
- Wird mein Kind durch eine Zurückstellung oder auch nur die Kritik an seinen Leistungen emotionalen Schaden nehmen?
- Und immer wieder: Was habe ich falsch gemacht?

Die Vorbereitung auf die Einschulung

Dass Mütter so ins Schwitzen geraten, wenn es um die Schultauglichkeit ihres Kindes geht, hat simple Gründe. Es liegt natürlich nicht daran, dass sie ihr Kind für unnormal oder problematisch halten, wenn es nicht mit genau sechs Jahren bereit ist für die Einschulung. Mütter stehen selbst unter einem Einschulungsdruck. Zum ersten Mal wird offiziell, ja sogar von staatlicher Seite 'überprüft', was sie die letzten sechs Jahre alles richtig oder falsch gemacht haben. Haben sie ihrem Kind genug beigebracht? Haben sie es gefördert und unterstützt und zur Selbständigkeit erzogen?

Leistungsdruck in Elternzeitschriften

Diese Zweifel und Sorgen in Hinblick auf die eigene Erziehungsleistung werden genährt von Ratgebern, Zeitschriften und oft auch von Erzieherinnen und Erziehern selbst. Alle Jahre wieder geht es in den letzten Monaten vor der Einschulung in Eltern- und Familienzeitschriften um das Thema »Was muss mein Kind können bis zur Einschulung?«. Es gibt mittlerweile sogar einen Ratgeber, der sich »100 Dinge, die ein Vorschulkind können sollte« nennt. Und in vielen Städten und Gemeinden werden sogenannte »Vorbereitungskurse« angeboten. Hier sollen Kinder letzte Kompetenzen erwerben, die angeblich für die Einschulung und eine gelingende Grundschulzeit unabdingbar sind. Inhalte von Kursen und Ratgebern sind dann meist:

- Singen,
- Malen und Stifthaltung,
- Schuhe und Handschuhe ohne Hilfe anziehen zu können,
- zwei von vier Bonbons unterscheiden können,
- soziale Kompetenzen wie z.B. die Fähigkeit, sich im Streit mit anderen Kindern der Sprache zu bedienen, statt mit Stöcken oder Schultüten zu schlagen etc.

Die Einschulungsindustrie

Eigentlich könnte man meinen, dass diese Kompetenzen im Kindergarten und im Elternhaus ganz nebenbei erworben werden. So wie Laufen, Klettern und Sprechen auch. Mütter werden stets als erste für Verhaltensauffälligkeiten und Entwicklungsverzögerungen der Kinder verantwortlich gemacht. Und so verwundert nicht, dass mit den Unsicherheiten von Eltern und insbesondere von Müttern viel Geld verdient werden kann. Schulvorbereitungskurse, Zeitschriften und Ratgeber kosten neben jeder Menge Zeit nämlich vor allem eines: Geld. Ein ganzer Industriezweig lebt inzwischen von den Ängsten der Mütter, dass ihr Kind eventuell zurückgestellt und später eingeschult wird.

Die Einschulungsuntersuchung – Herausforderung für Mutter und Kind

Insbesondere auch die Ärztinnen und Ärzte bei der Schuleingangsuntersuchung schüren diese ohnehin vorhandenen Ängste noch zusätzlich. Sie werden häufig als erwartend und fordernd beschrieben und haben viel zu oft einen sehr hohen Anspruch an Eltern und Kinder. Dabei finden die Schuleingangsuntersuchungen nicht selten 9–10 Monate vor dem eigentlichen Einschulungstermin statt – also zu einer Zeit, in welcher die Kinder noch gar nicht schulreif sein müssen. Andernfalls hätten sie ja wenige Wochen zuvor bereits mit den Kindern eingeschult werden können, die ein Jahr älter sind. Über Sinn und Unsinn eines solchen verfrühten Untersuchungstermins kann man kaum streiten.

Julia war mit ihrem Jérôme Anfang November zur Einschulungsuntersuchung. Obwohl die Erzieherinnen aus Jérômes Kindergarten ihr bereits geschildert hatten, dass er ein pfiffiges Kerlchen ist, das sich langsam beginnt im Kindergarten zu langweilen und garantiert schulreif ist, sah die Ärztin das anders. Zu Beginn bemängelte sie bereits, dass Julia mit ihrem Sohn keine Kurse im Sportverein oder in der Musikschule besuchte. Julia versuchte, sich zu rechtfertigen, und erklärte »Jérôme geht ja ganztags in den Kindergarten und dann ist er vom Spielen und Toben nachmittags immer so kaputt, dass wir gar nicht versuchen bräuchten, um 17 Uhr mit ihm einen Kurs zu besuchen.« Die Ärztin schob daraufhin ihre Brille nach unten und sah Julia mit festem Blick über den Brillenrand an: »Dann lernt Jérôme also kein Instrument, singt nicht im Chor und macht keinerlei Sport?«

Nach jeder Aufgabe kritisierte die Ärztin Jérômes Durchführung, forderte ihn immer wieder dazu auf, Tests zu wiederholen, Farben zu benennen oder Steine zu zählen. Mehr und mehr wirkte Jérôme durch die offen geäußerte Kritik der Ärztin verunsichert. Seine Mutter erklärte der Ärztin, dass ihr Sohn all diese Dinge längst beherrschen würde, ihm aber diese 'Prüfungssituation' vielleicht nicht ganz geheuer sei. Die Ärztin schien davon unbeeindruckt und wiederholte immer wieder, dass Jérôme dies und jenes noch nicht beherrschen würde. Mit der Zeit wurde Julia selbst immer unsicherer. Schätzte sie ihren Sohn wirklich richtig ein? Konnte er zu Hause braun und grau tatsächlich unterscheiden oder besser zeichnen? Oder hatte er es zu Hause lediglich zufällig richtig gemacht und die Ärztin deckte nun auf, dass ihm bestimmte Kompetenzen fehlen?

Die ganze Untersuchung hatte sich zwei Stunden hingezogen. Jérôme war erschöpft. Und die Ärztin sprach eine Einschulungsempfehlung nur unter Vorbehalt aus. Ab sofort sollte Julia ihr Kind jeden Tag eine halbe Stunde trainieren. Zu diesem Zweck bekam sie einen ganzen Stapel an Blättern mit Aufgaben und Anweisungen zur Verbesserung der Gedächtnisleistung, der Feinmotorik, des Zahlen- und Mengenverständnisses etc.

In Gegenwart der Kinder offen Kritik an ihren Leistungen zu äußern, verbessert sicher nicht die Untersuchungsergebnisse. Und dass die meisten Kinder zehn Monate vor der Einschulung nur bedingt schulreif sind, verwundert auch nicht. Es stellt sich die Frage, weshalb die Untersuchung nicht später erfolgt. Dann würden nicht so viele Eltern verunsichert und müssten ihre Kinder nicht für die Einschulung trainieren.

Viele Kinder, die acht, neun oder zehn Monate vor der Einschulung nur knapp eine Einschulungsempfehlung erhalten, würden diese sehr wahrscheinlich ein halbes Jahr später ohne Vorbehalte ausgesprochen bekommen. Ein prophylaktisches Trainingsprogramm wäre unnötig und Leistungsdruck würde nicht bereits im Vorschulalter ausgeübt.

Merkwürdig scheint auch, dass Besuche im Sportverein oder in der Musikschule vom Gesundheitsamt als relevant für die Schulreifebestimmung angesehen werden. Jérôme ist sicher nicht das einzige Kind, das ganztags in den Kindergarten geht und im Anschluss keine weiteren Kurse besucht. Es drängt sich der Eindruck auf, dass Ärzte und Ärztinnen, die Vorschulkinder hinsichtlich der Schuleignung untersuchen, versuchen ihren Kompetenzbereich zu erweitern bzw. größer darzustellen, als er eigentlich ist. Statt einfach nur die Kinder herauszufiltern, die ganz offensichtlich noch nicht eingeschult werden sollten, diagnostizieren sie nun vermeintliche Entwicklungsverzögerungen, die mit einem straffen Trainingsprogramm aufgeholt werden sollen.

Unnötiger Leistungsdruck

Wenn man bedenkt, dass dabei oft untersucht wird, ob Kinder im Alter von fünf Jahren bereits über die Fähigkeiten und den Entwicklungsstand eines sechsjährigen Kindes verfügen, wirkt dieser Versuch nahezu lächerlich. Lege ich an fünfjährige Kinder den Maßstab eines sechsjährigen Kindes an, werde ich selbstverständlich sehr viele vermeintliche »Entwicklungsverzögerungen« ausfindig machen. Mangels Statistiken

lässt sich nur vermuten, wie viele Eltern aufgefordert sind, ihre Kinder anhand der Zettelchen vom Gesundheitsamt für die Grundschulzeit zu trimmen.

Überzogene Ansprüche

Ärzte und Ärztinnen wollen hier ihrer Untersuchung eine besondere Wichtigkeit verleihen, die sie einfach nicht hat. Dabei schaden sie den Kindern, die im Vorschulalter bereits einem enormen Leistungsdruck ausgesetzt werden. Vollkommen normal entwickelten Kindern wird der Eindruck vermittelt, dass sie mangelhaft sind, dass sie etwas falsch machen und dass etwas mit ihnen nicht in Ordnung sei. Äußerungen wie »Diese Aufgaben musst Du jetzt jeden Tag schön brav eine halbe Stunde machen, damit Du eingeschult werden kannst« erhöhen nicht gerade die Lust auf die Schule bei den Kindern. Unverständlich ist auch, dass auf die Meinung der Eltern und der Erzieherinnen aus dem Kindergarten überhaupt kein Wert gelegt wird, obwohl gerade diese tagtäglich in Kontakt mit dem Kind stehen und seine Entwicklung daher besonders gut einschätzen können.

Kompetenzgerangel und Wichtigtuerei

Auch hier scheint es um ein Kompetenzgerangel zu gehen: Ärzte und Ärztinnen interessieren sich nicht für die Meinung der Mütter (und Väter). Hier entsteht bei den Müttern schnell das ungute Gefühl:

> »Ich 'darf' für das Kind kochen und es erziehen. Aber seinen Entwicklungsstand einschätzen? Das geht ja nun wohl doch etwas über meine Fähigkeiten. Ich bin offenbar nicht mal in der Lage, realistisch Auskunft darüber zu geben, was mein Kind beherrscht, was manchmal schon klappt und was es noch nicht kann.«

Die Meinung von Müttern ist verdächtig

Eventuell steckt hinter dieser Ablehnung gegenüber der Meinung von Müttern auch die Befürchtung, dass diese die Fähigkeiten des Kindes beschönigen würden, um sich für ihr Kind die Einschulung zu »erschleichen«. Ganz nach dem Motto: Mütter sind parteiisch – also fragt man sie erst gar nicht. Doch weshalb besteht ebenfalls kein Interesse an einem Austausch der Ärzte und Ärztinnen mit den Erzieherinnen und Erziehern? Das Kindergartenpersonal kennt das Kind, hat eine pädagogische Ausbildung, weiß, auf welchem Entwicklungsstand ein Kind bis zur Einschulung sein muss und hat sehr viele Vergleichsmöglichkeiten mit Gleichaltrigen. Stattdessen zieht sich so manche Einschulungsuntersuchung bis zu zwei Stunden hin – eine wahre Tortur für Kinder und Eltern. Und ob das Kind durch einen zweistündigen Test-Marathon richtig eingeschätzt werden kann, ist fraglich.

Fehleinschätzungen

Drei Mütter schilderten, dass sie gegen das Untersuchungsergebnis »nicht schulreif« angegangen sind, bis es zurückgenommen und das Kind eingeschult wurde. Dabei stellte sich später bei einem dieser Kinder, einem Mädchen, eine Hochbegabung heraus, ein weiteres Mädchen war in der Grundschulzeit Klassenbeste. Mütter und Väter sollten sich daher von einem Untersuchungsergebnis, das nach ihrer Erfahrung ihrem Kind in keiner Weise gerecht wird, nicht beeindrucken lassen. Nicht selten werden gerade besonders pfiffige und überaus begabte Kinder als »nicht schulreif« oder als »schulreif unter Vorbehalt« eingestuft. In einer einzelnen Untersuchung kann eben auch kein medizinisches Fachpersonal richtig einschätzen, ob sich das Kind verweigert, weil es die Antwort nicht weiß oder weil es von der Banalität der Aufgabe gelangweilt ist.

Schulische Leistungen sind Anlass für Mütterterror

Mütterterror begegnet dann vor allem denjenigen, deren Kind nicht mit Bravour bestanden hat:

> *Susanne berichtet, wie schwer es ihr fiel mit den Müttern anderer Kinder über das Untersuchungsergebnis zu sprechen: »Nach der Einschulungsuntersuchung wollten alle wissen, wie es war. Zu gerne hätte ich erzählt, dass alles glatt gelaufen ist. Aber das ist es leider nicht. Meine Tochter war zwar quietschfidel bei der Untersuchung und hat mich mit ihrem Können beeindruckt. Aber die Ärztin fand ihre Interpretation der Bildergeschichte nicht*

etwa originell, sondern einfach nur abweichend vom Schema F, das sie wohl erwartet hatte.« Und tatsächlich reagierten andere Mütter auf ihre Schilderungen auch entsprechend herablassend und vorwurfsvoll. Von einer Freundin wurde sie gefragt: »Hast Du denn mit Maja keine Würfelspiele gespielt, damit sie die Zahlen draufhat?« Und eine andere Mutter sagte nur »Ich wusste ja gar nicht, dass Maja ihren Namen noch nicht schreiben kann. Wir haben dafür extra eine Tafel mit Kreide angeschafft und unserem Max das Alphabet daneben gehängt.« Besonders beliebt ist auch folgende Ätz-Reaktion anderer Mütter, die recht häufig so und anders formuliert wird »Was, Dein Linus hatte Probleme mit diesen leichten Tests? Versteh ich gar nicht. Also Leonie hat das richtig Spaß gemacht und bereits nach zehn Minuten stand fest, dass sie eingeschult wird.«

An den meisten Reaktionen wird wieder deutlich, dass die Mütter schnell für die Untersuchungsergebnisse ihrer Kinder verantwortlich gemacht werden. Wie auch bei Säuglingen und Kleinkindern geht es um die Ursachenforschung und stets steht die Frage im Raum: Hat die Mutter alles getan, hat sie ihr Kind unterstützt, gefördert, hat sie sich unermüdlich für das Vorschultrainingsprogramm ihres Kindes eingesetzt und es zu Höchstleistungen angespornt? Und so wie die Mütter sich selbst fragen, ob sie in den letzten Jahren etwas falsch gemacht haben, stellen sich Außenstehende eben dieselbe Frage: Was hat diese Mutter falsch gemacht?

Unerwünschter 'Druckausgleich'

Nicht selten wird der Druck, der hier auf Mütter ausgeübt wird, an das Kind weitergegeben. Wenn die Mutter für schlechte Ergebnisse in die Schusslinie zu geraten droht, wird sie versuchen, ihr Kind mit viel Aufwand, Zeit und Geld für die Einschulung fit zu machen. Und eben diese Ängste und Unsicherheiten nutzen Zeitschriften, Ratgeber und auch das medizinische Personal vom Gesundheitsamt gezielt für ihre eigenen Zwecke und Interessen aus.

Einschulung für die Kinder – Arbeit ohne Ende für die Mütter

Die Einschulungsfeier bietet Müttern – wie jede Feier mit Kindern – den ganz besonderen Stress inklusive Mütterterror-Garantie. Es beginnt schon bei der simplen Frage »Feiert man zu Hause oder im Restaurant?« Möglichkeiten sich bezüglich dieser Frage gegenseitig zu tyrannisieren, gibt es für Mütter viele: »Zu Hause ist es doch viel schöner« hört man oft. »Und auch viel anstrengender« denkt sich so manche Mutter insgeheim. Doch statt zu schildern, dass einem eine Feier zu Hause einfach zu viel Arbeit macht und man nicht den halben Tag in der Küche oder mit dem Bedienen der Gäste verbringen möchte, beginnen die betroffenen Mütter zurückzusticheln: »Wir gehen ins Restaurant. Die Feier soll ja etwas ganz besonderes werden. Aber das ist natürlich nicht ganz günstig und man muss rechtzeitig planen, sonst sind alle guten Restaurants ausgebucht.« Damit hat diese Mutter sicher nicht ganz unrecht – nur bedeutet ihre Aussage vor allem auch eines: Zu Hause feiern ist zu schlicht und einfach. Wer zu Hause feiert, hat sicher nur kein Geld für eine tolle Party mit 5-Sterne-Menü oder hat sich nicht rechtzeitig Gedanken gemacht und muss notgedrungen auf Plan B zurückgreifen.

Doch nicht nur die Organisation der Einschulungsfeier bietet Anlass für den Mütterterror. Auch das Equipment steht in der Schusslinie. Wer hat welchen Ranzen? Und an diesem Tag besonders wichtig: Wer hat welche Schultüte? Dabei stehen vor allem die selbstgebastelten Schultüten in Verdacht, von einer Supermutter angefertigt zu sein, während der Kauf einer fertigen Schultüte von vielen als Synonym für mangelnde Mutterqualitäten verstanden wird.

Elternabende und Schulausflüge

Erwünschtes Engagement

Eltern eines Schulkindes wird häufig mehr Zeit und institutionelle Mitarbeit abverlangt, als dies für Eltern von Kindergartenkindern gilt. Der Druck, sich in Schule und Hort engagieren zu müssen, ist hoch. Auf dem schon von Reinhard Mey besungenen Elternabend wird auch

heute noch von den Lehrkräften abgefragt, welche Eltern – meist Mütter – sich denn aktiv an verschiedenen Aktionen, Projekten und Ämtern beteiligen können.

Alexandra berichtet: »Ich war neulich wieder auf einem Elternabend. Es ist ja jedes Mal dasselbe. Die Lehrerin fragt wer Elternsprecher werden möchte, wer Pfingstsamstag beim Piratenschiffbau auf dem Schulhof mithilft oder beim Waldausflug als Betreuer mitkommt. Jedes Mal muss ich passen. Andere reißen sich drum. Da bekommt man schon so ein negatives Gefühl vermittelt.« Und Judith ergänzt: »Für die Sommerfeier backen alle Mütter zwei Kuchen. Nur von mir gibt es die Tiefkühldonuts. Was meinst Du, wie man da angeschaut wird und was für Sprüche dann kommen?«

—+—

Viel zu oft versuchen Schulen (und Kindergärten) die großen Haushaltslöcher mit dem tatkräftigen Einsatz von übermüdeten und ausgelaugten 24-Stunden-Müttern zu stopfen. Erst sollen sie den Kuchen für die Feier backen, dann werden sie für Aufbau und Abbau der Bierzeltgarnituren und des Buffets eingeteilt und auch während des Sommerfestes oder der Einweihung der neuen Kletterwand gibt es für Mütter keine Ruhe: Dann sollen sie als Bedienung an Kuchen- und Getränkeständen arbeiten.

—+—

Es ist ja für die Kinder...

Für diverse Ausflüge werden Begleitpersonen benötigt, Gärtner- und Handwerkertätigkeiten werden unter dem Motto »Wir verschönern unsere Schule« ebenfalls unentgeltlich von gestressten Eltern erledigt – wofür sollte man in diesem Bereich also noch Geld ausgeben. Das Ganze ist auch deshalb ein Selbstläufer, weil Lehrkräfte gerne hinter jede Frage nach mehr Mitarbeit ein »Es ist ja für die Kinder« schieben. Und weil die Mutter am Nebentisch für jede noch so kleine Mehrarbeit den Finger hebt und dabei schief zu einem schaut mit einem »Du nicht?« – ob ausgesprochen oder nur durch Blicke angedeutet: Die Botschaft kommt an!

Noten und Bewertungen

Eintritt in die Leistungsgesellschaft

Neben all den Parallelen zum Mütterterror in Krabbelgruppen und Kindergarten gibt es einen entscheidenden Unterschied zu dem Mütterterror, der einen beim Schuleintritt erwartet. Es werden nun von den Kindern Leistungen erwartet, sie müssen Aufgaben erledigen, sich Bewertungen unterziehen und »abliefern«, wie Dieter Bohlen wohl sagen würde. Natürlich haben Kinder auch im Kindergarten Tischdienst oder müssen aufräumen oder sollen ein Muttertagsherz basteln. Allerdings haben Erzieherinnen keinen Kriterienkatalog, nach welchem sie per Strichliste und inklusive Zeitmessung versuchen, das Geschirrabräumen einer vergleichbaren und messbaren Bewertung zu unterziehen. Und auch wenn soziale Kompetenzen und Haushaltsfertigkeiten von nicht zu unterschätzender Bedeutung sind, so denken Eltern dabei nicht sofort an die (berufliche) Zukunft des Kindes.

Ängste der Eltern

Ein nur mäßig erfolgreicher Deutsch-Aufsatz oder ein verpatzter Rechentest hingegen lassen bei Eltern schnell die Alarmglocken schrillen:

- Auf welche weiterführende Schule kommt mein Kind mit solchen Leistungen?
- Welchen Schulabschluss wird es erwerben?
- Wird es studieren oder einen Ausbildungsplatz bekommen?
- Kann mein Kind später im Arbeitsmarkt Fuß fassen?
- Wird es beruflich erfolgreich sein und genügend Geld verdienen?

Dass das eigene Kind von anderen Personen bewertet wird und dabei notwendigerweise auf einzelne seiner Fähigkeiten reduziert wird, ist für viele Eltern verständlicherweise nur schwer zu ertragen. Zeugnisse und Noten können dem Kind nie als ganze Person gerecht werden. Ein hilfsbereites, humorvolles, liebenswürdiges und auch kluges Kind kann schlechte Noten bekommen. Es ist für Eltern eine ganz neue Erfahrung, wenn eine Lehrkraft zu ihnen sagt, dass ihr Kind etwas nicht könne oder falsch macht. Und selbst wenn das Kind gute Noten bekommt – die Angst vor einer negativen Bewertung des eigenen Kindes ist immer im Hinterkopf.

Erinnerung an eigene negative Erlebnisse

Hinzukommt, dass Mütter und Väter auch ihre eigenen Erfahrungen mit der Schule, den Lehrkräften, dem Schulsystem, den Klassenkameraden und den Schulfächern gemacht haben – fast immer sind ein paar oder auch viele negative Erfahrungen dabei. All diese Erinnerungen an die eigene Schulzeit werden wieder ins Gedächtnis gerufen, wenn Tochter oder Sohn eingeschult werden bzw. in die Grundschule gehen. Es ist schwer, bei den Erlebnissen der Kinder die eigenen Schulerfahrungen außen vor zu lassen und nicht auf die Situation des Kindes zu übertragen. Kinder spüren schnell, wenn Eltern der Schule oder Lehrkräften gegenüber eine negative Einstellung haben. Ein lockerer und unverkrampfter Umgang mit der Schule wird so erschwert.

Kein Wunder, dass in dieser angespannten Lage der Mütterterror blüht und gedeiht. So machen sowohl Lehrkräfte als auch andere Mütter immer wieder deutlich, dass die Mutter für schlechte Schulnoten des Kindes verantwortlich ist.

Steffi wird beim Einkaufen von der Mutter eines Klassenkameraden ihres Sohnes angesprochen: »Und was hat Jan in der Mathearbeit geschrieben?« Als Steffi kleinlaut zugibt, dass Jan »nur« eine vier geschrieben hat, empfiehlt ihr die andere Mutter eine Nachhilfeagentur: »Mein Christoph hat gottseidank mal wieder eine eins. Ich kann mir gar nicht vorstellen, wie das für Dich sein muss. Wieso gehst Du denn nicht mal mit ihm zur Nachhilfe? Also Christoph lernt immer von ganz allein, einfach nur, weil es ihm Spaß macht. Gehst Du mit Jan denn auch immer die Hausaufgaben durch?«

Das gespielte Mitleid der anderen Mutter, gepaart mit den vorwurfsvollen Fragen und den Schilderungen der brillanten Leistungen des eigenen Sohnes, machen diesen Mütterterror so perfide. Scheinbar macht die Bekannte sich nur Sorgen und will mit ihren Tipps helfen. Doch sie sagt letztendlich nichts anderes als:

»Du hättest dieser schlechten Note vorbeugen können, indem Du rechtzeitig Hausaufgaben durchgesehen und Nachhilfe organisiert hättest. Das ist auch der Grund, weshalb mein Kind so wunderbar mitmacht und Deines schlechte Noten bekommt.«

Damit kann sie gleichzeitig die guten Noten ihres Kindes auf ihre eigene Fahne schreiben. Bekommt ihr Sohn eine Eins in Mathe, dann möchte die Mutter dies umdeuten in eine Eins für ihre Erziehungsleistung.

Mütterterror bei Schulkindern – besonders unangenehm

Hindernisse für einen gelassenen Umgang

Unter Eltern scheint die Annahme weit verbreitet, dass in den ersten Schuljahren des Kindes bereits der Grundstein für eine berufliche Karriere gelegt wird oder eben auch nicht gelegt wird. Versäumnisse in der Grundschulzeit gelten als nicht nachholbar, unverzeihlich und gefährdend für Ausbildung, Studium und Karriere. Damit wird die erste Schulzeit unangebracht überhöht und es wird ihr eine zukunftsweisende Bedeutung beigemessen, die sie nicht hat. Ein lockerer, gelassener Umgang mit schlechten Noten oder anderen unangenehmeren Schulerlebnissen des Kindes wird dadurch verhindert.

Mütterterror wird bei Müttern, die Vorschulkinder oder Schulkinder haben, nicht heftiger, direkter oder aggressiver formuliert. Dennoch empfinden viele Mütter gerade die Grundschulzeit als besonders belastend aufgrund der Kritik, der Sticheleien und der Vorwürfe, die ihnen entgegengebracht werden. Die objektive Beurteilung des Mütterterrors und die subjektive Wahrnehmung der Mütter gehen hier also auseinander. Die Ursachen und Gründe hierfür lassen sich vor allem an drei Aspekten festmachen, die typisch für den Schulkind-Terror sind:

1. Wenn das Kind in die Schule kommt oder die Schuleingangsuntersuchung zeigen soll, ob das Kind schulreif ist, kommt alles, was die Mütter bislang geleistet haben noch einmal auf den Tisch. Die gesamte Erziehung der letzten bzw. ersten sechs Lebensjahre steht zur Debatte und wird beurteilt. Es wirkt so, als würde jeder Fehler, jedes Versäumnis der letzten Jahre nun ans Tageslicht kommen.

Nuschelt das Kind noch? Hat die Mutter es nicht geschafft, ihm beizubringen, wie man Handschuhe anzieht? Kann es mit sechs Jahren noch immer nicht mit Messer und Gabel essen? Kennt das Kind seine Adresse? Kann es seinen Namen schreiben? Ist es sportlich und kräftig genug, den Schulranzen zu tragen? Kann es sich für einige Zeit konzentrieren? Ist das Kind diszipliniert und kann Aufgaben erledigen, die ihm aufgetragen werden?

Mütter wissen, dass alles was jetzt an ihrem Kind auffällt oder auffällig ist, ihnen angelastet werden wird. Die Antennen für den Mütterterror sind also ausgefahren. Mütter reagieren nun besonders sensibel auf Kritik und Vorhaltungen.

2. Mütter werden für vieles verantwortlich gemacht. Bekommt das Kind eine Allergie, ist angeblich die Mutter daran schuld, die zu kurz gestillt hat. Bekommt es Karies, hätte die Mutter öfter das Zähneputzen begleiten oder gleich selbst durchführen sollen oder auch die Ernährung des Kindes gesunder gestalten sollen. Ob das Kind ein auffälliges Sozialverhalten, eine Fehlsichtigkeit, Neurodermitis oder eine Rechts-Links-Schwäche hat, stets wird die Mutter dafür verantwortlich gemacht. Besonders belastend wirkt die Vorstellung, dass Mütter für alles verantwortlich sind, wenn angeblich auch die berufliche Zukunft des Kindes einzig und allein von der Mutter abhängt.

   Die berufliche Zukunft des Kindes wird allgemein als noch wichtiger angesehen als kariesfreie Zähne oder Optimalgewicht. Berufliche Zukunft und Karriere sind Schlagworte, die dem Mütterterror ein besonderes Grauen verleihen. Ein Milchzahn kann repariert werden, ein Heuschnupfen verwächst sich vielleicht noch oder kann medizinisch behandelt werden. Doch ein Kind, das schlecht spricht oder nicht schreiben oder rechnen kann, wird – so die Vorstellung – auch in vielen Jahrzehnten noch deutlich darunter zu leiden haben.

Die Tragweite des Schulkind-Terrors ist also eine viel gewichtigere, als dies bei den Themen und Fragen der Fall ist, die bei Säuglingen und Kleinkindern Anlass zum Mütterterror geben. Der Schulkind-Terror zielt auf die gesamte berufliche und finanzielle Zukunft des Kindes ab.

3. Der Schuleintritt des Kindes wird als Zäsur empfunden. Es ist ein ganz neuer sehr aufregender Lebensabschnitt für Kinder und Eltern. Aus mehreren Gründen ist es eine sehr stressige und anstrengende Zeit für Eltern: alles ist neu und es gibt noch keine Routinen oder Bekanntes, eigene (unangenehme) Schulerinnerungen werden wachgerufen, die erstmalige Reduzierung des Kindes bei Bewertungen durch andere auf einzelne Fähigkeiten und Talente wirkt verzerrend und verunsichernd.

   Eltern müssen in dieser Zeit lernen, was es heißt, ein Schulkind zu haben, und die Einschulung ist bereits ein erster Schritt Richtung Abnabelung, bei welchem Eltern ihr Kind ein Stück weit gehen lassen müssen. Die Kinder werden zunehmend selbstständiger und benötigen gleichzeitig plötzlich mehr Aufmerksamkeit durch die Eltern als zuvor. Gerade in Phasen des Stresses und in Zeiten, in denen Eltern noch stärker zeitlich beansprucht werden als ohnehin schon, trifft der Mütterterror auf bereits angespannte Nerven. Es ist also nicht verwunderlich, dass er in einer solchen Situation als belastender und unangenehmer wahrgenommen wird als zu anderen Zeiten.

Eine Frage der Wahrnehmung

Der Mütterterror wird also von Müttern von Vorschulkindern und Schulkindern als aggressiver und vorwurfsvoller wahrgenommen als von Müttern, die Säuglinge, Kleinkinder oder Kindergartenkinder haben. Dennoch lässt sich feststellen, dass der Schulkind-Terror sprachlich nicht direkter oder beleidigender formuliert wird als in den Jahren zuvor. Die Vorwürfe bezüglich der Reizthemen Stillen oder Kinderbetreuung sind beispielsweise mindestens so direkt und verletzend, wie dies beim Schulkind-Terror der Fall ist. Doch bei kleineren Kindern dreht sich die Kritik meist um ‚Fehler' mit kurzfristigen oder weni-

ger dramatischen Auswirkungen. Beim Schulkind-Terror geht es fast immer um langfristige beängstigende Konsequenzen, die es durch das richtige Verhalten zu vermeiden gilt.

4. Selbst gebacken, gekocht, gebastelt

Was keine Zeit kostet, ist nichts wert

Die Ansprüche an Mütter sind – wie aus den vorangehenden Kapiteln bereits hervorgeht – sehr hoch. Die Erwartungen, die an Mütter gestellt werden und die Kriterien, die für eine »gute Mutter« gelten, orientieren sich dabei oft nicht an dem, was für die Kinder das Beste wäre. Dies wird jedoch gerne und unentwegt behauptet. Häufig sind es die Dinge, die zum Gradmesser für das Bild einer »guten Mutter« werden, die besonders viel Zeit kosten und den Müttern viel Arbeit machen. Zeit- und aufwandsparende Alternativen werden dagegen als deutlich schlechter für Gesundheit oder Entwicklung der Kinder bewertet.

Das Wesentliche leidet

Der zeitliche Aufwand, den Mütter also betreiben müssen, um von Verwandten, Bekannten, ÄrztInnen, Hebammen, den Medien und der Gesellschaft als fürsorgliche, liebevolle Vorzeige-Mutti angesehen zu werden, ist immens. Rein »zufällig« behindern diese hohen Ansprüche an Mütter folglich ihre beruflichen Ambitionen. Wer alles selbst kochen, backen, basteln, reparieren, häkeln und dekorieren soll, der hat kaum noch Zeit für das Wesentliche.

Mütter als Konditorin und 5-Sterne-Köchin

Von Müttern wird eine Vielzahl von »Statt-kaufen-oder-Sein-lassen-lieber-Selber-machen«-Aufgaben erwartet.

Der Babybrei muss selbstverständlich selbst gekocht werden. Dieses Credo tragen sowohl kinderlose Hebammen als auch studierte Mütter vor sich her. Aber auch Frauen, die ihren 3-Jährigen gerne noch fertige Pasta-Kinder-Menüs servieren, behaupten steif und fest, dass sie so unglaublich gerne Babybrei selbst kochen möchten. Überhaupt muss täglich frisch für die Kinder gekocht werden – selbst wenn diese mittags im Kindergarten bereits eine warme Mahlzeit bekommen haben. Für die Männer muss abends auch das Essen warm und frisch auf dem Tisch stehen und wenn Freunde zum Kaffeetrinken kommen, gibt es selbstverständlich selbst gebackenen Kuchen. Als Single oder kinderloses Paar sind viele noch genügsam und es reicht eine Tiefkühltorte oder ein Stück Kuchen vom Bäcker. Hühnerfrikassee aus der Tiefkühltruhe und Kartoffelbrei aus der Tüte sind ebenfalls vollkommen akzeptabel. Eine berufstätige allein stehende Frau oder auch Partnerin muss ihre Koch- und Backkünste nicht unter Beweis stellen. Dies ändert sich mit der Mutterschaft vollständig. Zu dem Mutterbild der Meisten gehört immer noch, dass die »perfekte« Mutter aufwändig kocht und Kuchen und Torten selbst herstellt.

Erinnerungsarbeit

Und bei Küchentätigkeiten bleibt es nicht. Die Einladungskarten für die Taufe oder der Weihnachtsbaumschmuck müssen natürlich selbst gebastelt werden. Wer ein Kind bekommt und zwei linke Hände hat, wird es schwer haben. Denn plötzlich ist Basteln, Falten, Dekorieren und Kleben an der Tagesordnung. Für die Wohnung oder das Haus müssen eine selbstgewerkelte Frühlings-, Sommer-, Herbst- und eine Winterdekoration her. Nicht zu vergessen die Tisch- und Baum- und Haustürverzierungen für Weihnachten, Silvester, Ostern und Geburtstage.

Für das Erinnerungen-in-Stein-meißeln sind die Mütter ebenfalls zuständig. Regelmäßig werden Schwangerschaftsbauch- und Babyhandabdrücke erstellt. Und wer damit fertig ist, der kann noch Abdrücke der Babyfüße in 3D anfertigen oder vergleichende Abdrücke aller Geschwisterkinder. Bei Großeltern, Urgroßeltern, Onkel, Tante, Patenonkel und Patentante stehen Fotocollagen, Hand- und Fußabdrücke,

Passepartout-Fotorahmen mit Kinderbilderserie, Baby- und Kinderfotoalben und Fotokalender natürlich auch hoch im Kurs.

Und auch für die Kinder müssen Erinnerungen, an die sie sich nicht erinnern können, bewahrt werden: Mütter schreiben und bekleben ein Babyalbum mit lauter Fotos, die sie regelmäßig machen und bestellen müssen, und schreiben täglich in das Babytagebuch. In einer Kiste wird für jedes Kind gesammelt, was es zu erinnern gibt: das Klinik-Armbändchen, die ersten Schühchen, eine Dankeskarte von der Geburt (selbstgebastelt!), die standesamtlichen Nachrichten, die Geburtsanzeige (selbst gestaltet!), eine Einladungskarte von der Taufe (selbstgebastelt!), das Taufkleid, die erste Locke, der erste Fingernagel, ein Bröckchen des allerersten Erbrochenen und noch lauter andere undenkbare Erinnerungsstücke.

Schultüten-Bastelei

Das Anfertigen von Geburtstagseinladungen aus Pappmaschee und die Gestaltung einer Taufkerze werden in puncto Aufwendigkeit und Schwierigkeitsgrad noch übertroffen von der selbstgeklöppelten Schultüte. Spätestens wenn Mütter sich auf die Suche nach einer geeigneten Schultüte begeben, werden sie feststellen, dass es neben den Schultüten, die käuflich zu erwerben sind, auch sogenannte Schultüten-Bastel-Sets gibt.

Janina schildert ihren Schultüteneinkauf folgendermaßen: »Als ich eine Schultüte für Luisa kaufen wollte, habe ich lange nach einer passenden gesucht. Es gibt zwar ein riesiges Angebot, aber fast nur pinke oder blaue Schultüten. Also letztlich doch kaum Auswahl. Da wurde ich auf diese Bastel-Sets aufmerksam und schnell kam in mir die Ahnung auf, dass wirklich tolle Mütter ihren Kindern eine ganz individuelle Tüte basteln. Vor meinem inneren Auge sah ich am Einschulungstag alle anderen Kinder mit wunderschönen verzierten und originell gestalteten Schultüten, während Luisa als einzige so eine langweilige schlichte, gekaufte Tüte in ihrer

Hand halten würde. Ich fragte mich, was die anderen Mütter von mir denken würden. Wir waren gerade erst hergezogen. Sollte das der erste Eindruck sein, den sie von mir bekommen? Eine Mutter, die es nicht mal schafft, ein Mal im Leben ihrer Tochter eine Schultüte zu basteln und stattdessen die 'Fast-Food-Variante' besorgt hat?«

Interessant ist an der Schultüten-Thematik vor allem, dass hier ähnlich wie bei Taufeinladungen, Kinderzimmerdeko und Geburtstagsplatzkärtchen immer wieder eine gebastelte Version ein Signal für eine »gute Mutter« sein soll, während die gekaufte Variante quasi als »Rabenmutter-Abzeichen« fungiert. Mütter müssen sich dabei vor Augen führen, dass unser verstaubtes Mütterbild uns einredet, dass die aufwendige Variante immer die bessere ist. Es ist schon verrückt: In Zeiten, in denen Mütter bei so vielen Tätigkeiten Zeit sparen können, dank industrieller Fertigungen wie Schultüten, Einladungskarten, Tiefkühlkuchen oder Doseneintopf, wird es als Schande betrachtet, auf diese Hilfen zurückzugreifen – während wir zeitgleich in unserer Gesellschaft über den Anstieg der Burnout-Rate bei berufstätigen Müttern jammern.

Eine andere Mutter ist nach dem Basteln der Schultüte noch verzweifelter als vorher: »Mir war klar, dass ich keine Zeit habe, eine Schultüte zu basteln. Und ich bin auch wirklich kein Bastel-Profi. Aber ich wurde von Freundinnen mit älteren Kindern schon vorgewarnt. Sie sagten mir, ich solle bloß nicht ohne selbstgebastelte Schultüte zur Einschulung auftauchen – sonst wäre ich bei den anderen Müttern gleich unten durch. Und Niklas würde sicher eine Trauermiene machen, wenn er sehen würde, dass die anderen Mütter sich solche Mühe gegeben haben – nur ich nicht. Widerwillig habe ich also das Bastel-Set gekauft, um nun nach vielen Stunden Arbeit feststellen zu müssen, dass ich einfach nicht basteln kann. Das Ergebnis sieht scheußlich aus – wie ein bunter trichterförmiger Umzugskarton. Ich werde sie wegwerfen und eine fertige kaufen. Aber meine schöne Zeit ist futsch und ich bin noch frustrierter als zuvor.«

Der Schultüten-Terror bedeutet für die Mütter Stress, Ängste, Magenschmerzen und, wenn sie sich für das Basteln entscheiden, vor allem eines: noch weniger Zeit zu haben als Mütter sie ohnehin schon haben.

Im Putzwahn

Keine freie Minute

Bei der Haushaltsführung heißt es dann: Es gibt nichts, was nicht geputzt werden müsste. Mütter brüsten sich gerne anderen Müttern gegenüber damit, dass sie regelmäßig alle Regale und Schränke ausräumen, um darin Staub zu wischen. Und mancher Mutter sei das Putzen sogar derart in Fleisch und Blut übergegangen, dass sie in jeder freien Minute oder Wartezeit, die sich ergibt, putzt und wischt – oder zumindest behauptet, dies zu tun.

Auf einer Tupper-Party sollte ein Autoputzhandschuh an die Frau gebracht werden. Die Tupper-Verkäuferin gab den Tipp, sich den Handschuh in das Handschuhfach zu legen und bei jeder sich bietenden Gelegenheit, zum Beispiel, wenn man an einer Bahnschranke wartet, das Armaturenbrett zu putzen. Eine Mutter erzählte daraufhin, dass sie sogar an roten Ampeln immer die Lüftungsschlitze im Auto mit Wattestäbchen säubern würde.

Frauen sollen in jeder Minute an ihre Aufgaben denken und sich ja niemals gehen lassen oder sogar in Gedanken versinken. Beim Telefonieren werden die Arbeitsplatten in der Küche geschrubbt oder Wäsche aufgehangen, während sie auf der Toilette sitzen, wird der Einkaufszettel geschrieben, beim Baden werden die Badarmaturen geputzt, beim Duschen die Kacheln geschrubbt und beim Autofahren wird eben das Auto geputzt.

Kochduell – Das perfekte Baby-Dinner

Der Vorbehalt gegen Babynahrung

Was haben all diese Tätigkeiten mit einer guten Mutter zu tun? Weshalb soll von der Herstellungsart des Babybreis auf die Qualitäten einer Mutter geschlossen werden? Die Gläschenkost ist von sehr hoher Qualität, enthält oft weniger Schadstoffe und mehr Vitamine als frisch gekauftes Obst und Gemüse. Mangelernährung, die früher häufig jahreszeitenabhängig war, da gerade im Winter hierzulande nur wenig Obst wächst, wird durch das Füttern von Breigläschen ausgeschlossen. Viele Breizutaten, die wir hier im Winter vermeintlich frisch kaufen, sind bereits tausende von Kilometern tage- oder wochenlang transportiert worden. Die Babynahrung wird so gut kontrolliert wie nie zuvor. Die Anforderungen an die käuflichen Breie sind deutlich höher als an frisches Obst und Gemüse. Den Babybrei aus dem Glas zu füttern, statt ihn selbst zu kochen, ist deutlich zeitsparender. Zeit, die beispielsweise mit dem Kind verbracht oder zur eigenen Erholung genutzt werden kann. Und letztendlich können erholte Eltern sich wiederum besser um ihre Kinder kümmern. Es gibt keinerlei rationale Gründe, aus denen eine Mutter, die für ihr Baby kocht, besser angesehen werden sollte als eine, die fertige Babynahrung füttert.

In einem Rückbildungskurs behauptete die Leiterin, eine Hebamme (die keine Kinder hat und nie in die Verlegenheit kam, neben Haushalt, Job und Kindererziehung auch noch Biobrei kochen zu müssen), dass selbst gekochter Brei dringend zu empfehlen sei, »weil wir Erwachsenen ja auch nicht gerne jeden Tag aus der Dose essen«.

Tatsächlich wird uns aber sogar häufig in Restaurants ein Teil des Essens aus der Dose oder der Tiefkühltruhe serviert. Selbst Spitzenköche geben an, dass es Produkte gibt, die bedenkenlos aus der Dose verwendet werden können, ohne irgendwelche Qualitätseinbußen fürchten zu müssen. Andere Fertiggerichte aus der Dose enthalten im Ge-

gensatz zu den Babybreien meist Salz, Zucker, Geschmacksverstärker, Aromastoffe, Konservierungsmittel und Farbstoffe. Sie werden zudem nicht streng kontrolliert, von Ökotest mit »sehr gut«[17] bewertet und enthalten nicht unbedingt die perfekte Zusammenstellung aller benötigten Vitamine und Mineralstoffe. Babybreigläschen mit Dosenravioli zu vergleichen, ist also ein ähnlicher Unsinn wie Äpfel mit Birnen zu vergleichen.

Zeit ist Mangelware

Die Selbermachen-Falle

Bei dem Anspruch an Mütter, alles selbst zu kochen und zu backen, wird Folgendes vergessen: sie haben dann weniger Zeit für andere Dinge. Und Zeit ist bei Eltern grundsätzlich Mangelware. Ebenso verhält es sich mit dem Putzen, Schrubben, Wischen und dem Anfertigen von aufwändigen Dekorationen, Erinnerungsstücken, Fotoalben und Bastelarbeiten.

Tanja, Mutter zweier Kinder, überreichte einer Freundin die Einladung zur Taufe ihres Sohnes. Daraufhin fragte die Freundin sofort »Selbst gebastelt?«, noch bevor sie sich für die Einladung bedankte. Die Karte war nicht selbst gebastelt. Tanja hatte sich sehr schwer getan mit der Entscheidung, da befreundete Mütter ihre Einladungs- und Dankeskarten selbst gebastelt hatten und Tanja sich davon unter Druck gesetzt fühlte. Sie wollte allerdings nicht abendelang vom Familienleben abgemeldet sein, um den Gästen selbstgebastelte Karten präsentieren zu können, zumal die Taufvorbereitungen sie und ihren Mann ohnehin schon viel Zeit gekostet hatten. Tanja entschied sich, lieber ein schlechtes Gewissen zu haben, als noch mehr Zeit mit der Taufe zu verbringen.

---

[17] So haben 2007 alle 21 getesteten Baby-Obstgläschen mit »sehr gut« abgeschnitten. Vgl. hierzu: Ökotest Sonderheft »Jahrbuch Kleinkinder für 2007« (Nr. 4), S. 38 ff.

Eine Mutter, die Einladungskarten selbst bastelt, kann damit auf andere Personen sehr engagiert wirken, für ihre Kinder hat sie damit allerdings nichts geleistet. Kauft sie fertige Karten und die Eltern spielen dafür mit den Kindern eine Runde Pantomime, wirkt sie nach außen vielleicht weniger perfekt oder für die Familie weniger engagiert, hat allerdings tatsächlich etwas für die Familie getan, von dem auch die Kinder profitieren. Wer gerne bastelt und sich dafür die Zeit nehmen möchte, kann dies natürlich tun. Allerdings ist dies dann ein Freizeitvergnügen, das die Mutter sich gönnt, oder der Versuch, wie eine perfekte Mutter zu erscheinen und Anerkennung dafür zu erhalten. Es sagt jedoch nichts über die Mutterqualitäten aus. Doch genau diese Aussagekraft wird selbstgebastelten, selbst gekochten, selbst gebackenen Dingen zugeschrieben. All dies ist rasch vorzeigbar, präsentabel, direkt sichtbar und lässt uns ein schnelles Urteil über eine Mutter fällen.

Wurzeln unseres Mutterbildes

Am Kuchen gemessen?

Woher kommen diese Vorstellungen von der »perfekten« Mutter? Weshalb schreiben auch heute noch viele Menschen einer Mutter, die einen selbstgebackenen Kuchen präsentiert, eher Charakterzüge wie Warmherzigkeit und Fürsorglichkeit zu als einer Mutter, die einen Kuchen kauft? Wer verbreitet die Ansicht, dass eine Frau familiär und liebevoll sei, die Kohlrouladen kocht, wohingegen eine Frau, die Cordon Bleu auftaut, hingegen wenig mütterlich sei? Was lässt uns glauben, eine Mutter, die Fotokalender, Dankeskarten und Handabdrücke der lieben Kleinen im Akkord bastelt und dafür wochenlang gestresst, angespannt und nervlich belastet ist, sei eine gute Mutter? Während wir dies von einer Frau, die in eben derselben Zeit mit ihren Kindern im Garten Herbstlaubberge oder Schneemänner bastelt und sich danach zur Entspannung mit einer Freundin einen Besuch in der Therme gönnt, nicht behaupten würden. Woher kommen unsere Vorurteile und unser Mutterbild?

Die Mutter, die stets dreistöckige Torten selbst bäckt und jeden Tag ein 5-Gänge-Menü kocht, die Mutter, die sich aufwändigen Bastelarbeiten und Dekorationen widmet, das ist die Mutter, die es in den 1950er-Jahren gegeben haben soll. Die Realität sah allerdings anders aus. Die Mutter, der es Freude bereitet, in jeder Minute ihres Lebens für die Familie zu funktionieren und stets die Bedürfnisse anderer über ihre eigenen zu stellen, hat nie existiert. Doch an die realen Verhältnisse und Bedingungen von Frauen und Müttern aus den 1950er- und 1960er-Jahren erinnert man sich kaum. Unsere Vorstellungen über diese Zeit sind geprägt von medialen Bildern der damals beginnenden Massenkonsumgesellschaft. Viele haben zu dieser Zeit noch nicht gelebt. Sie kennen nur alte Werbetafeln und Filme – eben mediale Überlieferungen. Und die Frauen und Mütter aus dieser Zeit? Sie könnten als Zeitzeugen für Aufklärung sorgen und das Bild der perfekten Mutter, das wir bis heute verinnerlicht haben, ins rechte Licht rücken und dekonstruieren. Aber wie sie tatsächlich früher gelebt und gelitten haben, war vor 60 Jahren ein Tabu, und das ist es trotz der zweiten Frauenbewegung in den 1970er-Jahren oft bis heute noch.[18]

Die Mütter haben damals extrem unter dem Bild der perfekten Mutter und Hausfrau gelitten. Sie konnten den Ansprüchen, die an sie gestellt wurden, nicht genügen. Ein unglückliches Leben führen zu müssen und gleichzeitig nach außen einen fröhlichen Menschen zu spielen, dessen Fassade nie bröckeln durfte, hat viele Mütter psychisch krank gemacht. Oft mussten sie sich Valium vom Arzt oder Apotheker unter der Hand geben lassen, da sie den Alltag sonst nicht hätten bewältigen können. Heutzutage zu versuchen, die täglichen Aufgaben einer Frau aus den 50er-Jahren zu erledigen, ist absolut rückschrittlich. Das Recht, dies nicht tun zu müssen und unter menschenwürdigen Bedingungen leben zu dürfen, wurde von den Frauenrechtlerinnen erstritten. Die Arbeiten einer Vollzeit-Hausfrau und Mutter erledigen zu

---

[18] Die erste Frauenbewegung fand von Mitte des 19. Jahrhunderts bis Anfang des 20. Jahrhunderts statt. Hintergrundwissen zur ersten und zweiten Frauenbewegung kann bei Herrad Schenk nachgelesen werden: Herrad Schenk: Die feministische Herausforderung. 150 Jahre Frauenbewegung in Deutschland, 6. Aufl., München 1992.

wollen und gleichzeitig zu versuchen erwerbstätig zu sein, ist dagegen die Quadratur des Kreises.

Frauen und Müttern steht (fast) alles offen

Errungenschaften der Frauenbewegung

Frauen haben heute dank Alice Paul, Hedwig Dohm, Simone de Beauvoir, Alice Schwarzer und Co. (fast) alle Möglichkeiten. Natürlich gibt es nach wie vor große Ungerechtigkeiten und Ungleichheiten. Die großen Lohnunterschiede und die patriarchalen verkrusteten Strukturen in Wirtschaft, Politik und Wissenschaft, die es Frauen massiv erschweren, in Führung zu gehen, seien hier nur als Beispiele genannt.

Trotzdem gilt: Frauen können heute einen ganz individuellen Lebensweg einschlagen. Sie können als Single leben oder mit einer Partnerin oder einem Partner, sie können heiraten, sich scheiden oder beides lassen. Sie können gar keine Kinder bekommen oder eins oder zwei oder eben auch mehr. Sie können die Anzahl der Schwangerschaften und Geburten und den Zeitpunkt selbst bestimmen und planen. Sie können sich beruflich frei entfalten, den Berufsweg einschlagen, den sie möchten, und Teilzeit oder Vollzeit arbeiten oder auch einige Zeit zu Hause bleiben. Mittlerweile können sie sogar (erfolgreich) mehr und mehr Mitarbeit von den Männern in Küche und Kinderzimmer erwarten und verlangen. Sie können finanziell unabhängig sein und somit auch ihre eigenen Entscheidungen treffen. Sie können über ihren Körper auch innerhalb der Ehe selbst bestimmen. Dies alles wurde in den letzten Jahrzehnten von Frauenrechtlerinnen erkämpft.

Zwei Leben an einem Tag

Der Tag hat aber auch im Jahr 2013 nur 24 Stunden. Frauen und Mütter müssen sich entscheiden, womit sie diese Zeit füllen wollen. Die perfekte Frau und Mutter ist angeblich die Fulltime-Hausfrau, die sich non-stop um die Familie kümmert, dem Mann den Rücken stärkt und ihm überall hin folgt.[19] Doch anstatt, dass sich Frauen gegen dieses frauenfeindliche Mutterbild wehren, es hinterfragen und ablehnen, akzeptieren sie es. Das bedeutet nicht, dass sie wie noch vor 50 Jahren tatsächlich zu Hause bleiben und keinem Beruf nachgehen. Sie gehen wieder arbeiten – einige früher, andere später, manche in Teilzeit, manche in Vollzeit. Die heutige Generation von Müttern geht aber in der überwältigenden Mehrzahl auch nach den Geburten ihrer Kinder zurück in den Beruf oder steigt dort nie wirklich aus. Sie versuchen eine Erwerbstätigkeit und den Fulltime-Job Hausfrau und Mutter in den 24-Stunden-Tag zu stopfen. Sie versuchen an einem Tag zwei Leben zu führen – und gehen daran früher oder später psychisch und körperlich kaputt.

Ein Mutterbild, das krankmacht

Dass etwas an unserem Mutterbild krankhaft ist, möchten die Frauen nicht anprangern, sondern im täglichen Kampf mit ihrem Leben zu heilen versuchen. Frauen möchten arbeiten gehen und dennoch all die Aufgaben erledigen, die früher von Frauen erledigt wurden, die ausschließlich zu Hause waren. Die Frauenbewegung in den 1970er-Jahren hat aber bereits kritisiert, dass Mütter ausgelaugt, erschöpft und überarbeitet sind. Sie hatten rund um die Uhr und auch am Wochenende auf Abruf zur Verfügung zu stehen. Eine Hausfrau hatte Früh-, Spät- und Nachtschicht mit Dauerbereitschaft. Urlaub gab es für sie nicht, sie hatte keinen Feierabend und kein Wochenende und durfte nie krank sein. Die damaligen Anforderungen an Mütter waren bereits gnadenlos überladen und kaum erfüllbar.

---

[19] So beschrieb im Jahr 2007 auch ein wissenschaftlicher Mitarbeiter an einer deutschen Universität in einer Soziologie-Vorlesung sein persönliches Frauenideal als allgemeingültiges Frauenideal.

Technischer Fortschritt vs. Erhöhung der Hygiene-Standards

Nun wird oft angeführt, dass der Haushalt heutzutage viel einfacher und zeitsparender zu erledigen wäre. Dies trifft nur zum Teil zu. Sicher haben wir heute Haushaltsgeräte, die viele Tätigkeiten vereinfachen. Waschmaschine, Geschirrspüler, Kaffeemaschine und elektrischer Rührbesen sind nur einige Maschinen, die viele Arbeitsschritte erledigen und den Menschen Kraft und Zeit sparen. Aber parallel zu den technischen Möglichkeiten sind die Ansprüche an Hygiene und Sauberkeit im Haushalt gestiegen.

Haushaltsarbeit im Wandel

HINTERGRUND

Früher hat man oft ein Glas und einen Teller pro Person für den gesamten Tag verwendet. Da Geschirr per Hand abgewaschen werden musste, war man sparsam mit dem Geschirr. Dies ist nicht mehr nötig, weil man ja nun einen Geschirrspüler hat. Als es noch keine Waschmaschine gab, trugen die meisten Menschen zwei Monturen Kleidung in der Woche. Einen Satz Wäsche für die Arbeitstage und dann gab es noch die Sonntagskleidung. Ein Pullover oder eine Hose wurde ca. eine Woche getragen, bevor sie gewaschen wurden. Flecken wurden zwischenzeitlich per Hand kurz ausgerieben. Heutzutage wechseln wir unsere Wäsche täglich oder, falls Flecken auf die Kleidung kommen, auch mehrmals am Tag. Es fällt mittlerweile also deutlich mehr Geschirr und Wäsche und auch in anderen Bereichen mehr Arbeit an, als dies noch in Zeiten ohne elektrische Haushaltshelfer der Fall war. Arbeitserleichterungen durch technischen Fortschritt stehen also der Arbeitsvermehrung durch höhere Ansprüche an die Hygiene gegenüber. (Bertram 2009)

Prof. Dr. Hans Bertram mit dem Vortrag: Work-Life-Balance: Möglichkeit, Wirklichkeit oder Illusion?, Tagung FamilienMitArbeit, am 6.11.2009 an der HAWK Hildesheim, http://www.hawk-hhg.de/gleichstellung/159473.php.

Ansprüche an die Erziehung nehmen zu

Umfassender Betreuungsanspruch

Und auch in der Kindererziehung sind die Ansprüche fast ins Unermessliche gestiegen. Kinder liefen früher die meiste Zeit bei den Haushaltsarbeiten der Mütter einfach nur »nebenher«, sie waren mehr oder weniger sich selbst überlassen. Außer für die Mahlzeiten und Hygienemaßnahmen waren die Mütter vor allem dafür da, in Rufweite zu bleiben und aufzupassen, dass den Kindern nichts passierte. Die Kinder spielten mit Geschwistern und Nachbarskindern oder beobachteten die Mutter bei ihrer Arbeit.

Mittlerweile würde man Müttern, die sich so verhalten, wohl eine Verwahrlosung der Kinder vorwerfen. Wenn Kinder Aufmerksamkeit möchten, dann sollen sie diese erhalten. Mütter sollen sich permanent intensiv Zeit für ihre Kinder nehmen und sich direkt mit ihnen beschäftigen, ohne andere Arbeiten nebenbei zu erledigen. Sie sollen mit ihnen reden, spielen, sie fördern, Kurse besuchen, basteln, toben, tüfteln, Ausflüge zu Bauernhof, Zoo und Schwimmbad unternehmen, Bücher vorlesen, singen, sie Instrumente spielen lernen und alle Sinne der Kinder anregen.

Hausfrau und Mutter zu sein, ist nach wie vor ein Fulltime-Job. Mehr noch: es ist ein 24/7/365-Job. An 24 Stunden am Tag, an 7 Tagen die Woche, an 365 Tagen im Jahr haben Mütter Dienst. Diese Arbeit ist so schon kaum zu leisten. Wie soll sie nun auch noch von erwerbstätigen Frauen bewältigt werden? Hinzu kommt neben Hausarbeit, Kindererziehung und Beruf auch noch das Vereinbarkeitsmanagement.[20] Die Leben aller Familienmitglieder tagtäglich zu koordinieren und zusammenzuführen, ist längst derart zeit- und kraftaufwändig, dass diese Aufgaben von Soziolog_innen als eigener Tätigkeitsbereich (an)erkannt wurden. Im Alltag müssen viele Zahnräder ineinandergreifen,

---

20 Vgl. Cornelia Behnke, Michael Meuser: Vereinbarkeitsmanagement. Zuständigkeiten und Karrierechancen bei Doppelkarrierepaaren, In: Heike Solga, Christine Wimbauer (Hrsg.): »Wenn zwei das Gleiche tun...« – Ideal und Realität sozialer (Un-)Gleichheit in Dual Career Couples, Opladen 2005, S. 123–139.

damit ein Familienleben stattfinden kann und zwei Berufstätigkeiten mit den elterlichen Verpflichtungen vereinbart werden können. Bürokratie, Verwaltung, Planung und Organisation nehmen einen großen Teil der Zeit in Anspruch. Und Studien belegen, dass wieder einmal Frauen hauptsächlich für das Vereinbarkeitsmanagement verantwortlich sind:

> »Hinzu [zu der Familienarbeit, die Frauen leisten – Anm. d. Verf.] kommt aber, dass es ebenfalls an ihnen liegt, ob eine berufliche Doppelkarriere gelingt oder nicht. Auch in dieser Zuständigkeit dokumentiert sich ein geschlechtstypisches Muster: Die Frauen sind dafür verantwortlich, den ehelichen bzw. familialen Zusammenhalt in jeder Hinsicht zu organisieren, sie leisten damit eine spezifische Form von Beziehungsarbeit.«[21]

Wo bleibt die Gegenwehr?

Weshalb versucht jede Mutter für sich allein diesen Marathon auf dem Drahtseil zu schaffen und im Stillen zu leiden, statt dass sich Frauen solidarisch gegen das kranke Mutterbild in unserer Gesellschaft zu wehren versuchen?

Schlüsselrolle der Medien

Die Medien spielen hier eine Schlüsselrolle. Die Eltern-, Familien- und Müttermagazine überfluten die Wohnungen von Familien. Sie setzen täglich ausufernde Maßstäbe, was die Aufgaben von Eltern und Müttern angeht. Wenn Frauen in ihrem Leben eine Berufstätigkeit unterbringen wollen, dann müssen sie andere Tätigkeiten jedoch zurückschrauben und von den Vätern eine Übernahme von Aufgaben verlangen.

Angst vor Streit mit dem Partner

Wie kommt es dazu, dass Frauen diese Arbeitsüberlastung nicht thematisieren und dass sie nicht klar ansprechen, welche Arbeiten von ihnen nicht (mehr) erledigt werden können, wenn sie in den Beruf

[21] Ebd., S. 136.

zurückkehren? Viele fürchten, dass ihre Partner und die Gesellschaft ihnen eben doch keine Berufstätigkeit zugestehen würden, wenn klar wird, dass sie dann andere Aufgaben nicht mehr erledigen können. Was wird ihr Mann sagen, wenn sie ihm erklären, dass er sich die Rouladen selbst kochen muss, falls er keine Königsberger Klopse aus der Dose essen möchte? Wie wird ihr Partner reagieren, wenn sie von ihm verlangen, das Wäschewaschen und das Staubsaugen zu übernehmen? Und was halten Kinder und Mann davon, wenn sie keine Zeit mehr haben, um Bücher vorzulesen, gemeinsam zu Musizieren und den Sohn zum Schwimmkurs zu begleiten?

Angst vor 'Sanktionen'

Die heutige Generation von Müttern hat Angst, dass die Akzeptanz ihres Rechts auf eine Erwerbstätigkeit und das Verständnis für ihre beruflichen Ambitionen ganz schnell wackeln würden, wenn sie daraus resultierend weniger Zeit für Haushalt und Kinder hätten. Frauen haben dank der Frauenbewegungen die Möglichkeit, arbeiten zu gehen. Im Privaten wurde dies aber oft nur akzeptiert unter dem Zugeständnis, dass sich für Mann und Kinder dadurch nichts ändern würde. Wenn Frauen nach der Geburt der Kinder wieder in den Beruf einsteigen wollen, müssen sie ihre Partner oft mit dem Versprechen besänftigen, dass sie nach wie vor alle anfallenden Aufgaben erledigen und allen Anforderungen gerecht werden. Die meisten Mütter scheuen den Konflikt mit ihren Partnern. Sie gehen Streitigkeiten und Meinungsverschiedenheiten lieber aus dem Weg, statt sich dafür einzusetzen, dass ihre Partner sie entlasten.

Das betrifft natürlich nicht alle Frauen. Viele Scheidungen sind Resultate solcher Auseinandersetzungen und Konflikte. Oft beginnt die Vermeidungsstrategie der Frauen schon lange, bevor sie schwanger werden. Nämlich dann, wenn mit dem Partner nicht besprochen wird, wie er sich die Zukunft, die Familienplanung und die Arbeitsteilung als Mutter und Vater vorstellt. Viele spüren, dass das Ansprechen dieser Themen die gesamte Beziehung auf die Bewährungsprobe stellen könnte. Gespräche über die Rollen als Mann und Frau und die Aufgaben und Veränderungen, die Kinder mit sich bringen, werden folglich vermieden. Im Zweifelsfall werden sie gar nicht mehr geführt, bevor die Familiengründung startet.

Warum scheuen Mütter den Konflikt?

Angst vor Liebesverlust

Die Zukunftsvorstellungen nicht abzugleichen, ist natürlich keine bewusste Entscheidung und erst recht keine rationale Handlung. Die unbewusste Angst vor Liebesverlust ist übermächtig. Und gerade Frauen sind durch ihre Sozialisation oft nicht mit einem Selbstbewusstsein für den Konfliktfall ausgestattet. Mädchen werden zu Harmonie, Friedfertigkeit und Konfliktvermeidung angehalten. Hinzu kommt, dass die Frauen Schuldgefühle haben. Sie wurden jahrhundertelang unterdrückt und haben sich in den letzten Jahrzehnten jede Menge erstritten. Das Gefühl, minderwertig zu sein, haben viele Frauen unbewusst jedoch heute noch. Da bereits viele Schritte Richtung Gleichberechtigung unternommen wurden und viel erreicht wurde, haben gerade Mütter den Eindruck, nicht zu viel wollen zu dürfen. Sie möchten nicht anmaßend sein und haben Angst nach all dem, was sie und die Frauengenerationen vor ihnen in der Vergangenheit schon gefordert haben, zu viel zu verlangen. Sie wollen den Bogen nicht überspannen.

Stigmatisierung

HINTERGRUND

Die über die Sozialisation von Generation zu Generation weitergegebenen Minderwertigkeitsgefühle sind typisch für eine Personengruppe, die Jahrhunderte oder sogar Jahrtausende unterdrückt wurde. Die Frauen entwickeln dadurch unbewusste Schuldgefühle. Nach jeder Revolution, bei der eine unterdrückte Gruppe sich Gleichberechtigung erkämpft hat, entwickeln sich Schuldgefühle bei den ehemals Unterdrückten. Ihnen wurde zu lange eingeredet, bestimmte Privilegien nicht zu verdienen. Und auch Frauen und Mütter empfinden oft, dass die Möglichkeiten und Rechte, die schon erkämpft wurden, ihnen eigentlich nicht zustehen, und dass sie weitere Rechte nicht verdienen oder verlangen dürften. Rein rational betrachtet, wissen sie natürlich, dass ihnen die vollständige Gleichstellung mit den

Männern zusteht. Die lange Zeit der Ungerechtigkeiten wirkt sich vor allem auf ihr Empfinden und die unbewussten Gefühle aus.

Pierre Bourdieu: Die feinen Unterschiede. Kritik der gesellschaftlichen Urteilskraft, Frankfurt am Main 1987 (frz. Original von 1979).

Aleida Assmann: Erinnerungsräume. Formen und Wandlungen des kulturellen Gedächtnisses, München 1999.

Claudia Öhlschläger: Gedächtnis, In: Christina von Braun/Inge Stephan (Hg.): Gender@Wissen. Ein Handbuch der Gender-Theorien, S. 239–260.

Die Quadratur des Kreises

Die unausgesprochenen Sozialisationsmuster, die Angst vor dem Verlust von Liebe und Anerkennung und die Schuldgefühle bezüglich der bereits eingeforderten Gleichberechtigung bewirken, dass die heutige Frauengeneration kaum noch Forderungen stellt. Mütter fordern bei der Hausarbeit und Kindererziehung nicht mehr Mitarbeit von den Männer ein. Sie prangern nicht das kranke Mutterbild und die viel zu hohen Ansprüche an Mütter an. Sondern sie versuchen das Unmögliche, die Quadratur des Kreises. Sie versuchen, gleichzeitig dem Bild von der »perfekten« Hausfrau und Mutter zu entsprechen und einer Berufstätigkeit nachzugehen.

Emanzipation auf Kredit

Es ist eine Emanzipation auf Kredit. Doch irgendwann muss dieser Kredit zurückgezahlt werden, und dann kostet es die Frauen ihre Kraft und Gesundheit. Die Lebensfreude geht dabei Schritt für Schritt verloren – Monat für Monat, Woche für Woche, Tag für Tag. Statt sich mit aller Arbeit zu überlasten, um Partner und Gesellschaft nicht gegen sich und die Berufstätigkeit von Müttern aufzubringen, wäre es sinnvoller das Mutterbild anzuprangern. Mütter müssen Konflikte ansprechen, statt sie zu tabuisieren und nur mit sich selbst auszumachen. Sie müssen Ansprüche, die an sie gestellt werden, zurückweisen. Sie dürfen nicht länger vertuschen, dass es unmöglich ist dem Mutterbild zu entsprechen und dabei glücklich zu sein. Und von ihren Partnern müssen sie mit Nachdruck eine gerechte Teilung der Haushalts-, Erziehungs- und Organisationsaufgaben einfordern. Erst dann können Frauen tatsächlich Beruf und Familie vereinbaren, ohne psychisch und körperlich krank zu werden. Erst wenn sie ein gesundes Verhältnis zu den eigenen Bedürfnissen entwickeln und diese ansprechen und durchsetzen, können sie verhindern, täglich ein Gefühl des Scheiterns zu erleben. Schuldgefühlen und schlechtem Gewissen kann so aktiv entgegengetreten werden. Und Frauen riskieren nicht länger an ihrem Alltag zugrunde zu gehen.

V. Wem Mütter genügen sollen

1. Konflikte zwischen Müttern und Großmüttern

»Euch haben wir auch groß bekommen!«

Die Feindin in der eigenen Familie

Mütter kritisieren sich gegenseitig, machen sich Vorwürfe und lassen kaum etwas unversucht, um andere Mütter als schlecht und inkompetent darzustellen. Dies beschränkt sich jedoch nicht nur auf Mütter, die befreundet, bekannt oder sich fremd sind. Die schärfsten Kritikerinnen befinden sich oft in der eigenen Familie. Auch von der eigenen Mutter, von Großmüttern, Schwiegermüttern, Schwestern und Tanten kommen bissige Kommentare und Vorhaltungen. Je länger es her ist, dass diese Frauen selbst kleine Kinder hatten oder schwanger waren, desto höher ist das Konfliktpotential. Die Erziehungsanforderungen haben sich, wie in vorigen Kapiteln beschrieben, massiv gewandelt. Die Vorschriften, an die Mütter sich halten sollen, sind so umfangreich wie nie zuvor. Gerade ältere Generationen hören von vielen neueren Regeln und wissenschaftlichen Erkenntnissen zum ersten Mal. Ihr Verständnis dafür, dass man über bestimmte Ernährungsweisen, Materialien und Krankheiten mittlerweile mehr weiß als noch vor 20 oder 30 Jahren, hält sich allerdings in Grenzen.

Der Plötzliche Kindstod und Mütterterror

Zur Vermeidung des Plötzlichen Kindstods beispielsweise gibt es eine Reihe von Verhaltensweisen, die vor 10–15 Jahren noch vollkommen unbekannt waren. Kinder sollen nicht mehr zu warm eingepackt werden, da eine Überhitzung in Zusammenhang mit dem plötzlichen Kindstod gebracht wird. Sie sollen nicht mehr auf dem Bauch schlafen und sind nachts am besten im Schlafzimmer der Eltern aufgehoben – jedoch nicht in deren Bett. Bis ins Kleinkindalter wird außer-

dem empfohlen, ihnen einen Schlafsack zum Schlafen anzuziehen und sie nicht mit einer Bettdecke zuzudecken und keinen Himmel oder Nestchen am Babybett anzubringen. Dies soll ebenfalls der Überwärmung und mangelnder Luftzirkulation vorbeugen.

Neue Erkenntnisse als Konfliktstoff

Vor einigen Jahrzehnten galt hingegen offenbar die Devise, Babys und Kinder so dick wie irgend möglich einzupacken. Mütter klären heutzutage ihre Familienangehörigen natürlich darüber auf, dass die Maßnahmen zur Vorbeugung des Plötzlichen Kindstods von Ärzt_innen, Hebammen und medizinischen Instituten dringend empfohlen werden. Sie erläutern ihnen, dass die Zahl der Kinder, die daran sterben, bereits drastisch zurückgegangen ist, seit Eltern über die Zusammenhänge aufgeklärt wurden und sich dementsprechend verhalten. Das stets taugliche Argument der Verwandtschaft ist jedoch »Wir haben Euch doch auch groß bekommen«. Gerade beim Plötzlichen Kindstod geht es aber nicht um die Kinder, die überlebt haben. Es geht um die Babys und Kleinkinder, die eben leider nicht mehr groß werden konnten.

Abweichen als empfundene Kritik

Zudem wird völlig außer Acht gelassen, dass Eltern nicht alles, was sie verhindern möchten, für besonders wahrscheinlich halten. Sie denken nicht, dass jedes Kind, das zu dick angezogen und zugedeckt ist, stirbt. Aber genau in diesem Sinne versuchen die Großmütter und Urgroßmütter, ihr Verhalten zu verstehen. Eine logische Argumentation seitens der Verwandten liegt hier also nicht vor. Darum geht es ihnen wohl auch nicht. Allein die Tatsache, dass ihre Kinder und Enkelkinder bei der Erziehung und Behandlung ihrer eigenen Kinder etwas grundlegend anders machen, als sie dies damals mit ihren Kindern getan haben, wirkt wohl wie ein Angriff auf sie. Und das »Wir haben Euch doch auch groß bekommen« wirkt wie eine Verteidigung.

Es scheint den Großmüttern so, als könnte es nur eine einzige richtige Erziehungsweise geben. Wenn nun heutige Mütter etwas anders machen, als dies in den letzten Generationen noch geschehen ist, fühlen sich die Omas und Uromas angegriffen und kritisiert. Niemand käme auf die Idee, einer Frau, die vor 20, 40 oder 60 Jahren Kinder bekommen hat, vorzuwerfen, dass sie damals nicht dem Plötzlichen Kindstod vorgebeugt hat. Die Medizin hatte damals noch nicht die Erkenntnisse, die sie heute hat, und folglich wurde den Müttern damals auch nicht geraten sich entsprechend zu verhalten. Um diese Konflikte zwischen Müttern und ihren eigenen Müttern und Großmüttern zu verhindern, wäre es nötig, dass sich ältere Generationen in die Lage von der jetzigen Frauengeneration hineinversetzen. Wie hätten sie sich verhalten, wenn zu ihrer Zeit bereits Auslöser und Zusammenhänge schlimmer Kinderkrankheiten bekannt gewesen wären?

Generalvorwurf: Du lässt Dein Baby frieren

Besonderes Streitpotential birgt die Tatsache, dass die Babys und Kinder heutzutage nicht mehr so dick angezogen und eingepackt werden, wie dies noch vor einigen Jahrzehnten der Fall war. Zum einen ist dies eine Maßnahme, um den Plötzlichen Kindstod zu verhindern. Zum anderen weiß man heute, dass gerade Babys nicht nur schneller auskühlen als große Kinder und Erwachsene, sondern generell Schwierigkeiten haben, ihre Körpertemperatur zu halten, und sie nicht so regulieren können wie Erwachsene. Sie können ihre Temperatur beispielsweise auch durch Schwitzen nicht nennenswert senken, wenn sie zu hoch ist.

Kältezeichen früher und heute

Frischgebackenen Eltern wird von Krankenhaus, Hebamme und Kinderärzt_innen ein Tipp gegeben, wie sie überprüfen können, ob das Baby tatsächlich friert: kalte Hände und Füße sind kein Anzeichen fürs Frieren. Erst wenn sich die Arme, die Beine oder der Nacken kalt anfühlen, müssten Babys wärmer angezogen werden. In den vorigen Generationen von Müttern war allerdings verbreitet, bereits kalte Hände als Anzeichen für das Frieren zu sehen. Da Großmütter und Urgroßmütter sich in solchen Fällen häufig unbelehrbar zeigen, verwundert es nicht, dass ein Familientreffen ohne eine Auseinandersetzung über die Körpertemperatur des Babys oder Kleinkindes kaum möglich ist. Mit frischgebackenen Müttern wird oft besonders altklug gesprochen: »Deine Tochter hat ganz kalte Händchen, du musst sie viel wärmer

anziehen!« Oder auch leicht panisch beim Berühren der Baby-Hände: »Ach Du meine Güte. Schnell, gib mal ein Jäckchen. Der arme Kleine muss ja entsetzlich frieren.«

Erlebt eine Mutter solche Situationen zum ersten Mal, wird sie ganz besorgt zu ihrem Kind gehen und die Temperatur überprüfen. Meist kann sie dann beruhigt der Großmutter erklären, weshalb das Baby nicht dicker angezogen wird und sich für ihr Verhalten rechtfertigen. Damit ist dieses Thema jedoch noch lange nicht vom Tisch. Als wären ihre Erklärungen nicht schlüssig oder als hätte sie sie nie abgegeben, vergeht kaum ein Familientreffen ohne die Kommentare über das arme Kind, das aufgrund seiner Mutter frieren muss. Die Mütter werden dabei oft von Großmüttern und Urgroßmüttern als kalt und herzlos dargestellt, denn sie hätten ja vermeintlich nicht mal mit einem frierenden Baby Mitleid.

Subtile Sticheleien und indirekte Vorwürfe über Dritte

Wenn die Großmütter immer wieder Erklärungen zur Körpertemperatur der Babys zu hören bekommen haben, werden ihre Sticheleien häufig mit der Zeit subtiler. Sie greifen dann gerne auf subtile Fragen, Belehrungen und Anweisungen zurück, die sie über die Geschwister oder das Baby selbst kommunizieren:

Julia hat ein Baby und einen 3-jährigen Sohn. Ihre eigene Mutter kam zu Besuch und kurz nach der Begrüßung, als sie das Baby ansah, wandte sie sich an den großen Bruder und sagte ihm: »Sag mal deiner Mama, dass Deine Schwester eine Strumpfhose braucht. Sonst wird ihr zu kalt.«

Sabrina hat ein knapp 1-jähriges Kind. An ihrem Geburtstag war die ganze Familie eingeladen. Als die Großmutter ihr Enkelkind auf dem Schoß hatte, sagte sie vor der gesamten Festgesellschaft: »Na Du Kleine, Du bist ja groß geworden. Du musst Deiner Mama mal sagen, dass sie Dir einen zu kleinen Pullover angezogen hat, und Deine Hose ist auch schon zu kurz.«

Diese indirekten Vorwürfe über die Kinder zu kommunizieren, ist der Versuch, selbst unangreifbar zu bleiben. Die Mutter wurde gar nicht selbst angesprochen, also kann sie auch nichts erwidern. Die Großmütter können ihre Vorhaltungen loswerden, ohne dass sie in die unangenehme Lage geraten, einen Vorwurf direkt an ihre Tochter richten und formulieren zu müssen. Für die betreffende Tochter ist die Kritik dennoch unmissverständlich. Wehren kann sie sich jedoch nicht. Bei solch subtil formulierten Beschwerden würde eine abwehrende Reaktion übertrieben und hysterisch wirken, denn die Großmutter könnte einfach behaupten, das Ganze »gar nicht so gemeint« zu haben.

Das musst Du anders machen!

Abgekanzelt

Indirekte und subtile Vorhaltungen werden jedoch kaum von der älteren Generation, insbesondere den Urgroßeltern gemacht. Sie sprechen mit den jungen Müttern häufig wie mit kleinen Kindern.

Am Mittagstisch bekommt die sechs Monate alte Luisa einen Brei. Die Urgroßmutter weiß gleich einzuwenden: »Was denn, Brei? Die Kleine braucht was Richtiges, damit sie ordentlich wächst. Gib ihr doch was von dem Rotkohl und den Klößen.« Und als der 4-jährige Luis sich beim Ostereiersuchen das Knie aufgeschlagen hat und weinend zu seiner Mutter humpelt, die ihn sogleich tröstet, ist es auch die Urgroßmutter, die ihre Missbilligung nicht verbergen kann: »Du darfst ihn nicht ständig trösten und bemuttern. Das ist ein Junge, der soll doch kein Weichei werden. Die paar blaue Flecken, die braucht der für die Entwicklung.«

Als die Urgroßmutter von dem sieben Monate alten Henry mit ihm und seinen Eltern spazieren geht, beschwert sie sich, als Henry beginnt zu jammern: »Der Henry liegt da im Wagen und kann nichts sehen. Der muss in die Sitzposition gebracht werden, ist ja kein Wunder, dass der arme Junge weint.« Auch hier steckt der Vorwurf dahinter, die Mutter würde ihrem Kind nichts Gutes tun. Sie würde ihn vielleicht sogar gerne leiden lassen. Henrys Mutter entgegnet, dass Henry noch nicht sitzen könne und es für seine Wirbelsäule nicht gut sei, zum Sitzen gebracht zu werden. Doch diese Erläuterung besänftigt die Uroma nicht: »Ach was, wir haben das früher immer so gemacht und Ihr habt auch alle keinen kaputten Rücken.«

Mutterschaft als Lebensinhalt

Expertinnenschaft der Vollzeitmütter

Gerade Urgroßmütter sind für Erklärungen nicht mehr offen. Sie haben zu lange schon an ihre Erziehungsweisen geglaubt. Und im Gegensatz zu den heutigen Frauengenerationen haben sie sich ihr Leben lang ausschließlich über ihre Rolle als Hausfrau und Mutter definiert. Sie wähnen sich als Expertinnen auf diesem Gebiet. Meist ist die Zeit, in der sie ein Baby oder Kleinkind hatten, allerdings sehr lange her. Und durch die steigende Lebenserwartung sind sie vielleicht die Ersten, die das Aufwachsen ihrer Urenkel und Urenkelinnen noch miterleben. In den letzten 50–60 Jahren hat sich jedoch viel verändert. Der Expertinnen-Status von Urgroßmüttern schwindet mehr und mehr. Ergeben wissenschaftliche Forschungen, dass bestimmte Verhaltensweisen, Lebensmittel oder Materialien, die früher verwendet wurden, schädliche Auswirkungen auf die Kinder haben könnten, fühlen sie sich angegriffen. Ihre Lebensaufgabe, ihre Daseinsberechtigung ihr gesamter Lebensinhalt und -sinn werden dadurch in Frage gestellt. Wenn nun alles anders gehandhabt werden muss, würde das ja bedeuten, dass es damals falsch gemacht wurde. Das ewige »Wir haben euch auch groß bekommen« soll beweisen, dass sie ihre Aufgaben gemeistert haben, dass sie auch etwas geschafft haben – auf die gute, alte Art.

Bei den älteren Müttergenerationen ist das ständige Vorhandensein des Gegensatzpaares zwischen Selbsterhöhung und Schuldgefühlen, zwischen dem Mütter hin und her schwanken, vielleicht sogar noch stärker zu spüren als bei jüngeren Müttern. Einerseits stellen sie ihre Erziehungsansichten als allein gültig dar, wissen alles besser und können im Zweifelsfall sogar die Bedürfnisse eines fremden Babys besser erkennen als dessen eigene Eltern. Andererseits haben sie große Angst vor Neuerungen, Fortschritt und wissenschaftlichen Erkenntnissen in Pädagogik und Kindermedizin. Sie reagieren auf andere und vor allem neuere Erziehungskonzepte sehr empfindlich und mit großen Schuldgefühlen. Sie haben ein schlechtes Gewissen und versuchen heutige Einstellungen zur Kindererziehung schlecht zu machen, um sich aufzuwerten. Diese Strategie ist aber nicht per se böse gemeint, sondern durchaus verständlich.

Angriff als die vermeintlich beste Verteidigung

Denn für ihre mühevolle Arbeit und ihre Leistungen in Küche und Kinderzimmer haben sie nie Anerkennung erhalten. Ganz im Gegenteil: dem Mütterterror waren sie früher ebenfalls ausgesetzt. Ihre eigenen Mütter und Großmütter sind mit ihnen kaum anders umgesprungen, als sie heute mit ihren Töchtern, Schwiegertöchtern und Enkelinnen verfahren. Ihre Erziehungsweisen wurden damals auch kritisiert und bemängelt. Im täglichen Kleinkrieg haben sie gelernt, dass man seine Erziehungsvorstellungen verteidigen muss und dass Angriff oft die beste und einzige Verteidigungsmöglichkeit ist.

Aber Mütterkriege kennen keine Gewinner. Noch nach vielen Jahrzehnten sind die Wunden nicht vernarbt. Denn nach wie vor gibt es für Frauen, die Kinder großgezogen und ihr Leben lang den Haushalt erledigt haben, keine Anerkennung. Sie möchten bewundert und gebraucht werden. Dies scheint ihnen nur möglich, wenn sie jüngeren Müttern einreden, dass sie schlechte Arbeit leisten und nicht wissen, wie man mit Kindern umgeht. Wenn ihnen dies gelingt, so glauben sie, könnten sie doch noch als beratende Großmutter, als Expertin für Haushalt und Kinder, zu ihrer verdienten Wertschätzung gelangen. Diese Vorgänge spielen sich natürlich meist nicht bewusst ab. Es sind erlernte unbewusste Muster, die sie wiederum schon bei ihren Müttern und Großmüttern erlebt haben.

Reagieren auf »wir haben euch auch groß bekommen«

Wie können Mütter auf die Kommentare ihrer weiblichen Verwandten gelassen und deeskalierend reagieren? Sie müssen sich klar machen, dass alle Veränderungen und Neuerungen etwas Bedrohliches für Großmütter und Urgroßmütter haben. Zeigen diese doch, dass die Uroma mit ihren veralteten Kenntnissen heutzutage kein Kind mehr großziehen könnte. Oder dafür zumindest sozial ausgegrenzt und von Hebammen und Ärzt_innen belehrt werden würde. Sie hat schlichtweg keine Ahnung mehr von ihrem »Job« – zumindest nicht im Rahmen aktuellen Wissens. Diese Generation von Frauen definiert sich über ihr Mutter-sein und passt nicht mehr zu den heutigen Aufgaben, die sich Eltern stellen.

—+—

Was entgegnen eine Enkelin ihrer Großmutter und eine Tochter ihrer Mutter? Zu allererst könnten sie klarstellen, dass die Mutter oder Oma damals sehr gute Arbeit geleistet hat und die heutigen Erziehungsvorstellungen keine Kritik an ihr sind. Die beste Antwort auf »Wir haben euch auch groß bekommen« wäre:

»Ja, das habt ihr. Du hast damals sehr gute Arbeit geleistet und warst eine gute Mutter/Großmutter. Wenn ich in deiner Zeit gelebt hätte, hätte ich sicher das Meiste genau so gemacht, wie du es gemacht hast. Ihr habt alles getan, was in eurer Macht stand. Vermutlich habt ihr auch schon Dinge anders gemacht, als es noch bei deiner Mutter/Großmutter der Fall war. Und ebenso machen wir heute einiges anders. Das ist keine Kritik an der damaligen Zeit oder gar an dir. Dem Fortschritt wollen wir uns trotzdem nicht verschließen, und wenn man heute mehr Wissen über Krankheiten oder Ernährung und mehr Möglichkeiten hat als früher, dann wollen wir diese auch nutzen. Denn wir wollen es genau so tun wie ihr früher: wir möchten alles tun, was uns möglich ist und in unserer Macht steht. Und sehr wahrscheinlich werden in 30 Jahren unsere Kinder wieder vieles ganz anders handhaben.«

—+—

Eine Lösung ist das nicht unbedingt. Viele Großmütter und Urgroßmütter verstehen in dem Moment zwar, dass das alles ganz normal ist und sie sich nicht angegriffen fühlen müssen, aber in der nächsten Situation ist alles vergessen und sie fallen zurück in ihre alten Muster.

Hartnäckigkeit der Muster

Die Großmütter wissen alles besser

Solidarität oder sogar Anerkennung braucht man leider nicht zu erwarten – ganz im Gegenteil: So schätzen die Großmütter häufig ihre eigenen Fähigkeiten weit besser ein als die ihrer Töchter und Enkelinnen. Wenn das Baby schreit oder das Kleinkind nicht hören möchte, wissen sie natürlich sofort, woran es liegt und beginnen mit ihrer Dauerkritik. Dieses Verhalten gegenüber Müttern zeigen auch mit ihnen nicht-verwandte ältere Damen.

Dauerkritik statt Anerkennung

Auf einer Geburtstagsfeier trat die über 80-jährige Urgroßmutter an eine Freundin ihrer Enkelin heran. Diese Freundin hatte ein fünf Monate altes Baby, Leon, dabei. Leon schrie unentwegt. Die Urgroßmutter wich Leon und seiner Mutter nicht mehr von der Seite und stresste die Mutter, deren Nerven ohnehin blank lagen, mit ihren Tipps: »Ich sage Ihnen, das Kind hat Hunger.« Eine Viertelstunde redete sie auf die Mutter ein. Diese versuchte ihr Kind zu beruhigen und die ältere Frau abzuschütteln. Endlich schlief Leon ein. Hunger hatte er wohl keinen gehabt. Die Urgroßmutter, die lange Monologe über den vermeintlichen Hunger des Babys gehalten und ungebetene Ratschläge erteilt hatte, kommentierte das schlafende Baby dann folgendermaßen: »Na, ich hab Ihnen doch gesagt, dass der müde ist.«

Egal wie Mütter es drehen und wenden, sie sind zum Schluss die Schuldigen. Denn die älteren Generationen sehen es oft so, wie es ihnen am besten passt. Die Uroma dachte vermutlich: Erst füttert die »böse« Mutter das hungrige Baby nicht und dann erkennt sie nicht mal, dass es müde ist. Viele Großmütter glauben in jedem Fall, nicht

falsch liegen zu können und gehen grundsätzlich davon aus, dass Mütter heutzutage fast nichts richtig machen.

Babygebrüll

Auf einer Tauffeier schliefen zwei Babys – die Kinder der Gäste. Nur der Täufling brüllte über eine Stunde lang. Die zwei schlafenden Babys hatten Schnuller im Mund. Das getaufte Mädchen war an Schnullern nicht im Mindesten interessiert. Es hatte am vorigen Abend Fieber bekommen und hatte eine verstopfte Nase. Ganz offensichtlich war es daher äußerst schlecht gelaunt. Die Oma wusste über die Krankheit des Kindes Bescheid. Dennoch wandte sie sich an ihre Tochter mit dem Ratschlag und dem versteckten Vorwurf: »Willst Du es nicht auch mal mit einem Schnuller probieren? Vielleicht schläft sie dann auch so lieb und ruhig wie die zwei anderen.«

Natürlich kann an einem schreienden Baby nicht eine Erkältung, das Zahnen oder der Trubel um es herum Schuld sein. Die Schuld liegt bei der Mutter. Und die anderen beiden Mütter haben ihren Babys Schnuller gegeben und taugten daher als Vorzeigemütter. Gerade der Mütterterror in angespannten Situationen, also zum Beispiel ungebetene Ratschläge im Stakkato-Rhythmus, während das Baby einem ins Ohr schreit, wirkt sehr belastend.

Generell gilt: Wenn ein Baby schreit, sind die Vorwürfe nicht weit. Handelt es sich um kürzeres Schreien, hagelt es zwar keine Tipps zur Schrei-Bekämpfung, dafür werden sogleich Vorhaltungen für die gesamte Erziehungsweise gemacht. Das Baby beginnt zu weinen, die Mutter geht zu ihm und nimmt es auf den Arm. Gerade von älteren Frauen ertönen nun Anweisungen in Befehlsform:

»Verwöhn ihn nicht so«,
»Du musst sie auch mal eine Viertelstunde schreien lassen«,
»Nimm ihn nicht hoch, sonst wird er ein Muttersöhnchen«,

»Na, die Kleine hat euch ja schon gut im Griff. Lass sie mal schreien. Sonst kommandiert sie euch bald herum.«

Ernährungsweisen

Wandel des Wissens

Deutlich gewandelt haben sich auch in den letzten Jahrzehnten die Vorstellungen über die Ernährung der Babys und Kinder. Die Möglichkeiten, seine Kinder gesund und ausgewogen zu ernähren, sind außerdem deutlich besser geworden. Die Säuglingsmilch war noch nie so gut wie heutzutage. Eine Mutter, die ihre Kinder in den 1950er-Jahren bekam, berichtete, dass sie der Kuhmilch Butter beigemengt hätten, um sie für die Säuglinge anzureichern. Heute rät man dringend davon ab, Kuhmilch Kindern unter einem Jahr zu füttern. Das Beimengen der Butter hat die Milch auch nicht säuglingsgerechter werden lassen, denn der Fettgehalt von Kuhmilch ist überhaupt nicht das Problem. Muttermilch hat einen ähnlich hohen Fettanteil.

HINTERGRUND

Wissensstand zur Ernährung

Mittlerweile weiß man über viele Nahrungsmittel deutlich mehr als vor 30 oder 50 Jahren. Honig, Leber(wurst), rohe Wurst, Rohmilchkäse, Salz und Zucker sind beispielsweise Lebensmittel, die Babys und Kleinkinder gar nicht oder nur in äußerst geringem Maße erhalten sollten. Das soll helfen, Infektionen und Krankheiten zu vermeiden, die Verdauungsorgane und die Nieren nicht zu überfordern und möglichst Schädigungen der Zähne zu verhindern. Zu den verschiedenen Wurstsorten und zum Fleischkonsum generell erklärt beispielsweise die Ärztin Dr. Andrea Schmelz auf der Seite www.elternwissen.com Inhaltsstoffe und ihre Wirkungen. Manche Fleischsorte ist für Babys und Kinder einfach nur ungesund, besonders in zu hohem Maße. Häufig schätzen Erwachsene den Fleischbedarf von Kindern aber viel zu hoch ein. Wir Großen essen meist selbst deutlich mehr Fleisch, als von Ärzten empfohlen. So meinen wir dann auch oft, zwei Scheiben Wurst zum Frühstück und zwei zum Abendbrot, mittags vielleicht noch ein Wiener Würstchen oder die Bolognese-Soße wären das richtige Maß für Kinder. Doch Dr. Schmelz rät zu

maximal 60 Gramm Fleisch am Tag, dreimal in der Woche, bei Kindern unter sechs Jahren. Das sind gerade Mal sieben Scheiben Aufschnitt pro Woche. Ältere Generationen haben aber oft noch gelernt, dass Fleisch besonders wertvoll ist, Kindern beim Wachsen hilft und sie daher so viel Fleisch wie möglich essen müssten. So führt die Ernährung des Kindes hier häufig zu Streit, besonders zwischen Eltern und Großeltern (oder Urgroßeltern).

Oft wird heutzutage von ÄrztInnen gerade vor denjenigen Lebensmitteln gewarnt, die von Eltern als gut und wertvoll für die kindliche Ernährung eingeschätzt werden. Diese wurden vor ein bis zwei Generationen deshalb den Kleinen besonders gern verabreicht. »Bienenhonig schmeckt zuckersüß und ist vergleichsweise gesund.« Babys und Kleinkinder würden ihn sicher nicht verschmähen. »Doch kann Honig bei Säuglingen in Einzelfällen schwere Vergiftungen auslösen.« (siehe Schersch)

Der Säuglingsbotulismus ist eine schwere Erkrankung, die Babys droht, die Honig zu sich genommen haben, erläutert Stephanie Schersch in der Pharmazeutischen Zeitung Online.Zu früher Honig-Konsum wird sogar mit dem Plötzlichen Kindstod in Zusammenhang gebracht. (siehe Kreutz) Da Großeltern natürlich wissen, dass Babys Süßes lieben und sie Honig meist ihren eigenen Kindern reichlich gegeben haben, kann das Konfliktpotential erahnt werden.

Dr. Andrea Schmelz: Welche Wurst für Kinder gut ist, http://www.elternwissen.com/ernaehrung/rezepte-fuer-kinder/art/tipp/welche-wurst-fuer-kinder-gut-ist.html (Stand: 05.05.2012).

Stephanie Schersch: Honig bringt Babys in Gefahr, Pharmazeutische Zeitung Online, http://www.pharmazeutische-zeitung.de/index.php?id=30355 (Stand: 05.05.2012).

Heike Kreutz: Honig – Säuglingsbotulismus, http://www.babyernaehrung.de/brei/bei kost-i/botulismus-saeuglingen (Stand: 05.05.2012).

Essens-'Leistungen'

Großmütter finden es besonders praktisch, wenn Kinder bereits im Babyalter beginnen, das Essen der Erwachsenen zu sich zu nehmen. Ein Baby wirkt für sie dann als besonders weit entwickelt, wenn es schon früher als andere Kinder Brot, Kartoffeln, Schweinshaxe und Leberknödel essen kann. Immer wieder erzählen sie Müttern, dass die Kinder anderer Eltern ja bereits mit 8 Monaten Eisbein und Sauerkraut verspeisen. Es scheint so, als könnte man mit Babys, die schon

Hühnerknochen abnagen, große Bewunderung erhalten. Ihre Großmütter brüsten sich regelrecht mit den Essens-»Leistungen« der ganz Kleinen. Einwände, dass Kinder vieles erst ab einem bestimmten Alter essen sollten, da der Magen-Darm-Trakt und die Nieren von Babys noch nicht so viel Fett, Salz oder Zucker verkraften, interessieren sie meist nicht.

Wertschätzung für die Köchin

Ältere Frauen wollen Anerkennung für ihre Koch- und Backkünste – auch von Babys. So bieten sie zwei Monate alten Säuglingen selbstgestampfte Klöße an, versuchen das sechs Monate alte Baby mit Schwarzwälder-Kirsch-Torte zu füttern oder schmieren einem Kind, das nicht mal sitzen kann, ein Leberwurstbrot. Es gibt keinerlei rationale Gründe, weshalb ein Baby oder Kleinkind bereits das Essen der Erwachsenen zu sich nehmen sollte. Aber einige Gründe sprechen dagegen. Und dennoch ist Großmüttern die Gesundheit des Kindes oft weniger wichtig, als dass es die Rinderrouladen isst. Die Mütter und ihre Bedenken werden als übervorsichtig dargestellt – früher wäre es auch so gemacht worden und das gute, gute Essen, für das die Großmutter so viel Zeit und Kraft aufgebracht hat, solle dem Kind doch nicht vorenthalten werden.

Ängstlichkeit und Übervorsichtigkeit als Vorwurf

Schadstoffe und Fernsehkonsum

Der Vorwurf, dass Mütter heute übervorsichtig wären, wird auch gerne bei den Themen Schadstoffe oder Fernsehkonsum angebracht. Es sind genau die Themen, mit denen man sich vor vielen Jahren noch nicht auseinandergesetzt hat. Von Schadstoffbelastung und Medienkompetenz haben die älteren Generationen meist keinerlei Ahnung. Sie selbst haben als Kinder in der Reifenfabrik mit all ihren Dämpfen gespielt und können nun nicht nachvollziehen, weshalb vor dem Laufradkauf das Ökotestheft gewälzt werden muss, um auszuschließen, dass sich krebserregende Weichmacher in den Lenkradgriffen befinden.

Im Fernsehen gab es früher drei Programme. Es gab am helllichten Tag keine Übertragungen von Zombie-Film-Vorschauen oder Brust-

OPs. Die Fernsehwerbung bestand auch noch nicht zu einem hohen Prozentsatz aus nackten, sich räkelnden Frauen, die offensichtlich nicht nur magersüchtig und operiert, sondern deren Bilder auch computerretuschiert sind. Eltern, die das Fernsehprogramm der Kinder kontrollieren oder einschränken, gelten bei (Ur-)Großmüttern oft als überängstlich und zu streng. All diesen Themen müssen sich Eltern heute stellen. Früher wurde darüber wenig oder gar nicht nachgedacht. Doch heute weiß man, was zu viel und nicht altersgerechter Fernsehkonsum anrichten kann. Alpträume, Aggressivität und Unruhe der Kinder sind kurzfristig auffallende Übel. Das Fernsehen nimmt seinen pädagogischen Auftrag nicht wahr und daher müssen Eltern diesen umso aufmerksamer wahrnehmen.

Mädchen sollen kein falsches und schlechtes Köperbild bekommen. Jungen sollen sich nicht am TV-«Helden«, der alle Konflikte mit der Faust löst, orientieren. Ältere Generationen können sich schwer vorstellen, wie eine x-beliebige Nachmittagssendung auf Kinder wirkt. Sie denken an ihre Kindheit oder ihre eigenen Kinder zurück, die jeden Tag das Sandmännchen oder Bugs Bunny sehen durften. Wie so viele Generationenkonflikte zwischen Großmüttern und Müttern beruht auch dieser auf der Einstellung der Omas: »Was früher gut war, kann heute nicht schlecht sein.«

Konfliktabbau zwischen den Generationen

Großmütter sollten versuchen anzuerkennen, dass sich vieles geändert hat. Wenn es mehr Fernsehvielfalt bzw. mediale Beschallung und mehr Straßenverkehr gibt als vor 30 Jahren, dann müssen Kinder auch in diesen Bereichen zunehmend geschützt werden. Wenn man durch Erkenntnisgewinn und technische Weiterentwicklungen die Möglichkeit hat, seinen Kindern und ihrer Gesundheit Gutes zu tun, dann müssen ältere Generationen akzeptieren, dass Eltern diese Chancen ergreifen wollen.

Aber auch die jungen Mütter können beim Konfliktabbau behilflich sein. Sie wollen ohnehin die Erziehungsaufgaben verschlanken und versuchen, sich nicht immer mehr Arbeit von den Elternzeitschriften aufhalsen zu lassen. Die Mütter können hinterfragen, welche Verhaltensweisen, Vorgaben, Lebensmittelverbote und Ökotestergebnisse nicht ganz so streng beachtet werden müssen. Was ist für die Gesundheit der Kinder tatsächlich unabdingbar, wo wollen Eltern ihre ganz persönlichen Prioritäten legen und wo können Abstriche gemacht werden?

Von manchen Nahrungsmitteln beispielsweise sollen Kinder zwar nicht viel zu sich nehmen, aber in geringen Mengen ist kaum etwas dagegen einzuwenden. Und den Schadstoffgehalt kann man ohnehin nicht für jeden Gegenstand nachlesen, den die Kinder jemals in den Händen halten werden.

Letztendlich können junge Frauen so vielleicht auch ein wenig Gelassenheit von Müttern und Großmüttern lernen, und die Schwieger-, Groß- und Urgroßmütter können sich über neue wissenschaftliche Erkenntnisse und das aktuelle Wissen über die körperliche und psychische Gesundheit von Kindern aufklären lassen.

—+—

2. Schönheitswahn bei Müttern – Die unsichtbare Mutterschaft

Schönheitswahn nimmt zu

Antifeministische Tendenzen

Obwohl die Frauenbewegung der 1970er-Jahre enormen Erfolg mit ihren Forderungen hatte und bis heute die Gleichberechtigung der Geschlechter in vielen Bereichen weiter voranschreitet, gibt es auch dieser Entwicklung widerstrebende antifeministische Tendenzen in unserer Gesellschaft. In wissenschaftlichen Analysen der Frauen- und Geschlechterforschung wie auch in zeitgenössischen journalistischen Texten wird das Erstarken eines Schönheitsmythos seit den 1970er Jahren festgestellt und als Reaktion auf die Frauenbewegung verstanden. Damit sind vor allem die Anforderungen an den weiblichen Körper gemeint, die von Eltern, Medien, Mode- und Kosmetikindustrie und Umfeld bereits an Mädchen von klein auf herangetragen werden.

Natürlich existierte bereits vor den 1970er-Jahren ein Schönheitsdiktat für Frauen. Doch in den letzten Jahren und Jahrzehnten sind verschiedene Aspekte des Schönheitswahns sehr extrem geworden. Dass junge Frauen vor gefüllten Kühlschränken verhungern oder dass sich jedes Jahr Hunderttausende von Frauen trotz großer gesundheitlicher Risiken operieren lassen, um einem unmenschlichen Schönheitsideal zu entsprechen, zeigt, wie extrem die Auswirkungen des Körperterrors geworden sind.

Verunsicherung in Bezug auf den Körper

Besonders kann jedoch die Diskrepanz zwischen der fortschreitenden Emanzipation der Frau in den Bereichen Bildung, Beruf, Recht, Familie etc. und dem gleichzeitigen Mangel an Selbstbewusstsein bezüglich des eigenen Körpers bei Frauen verwundern. Woher kommt diese Verunsicherung in Bezug auf den eigenen Körper? Warum beschäftigen sich bereits Mädchen so viel mit ihrem Äußeren statt mit ihren eigenen Wünschen und Vorstellungen vom Leben? Wieso lassen sich Frauen, die nach ihrem hervorragenden Bildungsabschluss Karriere machen, vielleicht auch ein Kind bekommen, sich mit dem Vater die Elternzeit teilen und im Beruf wieder einsteigen, von Werbung und Modezeitschriften unbequeme, zeitaufwändige und teure Kleidung,

Kosmetik und Körperveränderungsmaßnahmen vorschreiben? Weshalb fühlen sich die meisten Mädchen und Frauen in ihrem Körper unwohl? Und welche Anforderungen dieses Schönheitsideals treffen in ganz besonders perfider Weise Mütter?

HINTERGRUND

Ursache für das Funktionieren des Schönheitsterrors

Untersuchungen zeigen, dass der Grundstein für das Funktionieren des Schönheitsdiktats bereits im Kleinkindalter gelegt wird. Elterliche Beschämungen wirken sich in dieser Zeit besonders auf das Verhältnis der Kinder zum eigenen Körper aus. Dabei gibt es Unterschiede im Beschämungsverhalten der Eltern gegenüber Mädchen und Jungen. Mädchen werden als Babys und Kleinkinder anders beschämt als Jungen. Bei der Sauberkeitserziehung beispielsweise versuchen Eltern Jungen durch konkrete Anweisungen und direkt geäußerte Kritik zu dem erwünschten Verhalten anzuleiten. Mädchen hingegen erhalten weniger verbale Rückmeldungen zu ihrem Körper, seinen Ausscheidungen und hygienischen Erfordernissen. Gegenüber Mädchen wird mit Mimik und Gestik ein Missfallen von beispielsweise eingenässter Kleidung ausgedrückt. In der Forschung nennt man eine häufig gezeigte Reaktion von Eltern auf das Verhalten der Mädchen das »Ekel- oder Verachtungsgesicht«.

Julia Estor: Der allgegenwärtige Körper? Der ,kleine Unterschied' und seine Manifestationen in der Entstehung und Verarbeitung weiblicher Körperscham. In: Elisabeth Rohr (Hg.): Körper und Identität. Gesellschaft auf den Leib geschrieben. Königstein/Taunus 2004, S. 69–88.

Ungleichbehandlung von Mädchen durch die Eltern

Den Eltern sind diese Unterschiede, die sie hier in der Erziehung machen, nicht bewusst. Es sind keine geplanten Handlungen, hinter denen eine Absicht steht. Über die Ursachen für dieses Verhalten kann nur spekuliert werden. Vermutlich sind es eben dieselben unterschiedlichen Reaktionen, die die Eltern selbst als Kinder erhalten haben. Die Vorurteile über die Geschlechter spielen sicher auch eine Rolle dabei.

Jungen wird eher Rationalität zugeschrieben und daher vielleicht ganz unbewusst eine klare Ansprache gewählt. Mädchen schreibt man hingegen Emotionalität zu, so dass Eltern hier eher versuchen mit über Mimik zum Ausdruck gebrachten Gefühlen Einfluss zu nehmen.

Unterschiedliche Folgen für Jungen und Mädchen

Als Folge können Jungen mit dieser Kritik konstruktiv umgehen. Sie haben klare Anweisungen erhalten und wissen, wie sie ihren Eltern gefallen können. Mädchen haben jedoch keinerlei Informationen darüber, was den Missmut der Eltern auf sich gezogen haben könnte – welches Körperteil oder welche Handlung von ihnen. Sie beziehen die Verachtung, die die Eltern mimisch zum Ausdruck bringen, daher auf sich als ganze Person. Da sie auch keine direkten Handlungsaufforderungen bekommen, können sie aus diesem diffusen Gefühl, als ganzer Mensch »verkehrt« zu sein, nicht ausbrechen. Anders als die Jungen können sie nicht konstruktiv mit der Kritik umgehen. Es ist ihnen nicht möglich durch gezielte Handlungen etwas besser oder richtig zu machen, das offensichtlich falsch war.[22] Der erfahrene Liebesverlust bleibt für sie unumkehrbar.

Das Schönheitsdiktat greift

Was zeigt nun dieser Exkurs in die Sozialpsychologie der frühen Kindheit? Resultierend aus den subtil-mimischen statt direkt-verbalen Beschämungen sind Mädchen ihr Leben lang auf der Suche nach konkreten Anweisungen, die ihnen das geben, was sie seit der frühen Kindheit vermissen: eine Möglichkeit, den Liebesverlust rückgängig zu machen. Genau an dieser Stelle setzen die Medien und die Schönheitsindustrie ein.[23] In Befehlsform schreiben sie den Mädchen und

---

22 Vgl. ebd., S. 69–88.

23 Wie schaffen es die Zeitschriften, Frauen ein schlechtes Körperbild zu vermitteln, ihnen als vermeintliche Lösung Produkte der Schönheitsindustrie anzupreisen und ihnen dafür Anerkennung, Begehren und Liebe zu versprechen?

Frauen ein Körperbild vor. Sie behaupten, der weibliche Körper habe unzählige Mängel und Makel, und bieten dann die scheinbar passenden Lösungen – für viel Geld und Zeit – an! Neuester Clou ist, dass die Kosmetikindustrie es geschafft hat, eines der am weitesten verbreiteten Körperphänomene als krankhaft und hässlich darzustellen und nun für viele Millionen Euro Produkte verkauft, die Abhilfe schaffen sollen – dazu aber wohl kaum in der Lage sind. Gemeint ist hier die Beschaffenheit des weiblichen Bindegewebes – dank Medien nun bekannt als »Orangenhaut«.

Die Frauen sind für die konkrete Kritik und daraus resultierende Handlungsanweisungen, die beim Abstellen der Mängel helfen sollen, dankbar. Sie sehnen sich seit ihrer Kindheit danach, einen klaren Hinweis zu erhalten, was genau an ihrem Körper nicht in Ordnung ist und zu dem Liebesverlust geführt hat. Die Mädchen- und Frauenzeitschriften verknüpfen geschickt die Körperkritik mit den Produkttipps. Die Produkttipps und die anhand der Produkte vermeintlich herzustellende Schönheit werden wiederum in einen engen Zusammenhang mit Liebe und Anerkennung gestellt. Es handelt sich so eigentlich um einen billigen Psychotrick, der Frauen teuer zu stehen kommt. Milliardenschwer ist der Schönheitsmarkt. Doch die Frauen bezahlen nicht nur mit Geld. Auf der Strecke bleibt auch jegliche Chance auf ein gesundes Selbstbewusstsein und Körpergefühl.

Jung und mager, straff und fest

Das aktuelle weibliche Körperbild, das die Medien und die Schönheitsindustrie propagieren, wird bestimmt vom Jugend- und Schlankheitswahn. Der Körper, der als Ideal dargestellt wird, ist vor allem jugendlich jung, dünn, knochig, schlaksig, groß, schmal gebaut, straff, glatt und fest. Die Hüften sollen schmal sein, die Taille noch schmaler.

Und weshalb lassen Mädchen und Frauen sich derart manipulieren? Antworten auf diese Fragen können hier nachgelesen werden: Christina Mundlos: Schönheit, Liebe, Körperscham. Schönheitsideale in Zeitschriften und ihre Wirkung auf Mädchen und Frauen, Marburg 2011.

Die Beine sollen sehr dünn und lang sein. An Armen und Beinen sind die Gelenke oft die breiteste Stelle. Die Brüste sollen vergleichsweise groß und wie alles am Körper straff und fest sein. Der Hintern soll flach und hart sein. Die Haut soll glatt, prall über den Körper gespannt, in einem gleichmäßigen Farbton, ohne Schattierungen oder Rötungen sein und jegliche Natürlichkeit verloren haben.

Unweibliches Ideal

Das aktuell beworbene Schönheitsideal ist vollkommen unweiblich und unnatürlich. Es ist unmöglich, ihm zu entsprechen, so dass sogar die Fotos magersüchtiger, operierter Models noch am Computer retuschiert werden müssen, damit wenigstens die Bilder von ihnen dem Idealbild entsprechen. Es bleibt nur fraglich, weshalb man den armen Mädchen die Essstörung und Drogensucht nicht erspart und für Werbekampagnen nicht gleich reine Computeranimationen verwendet.

Was war früher »schön«?

Noch in der Mitte des 20. Jahrhunderts unterschied sich das geltende Schönheitsideal deutlich von dem heutigen. Die Frauen, die in den 1960er-Jahren in Film und Fernsehen und in den Hochglanz-Magazinen abgebildet waren, könnten heute niemals in einer Frauenzeitschrift erscheinen – vermutlich nicht mal als Redakteurin. Sie hatten Normalgewicht und einen Hintern, runde Oberschenkel, einen weichen Bauch und breite Hüften. Sie sahen weiblich aus, konnten sich gesund ernähren und mussten sich nicht operieren oder retuschieren lassen. Nach aktuellen Maßstäben der kranken Modeindustrie würden sie als deutlich übergewichtig und viel zu breit gebaut gelten. Dies sieht die Medizin natürlich anders.

Körpervorschriften

Bereits seit langer Zeit gibt es rigide Körpervorschriften für Frauen. Vergangener Schönheitsterror soll hier nicht verharmlost werden. Das Korsett, hautenge Jeans, Pettycoat und hochhackige Schuhe waren (auch) früher schon ein Ärgernis und auch gesundheitlich schädlich für Frauen. Die momentane extreme Entfernung der Darstellungen des weiblichen Körpers von tatsächlichen Frauenkörpern in Fernsehen,

Internet, Werbung und Zeitschriften ist allerdings eine neue Entwicklung.

Was macht den Körper einer Mutter aus?

Auswirkungen der Schwangerschaft

Der weibliche Körper unterliegt durch Schwangerschaft, Geburt und Stillen vielfältigen Veränderungen. Am offensichtlichsten ist, dass die Haut – nicht nur am Bauch – stark gedehnt wird und oft auch reißt. Die Brust verändert sich mehrfach in ihrer Größe in relativ kurzer Zeit. Dies wirkt sich auf Haut und Brustgewebe aus. Durch hormonelle Umstellungen wird das Bindegewebe schwächer und gibt stärker nach. Auch ohne Dehnung der Haut können sich hormonbedingte Risse bilden. Das Becken wird dauerhaft breiter. Viele Mütter klagen nach der Geburt, dass sie längst ihr altes Gewicht wieder hätten, aber trotzdem nicht in die alten Hosen passen. Die Körperform hat sich verändert. Manche Frauen haben nach der Schwangerschaft sogar eine größere Schuhgröße.[24] Durch Wassereinlagerungen während der Schwangerschaft können sich die Form der Beine und Füße ebenfalls ändern.

Die Beschaffenheit der Haut und des Gewebes am Bauch werden nie wieder so, wie sie einst waren. Mütter können auch mit exzessivem Sport und Diäten ihren Bauch nicht wieder flach oder gar straff bekommen. Die meisten Frauen haben aber ohnehin für tägliche Sportexzesse keine Zeit, wenn erst mal ein Kind mit im Haus lebt. Nach der Geburt bzw. dem Abstillen ist fast der ganze Körper verändert. Insgesamt ist er weicher, nachgiebiger und runder geworden. Rückbildungsgymnastik ändert daran wenig. Auch wenn sie aus medizinischer Sicht absolut zu befürworten ist.

24 Vgl Vicki Iovine: Beim ersten Kind gibt's tausend Fragen. Alles was Ärzte nicht sagen, Männer nicht wissen und nur die beste Freundin verraten kann, München 2006, S. 404.

Mütter im Schönheits-Terror

Für viele Frauen bedeuten diese körperlichen Veränderungen, die Geburt und Schwangerschaft oder auch das Stillen mit sich bringen, einen gravierenden Einschnitt im Leben, der sich zu einer Krise auswachsen kann. Einen großen Teil ihrer Anerkennung und Wertschätzung konnten sie bislang ausschließlich über ihren Körper erlangen. Frauen werden auch im 21. Jahrhundert noch stark über ihr Äußeres bewertet und in vielen Bereichen einzig und allein für ihre »Attraktivität« beurteilt. Dies gilt auch für Mütter – wobei bei ihnen zudem der Mütterterror greift.

Weich = Unattraktiv

Was macht den »Schönheits«-Terror[25], dem alle Frauen ausgesetzt sind, zu einem besonderen Problem von Müttern? Mütter können dem Körperideal, das für andere Frauen schon kaum zu erreichen ist, nicht im Entferntesten gerecht werden. Fast alle Frauen fühlen sich nach der Schwangerschaft besonders unattraktiv. Alles, was den mütterlichen Körper ausmacht, schließt sich mit dem an Frauen herangetragenen Schönheitsideal aus. Der Körper einer Mutter ist weich. Ein »schöner«[26] Frauenkörper soll aber laut der medialen Propaganda straff und fest sein. Der Körper einer Mutter ist runder und breiter. Der Körper einer »attraktiven« Frau soll aber schmal gebaut und dürr sein. Der Busen einer Mutter ist weich und nachgiebig. Die Schönheitsindustrie fordert aber große, harte Brüste.

Der Model-Körper und der Mutter-Körper

Mager, straff und blutjung

Das derzeitige Schönheitsideal und der Körper einer Mutter könnten nicht unterschiedlicher sein. Der Model-Körper und der Mutter-

25 Mit »Schönheit« ist hier natürlich nicht objektiv »schön« gemeint oder die Auffassung dessen, was die Autorin als »schön« empfindet beschrieben. Mit »schön« und »attraktiv« wird hier bezeichnet, was laut Medien- Mainstream und der Mode- und Kosmetikindustrie und plastischer Chirurgie als schön dargestellt wird.

26 Wie Anmerkung 21.

Körper scheinen fast wie entgegengesetzte Pole. Sie schließen sich gegenseitig aus. Mode- und Kosmetikindustrie propagieren ein Schönheitsideal jenseits von Mutterschaft. Es sollen nur Frauen als attraktiv gelten, die keine Kinder haben. Diese Entwicklung geht mit dem Jugendwahn Hand in Hand. Von kinderlosen Frauen verspricht man sich mehr Jugendlichkeit als von Müttern (ihrer Altersklasse), und bei jungen Frauen erwartet man keine Kinder. Die Schönheitsindustrie fordert von Frauen, auf gar keinen Fall mütterlich auszusehen. Der Körper, den die Medien propagieren, ist schließlich mager, straff und blutjung.

Kunstkörper

Die staksigen, knochigen Models mit ihren hungrigen Blicken und ihren leeren Gesichtern wirken wie Kinder, die zu groß gewachsen sind und sich auf den Laufsteg verirrt haben. Genau das ist es nämlich, was den Model-Körper ausmacht: Kindlichkeit. Models sollen nicht jugendlich jung aussehen, sondern kindlich jung. Und tatsächlich werden diese Frauen auch immer jünger. Man muss eigentlich von Mädchen sprechen. Mit 14, 15 Jahren oder sogar noch jünger laufen sie Modenschauen. Aus den Zeitschriften schauen uns Mädchen und Frauen an, deren Becken so schmal und deren Oberschenkel so dürr sind, dass sie nicht mehr weiblich, sondern kindlich aussehen. Kein Wunder: es sind ja auch Kinder. Für Mütter ist dieses Körperbild besonders perfide. Sie haben Kinder, sind aber keine mehr. Es hört sich fast wie der Titel eines Horror-Films an: Die Mütter sollen nach der Geburt aussehen wie das Kind. Frauen dürfen – körperlich gesehen – nicht mehr erwachsen werden. Da eine Frau mit Kinderkörper natürlich längst nicht mehr über genügend Körperfett verfügt, um einen Busen zu haben, müssen hier Operationen nachhelfen. Es ist ein bizarrer Kunstkörper, der Frauen als Schönheitsideal verkauft wird.

Eine weitere unerfüllbare Aufgabe für Mütter

Der belastende Schönheitsterror, der Müttern jegliche Attraktivität abspricht, belastet sie zusätzlich zu dem Druck, der ohnehin schwer auf ihnen liegt. Das Schönheitsideal ist für sie unerreichbar. Das heißt

jedoch nicht, dass von ihnen nicht auch erwartet wird, es zu erreichen. Auch Mütter werden über ihr Äußeres bewertet und dabei gnadenlos an den propagierten Körpernormen gemessen und danach beurteilt. Mütter können sich dem nicht entziehen. Sie könnten nicht, ohne ausgegrenzt, ausgelacht und abschätzig als absolut unattraktiv eingeschätzt zu werden, nach dem Abstillen mit freiem Oberkörper am Strand liegen. Die meisten Frauen werden irgendwann Mütter, und fast alle Mütter haben Dehnungsrisse in der Haut am Bauch. Die meisten Frauen haben solche Risse jedoch noch nie gesehen, bevor sie sie selbst bekommen. Die sogenannten Schwangerschaftsstreifen in der Öffentlichkeit zu zeigen, ist ein absolutes Tabu. Keine Mutter mit diesen Überbleibseln der Schwangerschaft trägt im Schwimmbad Bikini oder zeigt sich in der Öffentlichkeit bauchfrei. Die meisten Menschen kennen diese Hautrisse – wenn nicht von dem eigenen Bauch oder der eigenen Frau – aus dem Fernsehen aus OP-Shows. Dort werden sie als abschreckend und operationswürdig dargestellt.

Mütter sollen dem Schönheitsideal also auch entsprechen. Nur fällt es ihnen noch schwerer, als es Frauen ohnehin fällt, so dass dieser Anspruch für sie weitreichendere Folgen hat. Mütter sollen nicht nur rund um die Uhr für die Familie funktionieren, sie sollen dabei außerdem so aussehen, wie sich die Medien »schöne Frauen« vorstellen.

Eine Unzahl von unmöglich erfüllbaren Aufgaben wird somit von Müttern erwartet. Daher ist das Gefühl, nicht zu genügen, etwas verkehrt oder schlecht gemacht zu haben, auch permanenter Begleiter von Müttern. Und die ausgeprägten Schuldgefühle und das schlechte Gewissen sind wiederum eine Hauptsäule des Mütterterrors.

3. Medienterror – Von Promi-Super-Müttern

Drei Wochen nach der Geburt auf dem Catwalk

Das medial inszenierte Schönheitsideal ist von Müttern noch deutlich schwerer auch nur annähernd zu erreichen, als dies für alle anderen Frauen schon der Fall ist. Im Fernsehen werden uns jedoch Models, Schauspielerinnen und Musikerinnen präsentiert, denen dies scheinbar dennoch gelingt. Heidi Klum, Angelina Jolie, Beyoncé Knowles und vielen weiteren fällt es – so hat es jedenfalls in der Berichterstattung den Anschein – überhaupt nicht schwer, den Anforderungen des rigiden Schönheitsdiktats gerecht zu werden. Sie werden sogar in puncto Attraktivität zum Vorbild für Mütter, aber auch für kinderlose Frauen ausgerufen.

Das Geheimnis der Promi-Mütter

Verblüffend ist vor allem, dass sie nicht nur angeblich wieder genauso aussehen wie vor der Schwangerschaft, sondern dass dies bereits wenige Wochen nach der Geburt schon so wirkt. Während ganz normale Mütter mit den körperlichen Veränderungen noch Monate und Jahre hadern, steht Heidi Klum drei Wochen nach der Entbindung schon wieder mit flachem Bauch auf dem Laufsteg. Auch eine zweite oder dritte Geburt kann den Model-Körpern der Promi-Mütter scheinbar nichts anhaben. Mütter jenseits vom Scheinwerferlicht strampeln sich im Kampf um gedehnte Haut, weiches Gewebe und Babybäuche ab und fragen sich, wie Verona Pooth und Co. physikalische und biologische Gesetze außer Kraft setzen können.

Was machen die Promi-Mütter anders?

Schönheits-OPs

Die Antwort ist so simpel wie erschreckend: Zum einen boomen in Hollywood beispielsweise die Kombi-OPs. Gerade wohlhabende Frauen buchen zum Kaiserschnitt gleich die Bauchdeckenstraffung dazu. Der Eingriff der plastischen Chirurgie erfolgt dann direkt im Anschluss an die Geburt. Überschüssige Haut muss sich nicht erst langsam zurückbilden und bleibt auch nicht erhalten. Sie ist bereits ent-

fernt, bevor das Neugeborene von seiner Familie begrüßt wird. Zum anderen verzichten viele der Stars und Sternchen auf eine Schonfrist, was körperliche Betätigung angeht. Ungeachtet der Auswirkungen, die ein Fitnessprogramm noch während der ersten Wochen nach der Geburt auf den Beckenboden hat, sporteln sie mit Personal-Trainern.

Wunsch-Kaiserschnitt

Die meisten berühmten vermeintlichen »Supermütter« haben zudem einen Wunsch-Kaiserschnitt machen lassen. Die besondere Belastung und Überdehnung des Beckenbodens, die eine natürliche Entbindung mit sich bringt, haben sie also vermieden. Ebenso haben sie die Weitung des Beckens umgangen, die bei einem Kaiserschnitt entfällt. Ihr Becken ist nach der Geburt also nicht breiter, als es vor der Schwangerschaft war. Man munkelt auch, dass diese Wunsch-Kaiserschnitte bereits mehrere Wochen vor dem errechneten Entbindungstermin durchgeführt werden. Die letzten Schwangerschaftswochen können sich die Model-Mütter dann sparen. In diesen Wochen wächst das Baby vor allem noch und legt an Gewicht zu. Lässt eine Schwangere diese Wochen aus, so wächst ihr Bauch nicht bis zur vollen Größe und ihr Beckenboden muss weniger Gewicht tragen. Sie riskiert allerdings auch, dass ihr Baby eventuell noch etwas unreif ist, seine Temperatur noch nicht alleine halten kann, mit dem Trinken oder Atmen oder mit einer ausgeprägten Neugeborenen-Gelbsucht Schwierigkeiten hat.

Die eigene Gesundheit wird verkauft

In Rückbildungskursen fragen die Teilnehmerinnen regelmäßig bei der leitenden Hebamme nach, weshalb auch vier Monate nach der Entbindung Volleyball und Joggen für sie tabu sein sollen, wenn Topmodels nach wenigen Tagen schon wieder laufen und springen. Dies liegt einfach daran, dass normale Frauen auf medizinische Ratschläge Rücksicht nehmen (können). Superstars verdienen mit jedem Tag, den sie früher wieder im Rampenlicht stehen, sehr viel Geld. Da wird ein ärztlicher Rat eben schnell mal in den Wind geschlagen. Wenn eine Promi-Mutter dann mit Mitte 40 inkontinent ist, kann sie schließlich immer noch anfangen, ihren Beckenboden zu trainieren oder sich wieder operieren lassen – so scheint jedenfalls der ausbeuterische Umgang mit dem eigenen Körper begründet zu werden. Und sind die ärztlichen Bedenken erst mal weggewischt, bleibt den Topmodels viel Zeit für die Fitness. Sie müssen nicht nebenbei den ganzen Haushalt bewältigen und zwei kleine Kinder betreuen. Sie haben Personal, das ihnen alle Unannehmlichkeiten aus dem Weg räumt.

Veranlagung

Zu guter Letzt sind die Beschaffenheit des Bindegewebes und Schwangerschaftsstreifen auch eine Frage der Veranlagung. Frauen, die kinderlos beinahe an das Barbie-Ideal der Medien heranreichen, werden diesem Schönheitsideal wohl auch nach der Geburt eines oder mehrerer Kinder eher nah kommen als andere Frauen.

Das Bild der »Supermütter« belastet alle »Rabenmütter«

In Zeitschriften und Fernsehen werden die prominenten Mütter häufig als leuchtendes Beispiel präsentiert. Sie können angeblich mit drei Kleinkindern Karriere machen, dabei stets top gestylt sein und augenscheinlich dem Schönheitsideal gerecht werden. Normale Frauen fragen sich, wie Personal Training, Fernsehauftritt, Yacht-Ausflug, Krabbelkurs, Gute-Nacht-Geschichten vorlesen und High-Society-Party in 24 Stunden von den Superstars geschafft werden können. In jedem Fall gehen sie davon aus, dass diese Mütter all solche Aufgaben tagtäglich bewältigen können. Unweigerlich fühlen sich ganz durchschnittliche Mütter minderwertig und unfähig. Denn ihnen würde es niemals gelingen, ein solches Tagespensum – auch noch mit einem Lächeln – zu schaffen. Dabei vergessen sie, dass sie eben ein ganz anderes Tagespensum erfüllen: Kinder zur Betreuung bringen, einkaufen, im Büro arbeiten, neue Brille vom Optiker abholen, Essen kochen, Wäsche waschen, Kinder baden, Hortplatzantrag ausfüllen und nachts zwei Mal für alptraumgeplagte oder durstige Kinder aufstehen.

Von den angepriesenen Topmodel-Müttern hat keine Hausarbeit, Fahrdienste, organisatorische oder bürokratische Aufgaben, Lebensmitteleinkäufe oder Kochen auf ihrem Tagesplan stehen. Die Kinder

werden zu Hause betreut, wenn jemand krank ist, kommt ein Arzt zum Hausbesuch. Die Nannys, Haushaltshilfen, Köche, Gärtner etc. sind rund um die Uhr anwesend und halten den berühmten Müttern den Rücken frei.

Diese Frauen also der normalen Leserinnen- oder Zuschauerinnenschaft als vorbildliche Mütter vorzuhalten, ist perfide. Nicht nur, weil ein unrealistisches Bild einer »guten Mutter« vermittelt wird, das von den allermeisten Frauen niemals erreicht werden kann. Es stellt sich überhaupt die Frage, ob es den Kindern dieser Promi-Eltern tatsächlich so gut geht. Sie stehen häufig ebenfalls im Rampenlicht, werden oft mit vermarktet, sind ständig auf Reisen, und sowie das Telefon klingelt, werden sie an die Nanny wegorganisiert. Wenn sie Fieber haben, sind die Eltern im Zweifelsfall gerade bei einem Gala-Dinner und lassen meist Volksnähe und Bodenhaftung vermissen.

Neue Vorbilder braucht das Land

Statt Frauen als Vorbilder zu inszenieren, die kein auch nur annähernd normales Mütterleben führen, sollten Vorstellungen starker bodenständiger Frauen Eingang in die Eltern-Zeitschriften und Fernsehberichte finden. Den Leserinnen wäre damit gedient, wenn Mütter gezeigt würden, die sich nicht von den widersprüchlichen Anforderungen, die an sie gestellt werden, zerreiben lassen. Die Zuschauerinnen sollten sich nach einem Bericht über andere Mütter und Eltern nicht schlecht und ungenügend fühlen müssen. Wirklich interessant und hilfreich sind Beiträge über authentische Frauen, die thematisieren, dass Mütter keine Übermenschen sind, nicht sein sollten und nicht sein können.

Wenn die Medien über Mütter berichten, die Probleme bei der Vereinbarkeit von Beruf und Familie haben und gleichzeitig politische und gesellschaftliche Lösungen und Unterstützungen vorschlagen, brauchen Mütter keine Schuldgefühle mehr zu haben. Sie erkennen dann, dass ihre Schwierigkeiten struktureller Natur sind und in ihrem Umfeld, dem Mütterbild und den gesellschaftlichen Voraussetzungen begründet sind. Frauen brauchen keine Artikel und Fernsehbeiträge, die ihnen einreden, dass alle Schwierigkeiten ihre ganz persönlichen Probleme sind und nur durch ihr persönliches Scheitern und ihre eigene Unfähigkeit verursacht werden. Nach der Lektüre von Zeitungen für Eltern sollen sie sich nicht mehr fragen müssen »Bin nur ich so schlecht?« oder »Warum schaffe ich das denn dann nicht?«. Sie sollten sich sagen können: »Ich mache nichts verkehrt. In dieser Gesellschaft läuft etwas falsch.«

VI. Einzelkämpfer-Feminismus

—+—

Dringend empfehlenswert: ein ehrlicher Austausch

Medienberichte über Promi-Super-Mütter vermitteln Frauen das Gefühl, ihre Probleme bei der Vereinbarkeit von Beruf und Familie seien ganz persönlicher Natur. Wie gelingt es Zeitschriften ihren Leserinnen einzureden, dass Schwierigkeiten mit der Mutterrolle einzig und allein in ihrer eigenen Unfähigkeit begründet seien? Den Müttern fehlt das Wissen darüber, dass alle anderen Frauen auf die gleichen Hürden stoßen wie sie selbst. Sie haben den Eindruck, dass außer ihnen alle anderen problemlos das meistern, was ihnen so schwer fällt. Damit ihr vermeintlich eigenes Versagen nicht publik wird, stellen sie sich nach außen als fröhliche Mütter dar, die mit allem gut zurechtkommen. Macht jedoch eine von ihnen den Anfang und klagt anderen Frauen von ihrem Unglück mit der Mutterrolle und dem alltäglichen Mütterterror, dann kann sie oft auch ihre Leidensgenossinnen zu ehrlichen Schilderungen ihres Alltags und ihrer Gefühle bewegen.

—+—

Terror-Ursachen gemeinsam identifizieren

Ehrlichkeit

Frauen müssen ehrlich darüber berichten, dass sie keinen Babybrei selbst kochen, dass sie völlig übermüdet sind, dass sie kaum noch wissen, wie sie den Haushalt bewerkstelligen sollen, dass sie so schnell wie möglich wieder arbeiten wollen, dass sie sich mehr Mitarbeit von den Vätern wünschen und dass sie sich Schöneres vorstellen können, als in jeder Minute ein Baby um sich zu haben. Frauen erfahren so, dass die unvereinbaren Ansprüche, die an Mütter herangetragen werden, von keiner Mutter erfüllt werden. Somit nimmt dann auch der Druck ab, dem Bild einer »perfekten Mutter« entsprechen zu müssen. Zudem können die Schwierigkeiten, die sie haben, als strukturell und gesellschaftlich bedingt identifiziert werden. Der Mangel an Betreuungs-

plätzen ist dann Schuld an den Problemen der Mütter und nicht etwa ihr eigenes Unvermögen, länger zu Hause zu bleiben. Die Männer, die immer noch viel zu wenig im Haushalt und der Kinderbetreuung mitarbeiten wollen, sind Grund für täglichen Ärger und Stress und nicht die eigene Unfähigkeit, mit einem Traditionalisten zusammenzuleben. Das gesellschaftliche Mutterbild ist frauenfeindlich und der eigene Wunsch nach fünf Minuten Pause nicht anmaßend.

Frauen gemeinsam sind stark

Ein humanes Mutterbild vertreten

Wenn Mütter bemerken, was ihnen das Leben tatsächlich schwer macht, können sie beginnen, für ein humanes Mutterbild zu plädieren und politische und private Forderungen zu stellen. Sie würden ihrem Bedürfnis nach mehr Betreuungsplätzen mit besseren Betreuungszeiten Gehör verschaffen. Sie könnten sich für bessere Regelungen für Arbeitnehmende einsetzen, beispielsweise für den Fall, dass Kinder krank sind. Von ihrem Partner würden sie die Übernahme von Haushaltstätigkeiten oder Erziehungsaufgaben einfordern. Und von der Bundesregierung können sie die Ausweitung der Vätermonate (bzw. Partnermonate) verlangen. Es wäre ihnen möglich, sich tatsächlich für eine Verbesserung der Lage von Müttern stark zu machen. Sie wären keine Einzelkämpferinnen mehr, die den Kampf mit ihrem eigenen Alltag aufnehmen. Sie würden gemeinsam die Probleme bei der Wurzel packen.

Doch hierfür müssten sie sich zuallererst untereinander offen austauschen. Sie müssen die Angst, als Rabenmutter abgestempelt zu werden, überwinden und öffentlich sagen, was sie alles nicht leisten können. Nur dann kann für Aufklärung gesorgt werden, nur dann werden Mütter merken, dass vieles von dem, was sie täglich versuchen, gar nicht zu leisten ist.

Der neue Einzelkämpfer-Feminismus

Die strukturelle Seite des Problems

Frauen stehen in dem Ruf, über alles Denkbare zu kommunizieren. Weshalb fällt ihnen hier dieser offene Austausch aber so schwer? Die junge Generation von Frauen verstummt nicht nur dann, wenn es um eine ehrliche Schilderung des Mütteralltags geht. Viele andere frauenpolitische Themen werden ebenfalls totgeschwiegen. Sie sprechen lieber über sich und ihre ganz persönliche Situation, als über strukturelle Ungleichheiten zu reden. Hervorragend ausgebildete Frauen in den Dreißigern überlegen, ob ihr Kollege wohl mehr verdient, weil er vielleicht bessere Leistungen erbringt. Sie betrachten sich als losgelöst von anderen Frauen und können daher nicht erkennen, dass sie kein Einzelfall sind. So können sie sich auch nicht dafür einsetzen, dass Frauen und Männer gleich bezahlt werden. Es scheint so, als wenn alle Frauen im Berufsleben ab einem bestimmten Zeitpunkt gegen die gläserne Decke stoßen und nicht erkennen, dass ihnen die Führungsposition allein aus sexistischen Gründen verwehrt bleibt. Sie bemerken nicht, dass diese gläserne Decke für alle Frauen existiert und eine Benachteiligung aufgrund des Geschlechts darstellt. Stattdessen suchen sie den Fehler bei sich selbst und glauben, sich noch mehr anstrengen und noch mehr leisten zu müssen. Sie rackern sich ab, während die Jungs Jobs und Geld bei einem Bierchen untereinander aufteilen.

Karrieretauglichkeit von Müttern beweisen

Eine Frage des Willens?

Frauen mit Kinderwunsch, Schwangere oder Mütter vor dem Wiedereinstieg geben häufig lauthals von sich, beweisen zu wollen, dass Karriere mit Kindern möglich ist. Sie kämpfen an einer einsamen Front – nämlich in ihrem Privatleben. Sie glauben, dass alle Hürden überwindbar sind und dass es nur eine Frage des Willens ist, ob man Beruf und Familie vereinbaren kann. Dies zeigt auch, wie sehr sie andere Frauen unterschätzen. Was ist mit den Müttern, die Vollzeitjob und Kinder nicht unter einen Hut bekommen – von einer Karriere mal ganz zu Schweigen? Strengen sie sich nicht genug an? Sind sie nicht flexibel und clever genug, um Lösungen für Probleme zu finden?

Weshalb denkt jede Frau für sich: »Mag sein, dass es außer mir keine schafft, aber ich packe das schon?« Die Schwierigkeiten, die sich bei der Vereinbarung von Beruf und Familie ergeben, werden in der gesellschaftlichen Wahrnehmung zu wenig kommuniziert.

Was keine Mutter wirklich antizipiert

Die Anstrengungen und Notfälle, die auftreten, sind den meisten Müttern nicht bekannt. Sie müssen erst selbst erleben, was es heißt, zur Arbeit gehen zu müssen, aber ein krankes Kind zu Hause zu haben. Die Erfahrung, nach einem Urlaub mit Kindern absolut urlaubsreif zu sein oder dass zwei Kinder sich ohne Probleme sechs Wochen am Stück mit Krankheiten abwechseln können, müssen sie selbst machen. Niemand hat ihnen vorher gesagt, dass sie sich nach einem anstrengenden Arbeitstag nicht mehr erholen können. Genauso wenig haben sie ein erholsames Wochenende. Ausschlafen gehört der Vergangenheit an – selbst wenn sie von der langen Konferenz am Vortag erschöpft sind. Feierabend ist in Zukunft immer zur selben Zeit: Nämlich dann, wenn sie hundemüde ins Bett plumpsen. Wobei auch überraschende Nachtschichten nicht ausgeschlossen sind. Und ans Bett wird sie eine schwere Grippe natürlich auch nicht mehr so häufig fesseln: denn kranke Eltern sind immer noch gute Eltern. Jedenfalls gut genug, um mit letzter Kraft die Kinder zu bespaßen und versorgen.

Die Quadratur des Kreises

Haushaltstätigkeiten

Arbeiten beide Elternteile Vollzeit, müssen sie sich fragen, wann und von wem der Haushalt erledigt werden soll. Selbst wenn sie eine Haushaltshilfe stunden- oder tageweise engagieren, fallen jeden Tag unzählige Aufgaben an, die eventuell noch von ihnen selbst zu erledigen sind:

Schuhe putzen, eingepinkelte Kleidung auswaschen, Geschirrspüler einräumen, Müll rausbringen, Tisch decken und abräumen, Essen kochen, Einkaufen, etwas aufwischen oder abwischen, schmierige Brillen putzen, verklebte Händchen waschen, Grußkarten schreiben, Kinder baden, Kinderzimmer aufräumen, Medikamente besorgen, Geburtstagsgeschenk kaufen, Post wegbringen, Formulare und Anträge ausfüllen, verbogene Brillen zum Optiker bringen, Kindergärten besichtigen, Versicherungen kündigen und neue Versicherungen abschließen, Umzüge planen, Briefmarken kaufen, Kartons oder Koffer packen, Rasen mähen, Urlaub buchen, Auto zur Werkstatt bringen, aufgeschlagene Knie verarzten, Fußsäcke im Keller suchen, der Uroma zum Geburtstag gratulieren, Mäusefallen aufstellen, Gutenachtgeschichten vorlesen oder ausdenken, Toilettentrainer im Internet bestellen, kaputte Kinderhosen aussortieren etc. Und ganz nebenbei soll es Abendbrot geben, die Kinder sollen ins Bett gebracht werden, Eltern wollen selbst etwas essen oder sich mal frisch machen und vielleicht noch eine Freundin oder Schwester anrufen, um etwas zu besprechen.

Zwei Vollzeitjobs

Wann immer zwei Vollzeitjobs tatsächlich mit Familie zu vereinbaren sind, handelt es sich nicht um 50- oder 60-Stunden-Jobs oder Selbstständigkeit. Zudem müssen die Väter intensiv in Hausarbeit, Gartenarbeit, Kinderversorgung, organisatorische Verwaltungsaufgaben, Bürokratie und Wege, die zu erledigen sind, mit eingebunden werden. Ein dichtes soziales Netz aus Personen, die in der Nähe wohnen, helfen und einspringen können, wenn ein Notfall eintritt, ist ebenso unabdingbar. Und selbst wenn all diese Bedingungen erfüllt sind, kann es sein, dass die Vollzeiterwerbstätigkeit beider Eltern nicht mit den familiären Verpflichtungen vereinbar ist.

Einzelkämpfertum bewegt nichts

Möglich ist eine Erwerbstätigkeit insbesondere als Vollzeitkraft für Mütter also nur in den seltensten Fällen. Auf Kindergartenfesten ist es der Running-Gag schlechthin: mit einem Halbtagsbetreuungsplatz kann man nicht halbtags arbeiten gehen und mit einem Ganztagsplatz kann man kaum Vollzeit arbeiten. Unter Müttern, deren Kinder betreuungserfahren sind, ist die Problematik also durchaus bekannt und ebenso das Phänomen, dass unerfahrene Mütter die Schwierigkeiten meist vorerst nicht bemerken.

Müttern wird gerne von der Familie, dem eigenen Mann, Arbeitskolleginnen und -kollegen oder Bekannten und Freunden eingeredet, dass sie und *nur* sie die geeignete Person für die Kindererziehung und die Haushaltstätigkeiten sind. Dabei wird gerne mehr oder weniger direkt darauf verwiesen, dass *sie* als Mutter diese oder jene Aufgabe doch viel besser oder schneller oder einfacher erledigen könnte. Die typischen Klischees sind beispielsweise:

- Ein Kind, das schreit, krank oder müde ist, sich weh getan hat, sehnt sich nach seiner Mutter und kann auch nur von dieser wirklich beruhigt werden.

- Eine gesunde vollwertige und schmackhafte Mahlzeit kann nur von der Mutter gut zubereitet werden.

- Windeln wechseln, Kleidung für das Kind auswählen, Babys baden etc. sind Tätigkeiten, die Mütter von Natur aus besser beherrschen als Männer bzw. Väter.

- Mütter sind viel sauberer, ordnungsliebender, gründlicher und reinlicher als Väter/Männer und sind daher prädestiniert für den Hausputz.

Opfer von Schmeicheleien

Selbst wenn Frauen nicht an diese biologistischen Vorurteile glauben, fühlen sie sich dennoch oft geschmeichelt davon. Sie verstehen diese Äußerungen oft nicht als Reduzierung ihrer selbst auf Haushalt und Mutterschaft – obwohl natürlich genau dies automatisch von Biologisten impliziert ist. Mütter sehnen sich sehr nach Wertschätzung, die ihnen oft verweigert wird. So freuen sie sich in erster Linie über Komplimente oder die Anerkennung ihrer Leistungen und Fähigkeiten. Sie fühlen sich geschmeichelt von der Vorstellung, etwas Einzigartiges leisten oder erschaffen zu können und nicht ersetzbar zu sein.

—+—

Doch Vorsicht: Es handelt sich hier um eine Falle! Es ist der alte Trick: Wenn man eine besonders unliebsame Aufgabe wegdelegieren möchte, versucht man einfach einer anderen Person einzureden, dass einzig und allein sie diese Aufgabe perfekt ausführen könne. Dahinter steckt die Idee, dass jemand, der sich geschmeichelt fühlt, bereit ist, auch unangenehme Aufgaben zu übernehmen. Besonders gut funktioniert dies bei Personen, die sich sehr nach Wertschätzung sehnen, während ihnen diese nur selten zuteil wird.

Auch hier haben wir es mit einer Form des Einzelkämpfer-Feminismus zu tun: Frauen, die auf diesen Trick hereinfallen, meinen einen Weg gefunden zu haben, um Anerkennung und Lob zu erhalten. Sie meinen, der klassischen Hausfrauenrolle entgehen zu können, wenn sie für die traditionelle Mutterrolle wenigstens wertgeschätzt werden. Ganz nach dem Motto: »Ich erledige den ganzen Haushalt allein und bin für die Kindererziehung zuständig. Doch ich mache das gerne, denn mein Mann erkennt meine Leistungen an und ist ganz begeistert von meinen häuslichen Talenten. Er selbst könnte das Bad nicht putzen – er übersieht ja jede Fluse. Um die Kinder ins Bett zu bringen, fehlt ihm das rechte Händchen und fürs Kochen ist er viel zu schusselig.«

Doch die pauschale Reduzierung von Frauen auf Tätigkeiten, die einem Mann lästig sind, damit er mit diesen ja nie belästigt wird, ist kein Schritt in Richtung Emanzipation!

Kritik muss politisch wirksam werden

Soll sich das Mutterbild wandeln und der Mütterterror enden, dann nützen Einzelkämpferstrategien nichts. Das gleiche gilt für andere frauenpolitische Ziele. Frauen gelangen nicht vermehrt in Führungspositionen, weil sie einsam an ihrem Arbeitsplatz vor sich hinstrampeln. Selbst wenn sie ihre Arbeit schneller und besser erledigen als die Männer: Das ändert rein gar nichts an der Ungleichbehandlung. Erkennen können Frauen dies, wenn sie gesellschaftliche Missstände nicht länger als persönliches Scheitern verstehen. Frauen müssen sich solidarisieren und Ungerechtigkeiten anprangern. Ihre Kritik und Veränderungswünsche müssen in Politik, Medien, Gewerkschaften etc. getragen werden.

Ist das Private noch politisch?

Wie kommt es dazu, dass Frauen das Politische wieder als privat ansehen? Hierfür gibt es vor allem zwei Gründe:

1. Die Ziele und Erkenntnisse der Frauenbewegung der 1970er-Jahre sind jungen Frauen oft nicht bekannt. Was nicht heißt, dass ihnen die erste Frauenbewegung Ende des 19. und Anfang des 20. Jahrhunderts, die Suffragetten oder der Kampf um das Frauenwahlrecht etwas sagt. Die Frauenbewegung wird nicht in der Schule im Geschichtsunterricht behandelt. Sie hat keinen Eingang in die schulischen Lehrpläne gefunden. In Niedersachsen wird einzig im Kerncurriculum für das Gymnasium – gymnasiale Oberstufe für das dritte Oberstufen-Halbjahr ein Wahlmodul zum Thema »Die Stellung von Frauen und Männern im 20. Jahrhundert« vorgeschlagen. Zwei Wahlmodule müssen in jedem Halbjahr behandelt werden. Es stehen acht Wahlmodule zur Auswahl. Der Begriff »Frauenbewegung« fehlt aber sogar hier. Und bei Gleichbehandlung aller Wahlmodule beträgt die Chance gerade Mal 25%, dass dieses Thema behandelt wird. Im Kerncurriculum für die Hauptschule und für die Realschule fehlen die Frauenbewegungen oder auch die »Stellung von Frau und Mann« komplett!

Ein Skandal! Wie kann die wichtigste Revolution des 20. Jahrhunderts, die für über 50% der Bevölkerung das Leben massiv verändert hat, die aus Sklavinnen freie Bürgerinnen gemacht hat, aus dem Schulunterricht ausgeklammert werden?

Die Kerncurricula für den Unterricht an allgemeinbildenden Schulen werden zum Großteil von Männern und Frauen festgelegt, denen es offenbar an politischem Bewusstsein und historischen Kenntnissen mangelt.

Das Wissen um die Frauenbewegung wird dadurch nicht in nachfolgende Generationen weitergetragen. Gerade unter jüngeren Frauen und Männern herrschen nun äußerst fragwürdige Ansichten über Frauenrechtlerinnen und die Frauenbewegung. Viele wissen nicht, dass die Bewegung der 1970er-Jahre nicht die erste Frauenbewegung war. Oft behaupten junge Frauen und Männer, dass die Frauenrechtsbewegung männerfeindlich sei, und die meisten sind nicht darüber informiert, welche Gesetzesänderungen es wann gab. Ohne eine richtige historische Bildung können auch heutige Ereignisse nicht im richtigen Rahmen beurteilt werden.

2. Mädchen werden seit Jahrhunderten dazu erzogen, sich selbst zurückzunehmen, bescheiden zu sein, auf eigene Leistungen nicht laut und offen stolz zu sein, einen auftretenden Fehler immer zuerst sich selbst zuzuschreiben als einem anderen. Durchschlagende Veränderungen können in den Erziehungszielen nicht von heute auf morgen umgesetzt werden. Frauen, die sich vornehmen, ihre Töchter anders zu erziehen, können ihre eigenen Kindheitserfahrungen nicht vollständig ausklammern. Sie wirken nach und ganz unbewusst beeinflussen sie die Erziehung. Außerdem vergessen viele Eltern, dass sie selbst als Vorbilder fungieren. Es nützt nicht viel, seinem Sohn beibringen zu wollen, dass Hausarbeit auch von Männern erledigt werden soll, wenn der Vater abends vor dem Fernseher sitzt, während die Mutter bügelt, Wäsche legt und den Geschirrspüler ausräumt. Häufig lebt man den Kindern das Gegenteil von partnerschaftlicher Arbeitsteilung vor.

Siehe unter anderem: Niedersächsisches Kultusministerium (Hg.): Kerncurriculum für das Gymnasium Schuljahrgänge 5–10 Geschichte, Hannover 2008, http://db2.nibis.de/1db/cuvo/datei/kc_gym_gesch_08_nib.pdf (Stand: 05.05.2012).

Niedersächsisches Kultusministerium (Hg.): Kerncurriculum für das Gymnasium – gymnasiale Oberstufe Geschichte, Hannover 2011, http://db2.nibis.de/1db/cuvo/datei/kc_geschichte_go_i_03-11.pdf (Stand 05.05.2012).

Niedersächsisches Kultusministerium (Hg.): Kerncurriculum für die Realschule Geschichte, Hannover 2008, http://db2.nibis.de/1db/cuvo/datei/kc_rs_gesch_08_nibis.pdf (Stand: 05.05.2012).

Niedersächsisches Kultusministerium (Hg.): Kerncurriculum für die Hauptschule Geschichte, Hannover 2008,http://db2.nibis.de/1db/cuvo/datei/kc_hs_gesch_08_nibis.pdf (Stand: 05.05.2012).

Es dauert viele Generationen, bis Mädchen nicht mehr durch ihre Sozialisation dazu angehalten werden, sich selbst zu unterschätzen und Männer zu überschätzen. Solange sie jedoch Schuld und Fehlverhalten eher bei sich als bei anderen suchen, nehmen sie immer wieder politisch motivierte Ungerechtigkeiten hin. Sie erleben diese nicht als politisch, sondern denken, dass sie durch ihr eigenes persönliches Versagen gerechtfertigt sind.

VII. Weiblicher Narzissmus bei Müttern

Was ist weiblicher Narzissmus?

Die Diplom-Psychologin Dr. Bärbel Wardetzki hat bei ihrer fast zehnjährigen klinischen Arbeit mit narzisstischen Persönlichkeitsstörungen festgestellt, dass es bei Frauen oft eine spezielle Form des Narzissmus gibt. Sie hat daraufhin in Zusammenarbeit mit Dr. Konrad Stauss das Konzept des »Weiblichen Narzißmus«[27] entwickelt. Betroffen waren zumeist bulimiekranke Patientinnen, die bei ihr in Behandlung waren. Wardetzki fand heraus, dass sich die Therapie nicht ausschließlich auf die Essstörung konzentrieren darf, da diese eher als Symptom einer zugrunde liegenden Krankheit angesehen werden muss.[28]

Gestörter Selbstwert

Narzissmus stellt eine Selbstwertstörung dar. Der von Wardetzki beschriebene weibliche Narzissmus ist meist bei Frauen anzutreffen und der männliche Narzissmus vorwiegend bei Männern. Der weibliche Narzissmus ist gekennzeichnet durch einen nicht unerheblichen Unterschied zwischen Außenwirkung und innerer Gefühlswelt der betroffenen Patientinnen. Nach außen wirken sie stark, selbstbewusst, gefestigt, aktiv und dynamisch, während sie sich innerlich depressiv, ängstlich und unsicher fühlen.[29] Die Persönlichkeit der Bulimikerinnen zeichnet sich durch tiefe Selbstzweifel und Widersprüche aus. Sie leiden

> »unter Minderwertigkeitsgefühlen, obwohl sie erfolgreich sind, werten sich ab, obwohl sie gut aussehen, lassen sich auf keine feste Beziehung ein, obwohl sie große Sehnsucht danach haben.«[30]

---

27 Vgl. Bärbel Wardetzki: Weiblicher Narzißmus. Der Hunger nach Anerkennung, 16. Aufl., München2004.

28 Vgl. ebd., S. 8ff.

29 Vgl. ebd., S. 22f.

30 Ebd., S. 23.

Davon betroffen sind weit mehr Frauen als nur die Ess-Brechsüchtigen. Dr. Bärbel Wardetzki fand ganz ähnliche Persönlichkeitsstrukturen bei weiteren Essgestörten, zum Beispiel Magersüchtigen, Frauen mit anderen Süchten wie Alkohol, Tabletten, Zigaretten etc. und auch bei Frauen, die keine Sucht haben.[31]

Wie verhalten sich Narzisstinnen?

Zwischen Allmacht und Ohnmacht

Narzisstische Personen haben kein stabiles Gefühl für sich selbst. Mal schätzen sie sich als großartig und grandios ein, halten sich für die Besten oder Schönsten und dann wieder werten sie sich ab, fühlen sich minderwertig, schlecht oder unattraktiv. Diesen Widerspruch bezeichnet Wardetzki als den zentralen narzisstischen Konflikt.[32] Sie beruft sich auf Alice Miller, die »Grandiosität und Depression für zwei Seiten einer Medaille«[33] hält.

Narzisstische Frauen haben nie gelernt sich selbst realistisch einzuschätzen. Sie haben ein stark gestörtes Selbstwertgefühl und halten sich eigentlich für unfähig, schlecht, schwach und hässlich. Da diese negativen Gefühle nur schwer auszuhalten sind, soll die Überschätzung und absolute Aufwertung der eigenen Person in Phasen der Grandiosität sie quasi über die schlechten Empfindungen hinwegretten.

Überanpassung

Frauen reagieren daher mit einer Überanpassung. Sie versuchen anderen Personen besonders zu gefallen und in deren Augen als freundlich, liebenswürdig und attraktiv zu gelten und eben nicht als minderwertig.[34] Sie haben ein unbändiges Verlangen nach Anerkennung und Bewunderung, glauben jedoch gleichzeitig diese nur für ihre liebenswerten, nach außen präsentierten Eigenschaften und Fähigkeiten oder Äußerlichkeiten zu erhalten und nicht für ihr wirkliches Selbst.[35] Im

31 Vgl. ebd, S. 23.
32 Vgl. ebd., S. 26.
33 Ebd., S. 27.
34 Vgl. ebd., S.27.
35 Vgl. ebd., S. 27.

Falle des Verlustes von Zuneigung und Bewunderung reagieren sie oft schwer depressiv. Denn narzisstische Frauen glauben nur dann liebenswert zu sein, wenn sie grandios sind und sich genau so verhalten, wie andere es sich wünschen.[36]

> »Sie setzen Bewunderung und Liebe fälschlicherweise gleich, das heißt ohne Bewunderung fühlen sie sich ungeliebt. Sie versuchen alles, um Anerkennung und Zustimmung zu erhalten. Nur dann fühlen sie sich angenommen, bestätigt und gemocht. Die Suche nach Bewunderung muß jedoch unbefriedigend bleiben, weil Bewunderung und Liebe ebennicht identisch sind. Bewunderung ist an ganz besondere Merkmale gebunden, Liebe dagegen richtet sich auf den ganzen Menschen mit seinen Stärken und Schwächen. Bewunderung bleibt daher eine Ersatzbefriedigung für den eigentlichen, nie erfüllten Wunsch nach Achtung, Annahme und Liebe.«[37]

Abhängig von der Meinung anderer

Besonders dramatisch ist dies für narzisstische Menschen, da ihre gesamte Selbstachtung und ihr Selbstwertgefühl stets von der Meinung anderer abhängig sind. Sie können kein stabiles Gefühl der Selbstachtung von innen regulieren.[38] Mit dem Versuch, sich vor anderen als grandios zu präsentieren, geht oft die Abwertung anderer einher. Dies zeigt bereits, dass kein gesundes Selbstwertgefühl vorhanden ist und narzisstische Frauen mit Minderwertigkeitsgefühlen im Verborgenen zu kämpfen haben, die sie so ausblenden wollen.

> »Das bedeutet, dass man ein gesundes Selbstwertgefühl daran erkennt, wie jemand mit sich und anderen Menschen umgeht. Er wird es in diesem Fall nicht nötig haben, sich oder andere ab- bzw. aufzuwerten.«[39]

[36] Vgl. ebd., S. 28f.
[37] Ebd., S. 29f.
[38] Vgl. ebd., S. 30.
[39] Ebd., S. 43.

Sich selbst nach außen aufzuwerten und als perfekt darzustellen, soll die eigene empfundene Mangelhaftigkeit überspielen und vor Minderwertigkeitsgefühlen schützen. Demselben Ziel dient es, andere Personen wiederum abzuwerten. Ganz unbekannt ist das nicht. Die Ansicht, dass ein Mensch, der andere schlecht zu machen versucht, eigentlich Minderwertigkeitskomplexe hat, ist weit verbreitet.

Woher kommt weiblicher Narzissmus?

Komplexität der Ursachen

Die eine bestimmte Ursache für diese Persönlichkeitsstörung gibt es nicht. Wardetzki selbst äußert, dass sie überhaupt ungern von Ursachen spricht, da dies fälschlicherweise den Eindruck vermitteln würde, es gäbe eindeutige Kausalzusammenhänge. Sie lehnt vereinfachende Erklärungen wie »Aus Ereignis A folgt die Persönlichkeit oder Störung B« ab.[40] Vielmehr spielen viele verschiedene Faktoren eine Rolle, die außerdem wechselseitig wirken. Einzelne Ereignisse sollten also nicht überbewertet werden.

> »Es sind [...] selten die einzelnen Erziehungsmaßnahmen oder Erlebnisse aus der Vergangenheit für die Persönlichkeitsentwicklung entscheidend, sondern mehr die Art und Weise, wie ein Kind sie verarbeitet hat.«[41]

Wardetzki beschreibt eine Reihe von Vorkommnissen und Faktoren, die sie insbesondere in der Kindheit der meisten narzisstischen Patientinnen vorfinden konnte. Hier werden im Folgenden nur einige dieser Faktoren aufgezählt.

40 Vgl. ebd., S. 23.

41 Ebd., S. 23f.

Lieblosigkeit und Verwöhnen

Empathiemangel

Die Beziehungen eines Säuglings zu seinen ersten Bezugspersonen stehen oft in Zusammenhang mit der narzisstischen Störung. Begegnen dem Kind in jungen Jahren Lieblosigkeit und mangelnde Einfühlung oder aber Überbehütung und Verwöhnung, fühlt sich das Kind nicht erkannt und angenommen mit all seinen Schwächen und Stärken.[42] So gehen manche Eltern beispielsweise überhaupt nicht auf die Gefühle ihres Kindes ein und ignorieren diese. Dies geschieht nicht bewusst. Sie können sich nicht in die Lage des Kindes einfühlen und keine Empathie zeigen. Weint ein Kind, weil sein Spielzeug kaputt ist, dann können Eltern ihm zu verstehen geben, dass sie seine Trauer verstehen und wissen, dass ihm das Spielzeug wichtig war. Oder aber sie können sich in die Lage des Kindes nicht hineinversetzen und fordern das Kind auf, mit dem Weinen aufzuhören, da es sich ja nur um ein Spielzeug handeln würde. Das Kind weiß dann gar nicht mehr, was es empfinden soll. Es ist traurig, kann aber angeblich nicht traurig sein. Es beginnt seinen eigenen Gefühlen zu misstrauen.

Geschlechtsspezifische Aspekte

Gerade von Jungen wird oft erwartet, dass sie ihre Gefühle ignorieren und verdrängen. Oft wird ihnen dann gesagt, dass »ein Indianer keinen Schmerz kennt« oder »ein Junge nicht weint«. Auch hier lernen die Kinder, sich nach außen anders zu zeigen, als sie sich innerlich fühlen.

Übervorsichtigkeit

Verwöhnung durch übervorsichtige Eltern hat meist einen ähnlichen Effekt. Sie nehmen dem Kind stets Tätigkeiten ab, die es längst kann, wie zum Beispiel sich allein anzuziehen, das Kinderzimmer aufzuräumen oder die Schultasche zu packen. Selbstständigkeit und Autonomie des Kindes werden so stark beschnitten. Es kann sich nicht frei entfalten und weiterentwickeln und Selbstständigkeit lernen. So schreibt Wardetzki:

[42] Vgl. ebd., S. 39.

»Denn auch 'primär Verwöhnte (sind) immer sekundär Frustrierte'.«[43]

Mangelndes Zutrauen

Auch hier wird das Kind nicht in seinen Fähigkeiten und seinem Entwicklungsstand so erkannt und akzeptiert, wie es ist. Eltern halten es für weniger autonom und trauen ihm nicht so viel zu. Das Kind weiß dann kaum, ob es seinen eigenen Vorstellungen über seine Fähigkeiten und Stärke vertrauen kann oder ob es sich selbst überschätzt. Es kann in jedem Fall kein richtiges Gefühl für sein eigenes Selbst, seine eigene Identität und Gefühle herausbilden.

Verlassen des Kindes

Trennungs- oder Verlassenheitssituationen kommen ebenfalls häufig bei narzisstischen Personen in der frühen Kindheit vor. Wird ein sehr junges Kind mehrere Tage allein gelassen, ohne dass Mutter oder Vater durch eine andere Bezugsperson, z.B. eine Tagesmutter, Großeltern oder eine Pflegefamilie ersetzt werden, führt dies zu einer depressiven Verstimmung beim Kind.[44] Gerade in den ersten zwei Lebensjahren führt ein solches Verlassen eines Kindes zu Überlebensängsten. Das Kind ist noch nicht in der Lage, von sich auf andere zuzugehen, es ist auf die Zuwendung anderer in besonderer Weise angewiesen. Da sein Überleben von den Eltern abhängt, entwickelt es Überlebensstrategien in Trennungssituationen. Das Kind wird versuchen es den Eltern recht zu machen und allen an es gestellten Anforderungen nachkommen.

»Es [das Kind, Anm. der Verf.] wird nach außen ein Selbst aufbauen, das nicht ihm entspricht. Man kann es 'falsches' Selbst nennen,

43 Bärbel Wardetzki: Weiblicher Narzißmus. Der Hunger nach Anerkennung, 16. Aufl., München 2004. Wardetzki bezieht sich dabei selbst auf Raymond Battegay, der schreibt: »Der Londoner Psychoanalytiker W. Schindler (1968) gab dieser Tatsache so Ausdruck, daß er sagte, daß primär Verwöhnte immer sekundär Frustrierte seien.«
Raymond Battegay: Die Hungerkrankheiten. Unersättlichkeit als krankhaftes Phänomen, erw. Ausg., Frankfurt am Main 1987, S. 42.

44 Vgl. ebd., S. 58f.

Maske oder Fassade. Das 'falsche' Selbst ist somit ein Überlebensmechanismus, der in der Kindheit das Überleben des Kindes sichert. Wenn ein Kind jedoch früh beginnt, eine Maske aufzusetzen, dann wird es in der Folge sein anderes Selbst, das es auch noch ist, immer weniger spüren.«[45]

Auch hier fällt die Identität des Kindes auseinander in eine nach außen präsentierte Maske und ein innerliches Empfinden, das sich davon unterscheidet.

Das Kind soll einem bestimmten Bild entsprechen

Gespaltene Selbstwahrnehmung

Für die narzisstische Persönlichkeit ist typisch, dass innere Gefühlswelt und Außenwirkung vollkommen auseinanderfallen. In der Folge wissen die Betroffenen selbst nicht, welche dieser »zwei Personen« sie eigentlich sind. In der Kindheit der Patientinnen waren es oft die eigenen Eltern, die wollten, dass ihr Kind einem bestimmten Bild entspricht und sich ganz nach ihren Vorstellungen verhält.[46] Häufig sollten diese Kinder ihren Eltern auch nicht widersprechen oder sich keine eigene Meinung bilden.[47]

Jegliches Abweichen von den Erwartungen der Eltern wurde mit Argwohn betrachtet. Die Rückmeldung, die ein Kind auf diese Weise bekommt, könnte folgendermaßen verstanden werden: So wie Du wirklich bist, bist Du nicht in Ordnung. So wie Du bist, können wir Dich nicht lieben.

Das Kind soll sich stets genau so verhalten und fühlen, wie die Eltern es sich wünschen. Es soll die Erweiterung ihrer eigenen Wünsche sein. Eigenständigkeit, eigene Ansichten oder Widerspruch werden nicht geduldet oder werden sogar bestraft.

45 Ebd., S. 40.

46 Vgl. ebd., S. 35 ff.

47 Vgl. ebd., S. 70 ff.

Weitere Parallelen in der Kindheit von Narzisstinnen

Widerspiegelung von Gefühlen

Oft wurden den Patientinnen in ihrer Kindheit auch von den Eltern nicht ihre Gefühle und ihre Lage widergespiegelt. Das bedeutet, dass die Eltern sich eben nicht in die Situation, in der sich das Kind befand, hineinversetzen konnten, es falsch verstanden haben und auch dementsprechend falsch auf das Kind reagiert haben.[48] Dies ist zum Beispiel der Fall, wenn emotionale Bedürfnisse des Kindes als Hunger interpretiert werden und daher mit Essen gestillt werden.[49] Einem schreienden Baby wird dann stets Milch oder Brei angeboten, obwohl es vielleicht manchmal nur auf den Arm genommen werden möchte oder sich danach sehnt, dass sich eine Bezugsperson mit ihm beschäftigt.

Unabhängigkeit des Fühlens

Das Selbstwertgefühl kann ebenfalls gestört werden, wenn es in einer Familie aufwächst, in der die Grenzen zwischen den einzelnen Personen verschwinden. Wird einem Kind der Eindruck vermittelt, dass seine Gefühle auch die Gefühle der anderen Familienmitglieder sind, wird seine Vorstellung über seine eigene Identität beeinträchtigt. In manchen Familien herrscht das Motto »Mir geht es nur gut, wenn es Dir gut geht«.[50] Die Eltern vermitteln in diesen Familien ihren Kindern, dass sowohl negative als auch positive Gefühle eines Familienmitglieds eben dieselben Gefühle bei allen anderen Familienmitgliedern hervorrufen. Eine Mutter zeigt dort, dass sie sich nur gut fühlt, wenn es Mann und Kindern gut geht. Und wenn es dem Sohn schlecht geht, soll sich auch die Schwester schlecht fühlen. Ein eigenes unabhängiges Gefühlsleben wird den Kindern und Eltern somit nicht zugestanden. Die Individuen sind so auch nicht für ihre eigenen Empfindungen verantwortlich.

Kinder als Last der Eltern

Häufig berichten weibliche Narzisstinnen auch darüber, dass ihnen in ihrer Kindheit immer wieder von engen Bezugspersonen, meist

---

48 Vgl. ebd., S. 43.

49 Vgl. ebd., S. 66 f.

50 Vgl. ebd., S. 109.

der Mutter, mitgeteilt wurde, dass sie eine Last oder Belastung seien.[51] Oder aber die Eltern stöhnten oft »Hätten wir Dich nur nicht bekommen.« Auch in diesen Fällen ist der negative Einfluss auf das Selbstwertgefühl der Kinder sehr offensichtlich.

Weiblicher Narzissmus bei Müttern

Wardetzkis Konzept des weiblichen Narzissmus' ist hochinteressant für die Klärung des Verhaltens von Müttern untereinander. Gerade der Zwiespalt zwischen Grandiosität und Depression erinnert stark an die beiden Seiten des Mütterterrors. Einerseits haben Mütter große Schuldgefühle und ein permanent schlechtes Gewissen. Sie leben in ständiger Angst, etwas falsch gemacht zu haben, in der Erziehung zu versagen oder den vielen Erwartungen, die an sie gerichtet werden, nicht in Gänze nachkommen zu können. Darüber hinaus befürchten sie, dass andere von ihnen denken könnten, sie seien grauenhafte Mütter. Die Sorge, andere könnten schlecht über einen denken, ist den meisten Menschen wohl bekannt. Bei Müttern ist sie aber besonders stark ausgeprägt. Im Konzept des weiblichen Narzissmus ist dies die depressive, minderwertige Seite.

Bedürfnis nach Unantastbarkeit

Andererseits stellen Mütter sich anderen gegenüber oft als unantastbare Experten in Erziehungsfragen dar. Ihre Erziehungsweise, ihre Entscheidungen, ihre Lebensweise ist angeblich die einzig sinnvolle und alle anderen Mütter sollten am besten ebenso leben. Andere Arten, seine Kinder zu betreuen oder zu versorgen, werden scharf kritisiert und andere Mütter mit ungebetenen Ratschlägen und besserwisserischen Tipps belästigt. Dies ist entsprechend vergleichbar mit der Seite der Grandiosität.

Sowohl die weibliche Narzisstin als auch die Mutter haben ein gestörtes Selbstwertgefühl. Beide fühlen sich im Grunde minderwertig und fehlerhaft. Es fällt ihnen schwer, ihre Stärken und Schwächen realis-

[51] Vgl. ebd., S. 60 f.

tisch einzuschätzen und zu akzeptieren. Nach außen wirken jedoch beide stark und selbstsicher. Dabei soll die selbstbewusste Außenpräsentation über die depressiven Gedanken hinweghelfen. Genau wie die Patientinnen von Wardetzki glauben Mütter offenbar, nur für Perfektion und Grandiosität geliebt und anerkannt zu werden. Sie nehmen an, für ihr wahres Selbst und ihre tatsächlichen Eigenschaften und Mutterqualitäten würden andere sie verachten und schlecht von ihnen denken. Ihr Selbstwertgefühl ist von der Meinung anderer abhängig.

Sehnsucht nach Liebe

Dabei verwechseln sie Bewunderung mit Liebe. Sie sehnen sich nach Liebe, die man jedoch nur für sein tatsächliches Selbst erhalten kann. Nach außen zeigen sie aber nur Eigenschaften und Fähigkeiten, die sie für bewundernswert halten. So können sie bewundert, aber nicht geliebt werden. Wer sich stets hinter einer Maske versteckt, weil er befürchtet, die Person hinter der Maske könnte niemals geliebt werden, kann eben auch nicht für das, was er wirklich ist, geliebt werden.

Um die eigenen Minderwertigkeitsgefühle nicht so stark zu spüren, werten weibliche Narzisstinnen und Mütter andere ab. Das gestörte Selbstwertgefühl und die daraus resultierenden Verhaltensweisen der narzisstischen Patientinnen sind auch bei Müttern, die sich gegenseitig bekriegen, zu finden. Wardetzki schreibt ausdrücklich, dass ihr Konzept des weiblichen Narzissmus auf viele Frauen zutrifft. Dies gilt auch für Frauen, die keine Essstörungen haben oder auch gar kein Suchtverhalten aufweisen. Bei den meisten Frauen handelt es sich dann auch sicher nicht um pathologische oder behandlungsbedürftige Formen des Narzissmus. Dennoch wird die Lebensqualität davon stark beeinträchtigt und das gesamte soziale Umfeld vom Mütterterror tyrannisiert.

VIII. Unzufriedene Mütter und politische Verantwortung

Danke, emanzipiert sind wir selber!

Die Bundesministerin für Familie, Senioren, Frauen und Jugend, Dr. Kristina Schröder, hat im April 2012 ihr Buch »Danke, emanzipiert sind wir selber!« veröffentlicht. Darin beschreibt sie, dass sie als Schwangere und Mutter eben dieselben Vorwürfe und Anfeindungen zu spüren bekommen hat, die in diesem Buch als Mütterterror beschrieben werden. Und so schreibt sie: »Frausein heißt heute vor allem: Rechenschaft schuldig sein.«[52] Schröder legt dar, wie zuerst ihre Kinderlosigkeit kritisiert wurde und ihr später vorgeworfen wurde, Kind und Beruf zu vereinbaren. Ihr wurde klar, »was Schwangerschaft und Mutterschaft unter den Argusaugen der Medien bedeuten: einen festen Platz am Pranger, wo weibliche Lebensentwürfe als Einladung zu öffentlichen Beifalls- und Missfallensbekundungen zur Schau gestellt werden.«[53] Auch dass es vor allem Frauen sind, die anderen Frauen das Leben mit giftigen Kommentaren schwer machen, ist der Bundesministerin aufgefallen. So weit, so gut.

Feindbild: Feminismus

Die Schrödersche »Ursachenanalyse«

Doch was meint Kristina Schröder, woran es liegt, dass Mütter von anderen Frauen an den Pranger gestellt werden? Die große Unzufriedenheit mit der weiblichen Rolle ist es ihrer Ansicht nach nicht. Nein, Frauen scherten nur gerne alles über einen Kamm und könnten schwer aushalten, dass nicht mehr ein einziges Lebensmodell für alle gelte. Auf die plausibelste Schlussfolgerung, dass Menschen, die permanent andere kritisieren, offenbar vor allem mit einem unzufrieden sind, nämlich mit ihrem eigenen Leben, kommt Schröder nicht. Ihre Begriffsstutzigkeit ist kein Zufall. Stellt doch das strukturell verursachte Unbehagen der deutschen Frauen vor allem einer ein schlechtes Arbeitszeugnis aus: der Bundesfrauenministerin selbst.

52 Kristina Schröder, Caroline Waldeck: Danke, emanzipiert sind wir selber! Abschied vom Diktat der Rollenbilder, München 2012, S. 15.

53 Ebd., S. 17 f.

So lässt sich Schröders Buch auf einen einzigen Satz herunterbrechen: »Frauen und Mütter sind permanent schlecht gelaunt und bekriegen sich gegenseitig, aber das liegt an ihnen selbst (und den Feministinnen) und nicht an meiner Politik.«

Die Schrödersche Zielvorstellung

Frauen und Männer sollten, laut Schröder, ganz individuell nach Lust und Laune ihre Familie und/oder Karriere planen dürfen, ohne Eingriffe von außen. Eingriffe stellen für sie vor allem das Schaffen politischer Rahmenbedingungen dar, die an bestimmten Leitbildern (Karrieremutter, Hausfrau oder aktiver Vater) orientiert sind.[54] Vor allem aber verbittet sich Schröder, dass Feministinnen diejenigen Rahmenbedingungen kritisieren, die Geschlechtergerechtigkeit verhindern. Zur Gleichberechtigung von Mann und Frau hat Schröder nämlich ihre ganz eigene Phantasie:

1. Es gibt sie (zumindest theoretisch) schon längst.[55]

2. Für den Fall, dass 1. nicht zutrifft, wird es sie nie geben und damit müssen wir uns endlich abfinden.[56]

Unabhängig davon, welche dieser Möglichkeiten zutrifft oder den LeserInnen am besten glaubhaft gemacht werden kann – stets lautet Schröders Konsequenz, dass wir keine FeministInnen mehr brauchen und wollen.

Ihr Feindbild

Schröder hat ein Feindbild auserkoren: Frauenrechtlerinnen und Feministinnen, allen voran Alice Schwarzer. Dass sie von Schwarzer unlängst zurecht einige Kritik an ihrer Anti-Frauen-Politik einstecken musste, war offenbar die Hauptmotivation für dieses Buch. Schröders »Danke, emanzipiert sind wir selber« liest sich über lange Strecken wie eine Hassschrift gegen Alice Schwarzer und Feministinnen im Allgemeinen. Dabei muss man der Bundesministerin mangelhafte Lektüre-

54 Vgl. ebd., S. 216 f.

55 Vgl. ebd., S. 33.

56 Vgl. ebd., S. 145, S. 163.

festigkeit attestieren und kann die Abwesenheit jeglicher historischer Kenntnisse über die Frauenbewegung feststellen. Auch Alice Schwarzer scheint sie vor allem aus schlecht recherchierten Feuilleton-Artikeln zu kennen. Einen Blick in Schwarzers Bücher oder die Emma hat sie anscheinend nie riskiert. Vieles von dem, was Schröder in ihrem »Roman« über Schwarzer und generell über Feministinnen behauptet, ist komplett falsch. Da heißt es, Familie und heterosexuelle Partnerschaften wären die Feinde des Feminismus.[57] Feministinnen würden auch Männer als Feinde sehen und mit dem »gezückte[n] Messer«[58] zum »Krieg«[59] blasen. »Ein ganzes Weltbild bräche zusammen, wenn der Mann zum Verbündeten im Kampf für das feministische Anliegen gerechter Geschlechterverhältnisse würde!«[60]

Feministinnen halten Unterdrückung der Frauen aufrecht?

Ihr Vorwurf

Interessant wird es, wenn Schröder postuliert, dass Alice Schwarzer die ungleichen Geschlechterverhältnisse nicht bekämpfe, sondern zementiere: »Partnerschaft und Familie wurden als Orte weiblicher Unterdrückung beschrieben – das Glück und die Geborgenheit einer Familie dagegen hatten im Familienbild des frühen Feminismus keinen Platz.«[61] Wie kann man Feministinnen, insbesondere Alice Schwarzer, so falsch verstehen? Es ist schon ein abenteuerliches gedankliches Manöver, wenn man das Aufdecken von Unterdrückung innerhalb der Familie umdeutet in die Propagierung ebendieser. Alice Schwarzer hat nicht ein Familienbild verbreitet, das Glück und Geborgenheit abschafft. Sie und andere Frauenrechtlerinnen haben vielmehr die im Verborgenen stattfindende Entrechtung und Unterjochung der Frau aufgezeigt. Dies war bitter nötig und alle Generationen von Frauen können Schwarzer und Co. dankbar sein für ihr unermüdliches Enga-

57 Vgl. ebd., S. 31.
58 Ebd., S. 40.
59 Ebd., S. 40.
60 Ebd., S. 42.
61 Ebd., S. 31.

gement. Man kann sich kaum vorstellen, dass Schröder hiervon nichts weiß.

Um nur einige Errungenschaften auf diesem Gebiet zu nennen:

- die Möglichkeit einer straffreien Abtreibung[62],
- das Recht, ohne Erlaubnis des Ehemannes erwerbstätig sein zu dürfen (!!),
- die Einstufung von Vergewaltigungen in der Ehe als Straftatbestand (erst seit 1997!)[63],
- den rechtlichen Status des Offizialdelikts für Vergewaltigungen in der Ehe (erst seit 2004!).

Realitätsverlust

Alice Schwarzer hat nie behauptet, dass Frauen mit ihrer Familie nicht auch glücklich sein können. Sie hat aufgedeckt, dass nicht alle Frauen zu jeder Zeit (egal, wie sie behandelt werden) in der Familie glücklich sind. Und selbst, wenn sie sich glücklich wähnen, muss dies nicht von Dauer sein. Aber offenbar ist die Bundesministerin zu weit weg von den Sorgen der Bürgerinnen und Bürger. Sie hat vermutlich nie mit einer geschiedenen Mittvierzigerin gesprochen, die sich nach ihrem Studium die letzten 15 Jahre glücklich ausschließlich Haushalt und Kindern gewidmet hat. Seit der Scheidung lebt sie von Hartz 4

---

62 Vgl. StGB § 218.

63 Schröder schreibt hierzu auf S. 47: »Bis 1992 beispielsweise galt die Eheschließung in Deutschland als grundsätzliches Einverständnis zum Geschlechtsverkehr und damit de facto als Recht des Mannes auf Verfügbarkeit der Frau auch gegen ihren Willen.« Das ist so nicht richtig. Erst 1997 wurde der Tatbestand der Vergewaltigung auf das Erzwingen des ehelichen Beischlafs erweitert. Drei Monate vor Schröders 20. Geburtstag, am 16. Mai 1997, titelte die Zeit: »Endlich: Vergewaltigung in der Ehe gilt künftig als Verbrechen«. Schröder war zu der Zeit längst politisch aktiv. Als die Vergewaltigung in der Ehe 2004 ein Offizialdelikt wurde, war sie sogar schon im Bundestag. Sucht man über Google allerdings nach »Vergewaltigung«, »Geschlechtsverkehr« und »Ehe«, enthalten einige der ersten Treffer folgenden Teilsatz: »Bis 1992 war die Vergewaltigung auf den erzwungenen Geschlechtsverkehr außerhalb der Ehe beschränkt«. Ein Blick auf die entsprechenden Seiten und den Kontext zeigt allerdings, dass sich dieser Hinweis auf die Schweiz bezieht und nicht auf Deutschland. Hat Schröder als 20jährige Politikerin nicht aufgepasst und sich nun »vergoogelt«?

und sucht dringend einen Job. Da sie in ihrem Beruf nie oder sehr lange nicht gearbeitet hat, gäbe es verschiedene Möglichkeiten für die Sprachwissenschaftlerin, Ingenieurin oder Juristin: Hilfstätigkeiten für die teilweise nicht mal eine Berufsausbildung nötig gewesen wäre – wie Zeitungen austragen, an der Tankstelle Brötchen verkaufen, im Friseursalon fegen oder Tätigkeiten in der Raumpflege.

Mittlerweile wird jede 2. bis 3. Ehe geschieden. Das Ehegattensplitting legt Frauen immer noch nahe, zu Hause zu bleiben. Denn dank der steuerlichen Subventionierung der Hausfrauen-Ehe lohnt es sich für die wenigsten Frauen, wieder arbeiten zu gehen. Der Staat zahlt ihnen schlicht dafür, dass sie zu Hause bleiben, genau so viel, wie sie – abzüglich Betreuungskosten, Haushaltshilfengehalt oder Spritkosten – mit einer Berufstätigkeit verdienen könnten. Es ist menschlich, dass ein Hauptgrund für die Berufstätigkeit finanzielle Vorteile gegenüber der Arbeitslosigkeit sind. Dies ist bei Männern nicht anders als bei Frauen. Doch Müttern wird diese Motivation mit dem Ehegattensplitting einfach abgekauft. Das Unglück und die Verzweiflung, die sich dann bei denen wiederfinden, deren Ehe nicht gehalten hat, sind groß – und unserer Frauenministerin anscheinend gänzlich unbekannt.

Schröder hingegen will uns eine fertig-emanzipierte Gesellschaft verkaufen, in der Frauen gleichberechtigt seien. Die Unterdrückung der Frau ist ihrer Ansicht nach nur noch eine Wahnvorstellung von Feministinnen: »Wenn es in unserer Gesellschaft also einen Ort gibt, an dem die Unterlegenheit der Frau unverändert fortbesteht, dann ist es die Wahrnehmung des Weltanschauungsfeminismus«[64]. Die Erklärung, weshalb Feministinnen »ihre Schützlinge am liebsten abhängig halten«[65], liefert Schröder auch gleich mit: »Der Feminismus setzt die Schwäche und Unmündigkeit der Frauen als Prämisse voraus, um seine Existenzberechtigung aus der Absicht ableiten zu können, sie zu schützen.«[66] Frauen seien also laut Schröder nicht mehr benachteiligt.

---

64 Kristina Schröder, Caroline Waldeck: Danke, emanzipiert sind wir selber! Abschied vom Diktat der Rollenbilder, München 2012, S. 59.

65 Ebd., S. 51.

66 Ebd., S. 57.

Frauenrechtlerinnen würden nur versuchen, dies den Frauen einzureden, damit diese glauben, die Feministinnen im Kampf für die Gleichberechtigung noch zu benötigen. Dieser Einfall ist originell und die Idee, Alice Schwarzer sei ein Feind der Gleichberechtigung, ist in jedem Fall ungewöhnlich – ungewöhnlich dumm.

Behauptungen statt Beweisführung

Belege oder Zitate hat die Bundesministerin für all diese Behauptungen natürlich keine. Zwar zitiert sie so ziemlich jedes Buch, das in den letzten zehn Jahren zur Gleichberechtigung und zur Vereinbarkeit von Familie und Beruf geschrieben wurde, aber sie hat anscheinend keines dieser Bücher gelesen. An unstrittigen oder uninteressanten Stellen zitiert Schröder mal aus diesem, mal aus jenem Text. Wenn sie jedoch ihre hanebüchenen Behauptungen über Schwarzer und Co., einem Feuerwerk der Aggressionen gleich, abfeuert, findet sich weit und breit nicht mal eine Fußnote.[67]

Es genügt ein Blick in die Zeitschrift EMMA von Alice Schwarzer, die von Schröder besonders oft verleumdet und gnadenlos falsch verstanden wird, um zu erkennen, dass die Bundesministerin einem gewaltigen Irrtum aufsitzt. Die männerhassende Feministin ist ein Phantom. Da Schröder allerdings nicht die Erste ist, die Frauenrechtlerinnen unterstellt, sexfeindlich, männerfeindlich und familienfeindlich zu sein, liegt folgende Vermutung nahe:

Schröder hat sich wohl lediglich mit dem befasst, was ÜBER Feministinnen geschrieben wird, und nicht mit dem, was VON Feministinnen geschrieben wurde.

Unsere Bundesministerin ist von ihrer fixen Idee, Frauenrechtlerinnen seien gegen Männer und Familien, so vereinnahmt, dass sie schließlich ihre ‚eigenen' Ideen vom Geschlechterverhältnis als Gegenentwurf zum Besten gibt. So schreibt sie, dass das »Anliegen der Gleichberechtigung heute längst kein exklusiv weibliches mehr ist und dass es sich für die junge Frauengeneration lohnen könnte, das letzte Stück des

---

67 Vgl. ebd., besonders interessant zu verfolgen auf S. 40-45.

Weges gemeinsam mit dem Mann zu gehen.«[68] Denn, so stellt Schröder fest, nicht »nur Frauen, auch Männer wollen sich von ihrem Geschlecht nicht ihre Rolle in der Gesellschaft diktieren lassen.«[69]

Aneignung feministischer Positionen

Dass die Männer für die Gleichberechtigung der Frau mit ins Boot geholt werden müssen und geholt werden wollen, ist jedoch keine Erfindung von Kristina Schröder. Alice Schwarzer hat dies bereits vor Jahrzehnten versucht, verständlich zu machen.[70] Dass die Bundesministerin den Feministinnen falsche Ansichten in den Mund legt, ist unlauter und kontraproduktiv. Die tatsächlichen Forderungen von Alice Schwarzer und Co. allerdings als ihre eigene Erfindung auszugeben und diese den vermeintlich männerhassenden Feministinnen noch vorzuhalten à la »Seht her, so müsste das laufen«, ist peinlich und ihres Amtes nicht würdig.

Das Politische ist wieder privat? Eine Absage an die Politik!

Hinter Schröders Pamphlet versteckt sich keine tiefsinnige Gesellschaftsanalyse einer promovierten Soziologin oder gar ein origineller Lösungsvorschlag für politische Probleme. Sie verarbeitet darin offenbar Kritik an ihrer Person. Was sich im Titel des Buchs schon andeutet, zeigt sich in jedem Kapitel aufs Neue: Es handelt sich um eine ganz persönliche, patzig-trotzige Rechtfertigung ihres Privatlebens einerseits (gegenüber denen, die ihr Leben als Karriere-Mutter kritisieren) und ihrer politischen Unfähigkeit andererseits (gegenüber denen, die mehr Krippenplätze und weniger Unterstützung der Hausfrauen-Ehe wünschen).

---

68 Ebd., S. 42.

69 Ebd., S. 45.

70 So hat Alice Schwarzer zum Beispiel bereits 1979 in der EMMA den Vaterschaftsurlaub gefordert und einen Vater unterstützt, der geklagt hat, um diesen zu erhalten. Vgl. hierzu Homepage der EMMA, http://www.emma.de/ressorts/artikel/neue-vaeter/erfolgsstory-neue-vaeter/, Stand: 28.05.2012.

Und so macht sie ihre Drohung aus dem Vorwort ohne Rücksicht auf Verluste wahr. Dort hieß es: »Dieses Buch ist ein politisches Buch, aber kein Buch über Politik.«[71] Sie äußert sich zwar politisch, schreibt aber nicht über Politik. (Wie) Gelingt ihr dieses Manöver?

Keine Lösungsvorschläge

Für den von Schröder selbst beschriebenen Mütterterror bietet sie als Lösung – neben der Möglichkeit, Frustration als geballten Hass an Feministinnen auszulassen – eigentlich nichts an. Ihr Ziel ist es nicht, politische Wege zu mehr Geschlechtergerechtigkeit aufzuzeigen, denn wie sie schon versprach, geht es in ihrem Buch nicht um Politik. Sie stellt allerdings ihre Wünsche und Visionen vor und meint, damit die Probleme ganzer Mütter-Generationen wie von Zauberhand ohne politische Interventionen wegwischen zu können. Ihre Idee: Es wäre doch so schön, wenn alle Frauen akzeptieren könnten, dass es viele verschiedene Möglichkeiten gibt, als Frau oder Mutter oder Familie zu leben. Vielleicht hat Schröder noch nie einen Sinn oder ein Gespür für Realität gehabt. Oder sie hat unlängst zu viel Zeit in der Spielwarenabteilung eines großen Kaufhauses verbracht. Denn auch dort gilt: Happy End ist, wenn sich alle Barbies im Puppenhaus wieder ganz doll lieb haben.

Plädoyer für den Trampelpfad

Bei der Lektüre ihres Buches stellt sich die Frage, warum Schröder beim Verfassen weder ihre soziologischen Kenntnisse, noch ihre Erfahrungen im wissenschaftlichen Arbeiten eingebracht hat. Denn beides könnte ihr in ihrem Job und auch beim Bücherschreiben helfen. Politische Rahmenbedingungen haben einen großen Einfluss auf das Leben von Müttern, Vätern und Kindern. Bestimmte Lebensentwürfe werden ermöglicht, forciert oder auch verhindert durch die Möglichkeiten, die die Politik für Familien bereithält oder eben auch nicht. Das gibt Schröder einerseits zu: »Natürlich ist dort, wo ein Wille ist, nicht immer auch ein breiter, gut befestigter und für alle gangbarer Weg. Manchmal bleibt nur ein Trampelpfad, manchmal muss man

---

[71] Kristina Schröder, Caroline Waldeck: Danke, emanzipiert sind wir selber! Abschied vom Diktat der Rollenbilder, München 2012, S. 7.

selbst den Weg anlegen, sich auf eigene Faust durchschlagen oder den Rückzug antreten.«[72]

Was in ihrer Wander-Lyrik beinahe zur Unkenntlichkeit entstellt ist, buchstabiert die Bundesministerin an anderer Stelle aus: »Es kann also nur darum gehen, unter den grundsätzlich möglichen Optionen die beste zu wählen.«[73] Man merkt, dass sie vermutlich noch nie in der Verlegenheit war, einen Kinderbetreuungsplatz an einem Ort ausfindig zu machen, wo es schlicht keinen gibt – und dies alles nur, um das menschliche Grundrecht auf eine Erwerbstätigkeit wahrzunehmen.

Zwei Beispiele für die engen Grenzen unserer Wahlfreiheit:

1. Ohne Krippenplätze oder alternative Betreuungsmöglichkeiten für Kinder unter 3 Jahren, können nur in den wenigsten Familien beide Elternteile berufstätig sein. Viele Eltern versuchen verzweifelt, Betreuungsplätze für ihre Kinder zu bekommen. Knapp oder unmöglich wird es fast immer bei denselben Wünschen: Krippenplätze aller Art, Ganztags-Kindergartenplätze und Hort-Plätze. Das sind handfeste reale Probleme von Eltern, die absolut nichts mit dem individuellen Anlegen eines Trampelpfads zu tun haben. Hier ist die Politik gefordert, hier muss Dr. Kristina Schröder ihren Job erledigen!

2. Sind Kinderbetreuungsmöglichkeiten kostenpflichtig oder sogar teuer, werden gerade Frauen, die keine Unsummen verdienen, aus dem Erwerbsleben gedrängt. Zudem wird es dadurch unattraktiv – weil finanziell kostspielig – Kinder zu bekommen und vor allem mehr als ein Kind zu bekommen. Das bereits benannte Ehegattensplitting und das geplante Betreuungsgeld subventionieren die Hausfrauen-Ehe derart, dass es für sehr viele bestausgebildete, hervorragend qualifizierte und studierte Frauen finanziell lohnender ist, zu Hause zu bleiben. Wollen sie arbeiten gehen, müssen sie

[72] Ebd., S. 204.

[73] Ebd., S. 204.

noch etwas obendrauf legen, statt dass sie etwas verdienen. Die Folgen wirken noch lange nach: nach einem längeren Ausstieg drohen massive Wiedereinstiegsprobleme. Häufig müssen Frauen Jahre später einen Job deutlich unter ihrem Qualifikationsniveau annehmen. Die Rente fällt sehr viel geringer aus. Zum einen wegen der Auszeit für die Kinder (auch wenn einige Jahre mittlerweile zum Teil bei der Rente berücksichtigt werden) und zum anderen, weil statt der Beförderung ein beruflicher Abstieg erfolgt. Altersarmut bei Frauen ist die Folge.

Wahlfreiheit ohne Krippenplätze?

Schröder will individuelle Wahlfreiheit für alle. Woher man diese bekommt? Das weiß sie selbst nicht so recht, aber am besten – so findet sie – nimmt man sie sich einfach.[74] Ihr Traum: Jede Frau sollte so leben können, wie sie will, ohne angegriffen zu werden. Aber wer in diesem Land könnte wohl dafür zuständig sein, dass Frauen so leben können, wie sie wollen? Schröder lebt offenbar in einem Lego-Turm im Kinderparadies. Denn welche Frau kann leben wie unsere Ministerin? Das Kind mit zwei Monaten in Betreuung geben? Viele sind froh, wenn sie für ihr 2-jähriges Kind endlich einen Krippenplatz ergattern konnten. Aber für die mangelnden Krippenplätze hat Frau Schröder ja bereits eine Lösung. Wenn die Mütter nicht so wollen wie die Ministerin, stattdessen arbeiten gehen möchten und Betreuungsplätze fordern, dann versucht Schröder kurzerhand »Wahlfreiheit« zu kaufen. Statt 1.200 EUR für einen Krippenplatz auszugeben, bietet sie Müttern lieber ein paar Hundert Euro dafür, dass sie keinen Krippenplatz fordern.

Betreuungsgeld – ökonomisch sinnvoll?

Was auf den ersten Blick nach einer cleveren Rechnung aussieht, offenbart auf den zweiten Blick das mangelnde Verständnis der Ministerin für politische und ökonomische Zusammenhänge. Mit Ehegattensplitting und Betreuungsgeld gibt der Staat für eine Mutter vorerst nur 500–600 EUR monatlich aus, statt eben 1.200 EUR für einen Be-

[74] Ebd., S. 24.

treuungsplatz auszugeben. Für den Betreuungsplatz werden aber meist 300–500 EUR von den Eltern als Elternbeiträge kassiert. Den Staat kostet ein Platz also noch ca. 800 EUR.

Das Betreuungsgeld bietet also auch unter der Ausblendung langfristiger volkswirtschaftlicher Auswirkungen lediglich einen »Preisvorteil« von 200–300 EUR pro Monat und Kind. Mit einer Kinderbetreuung würde die Frau dagegen arbeiten gehen, Steuern zahlen und für ihre eigene Absicherung und Altersvorsorge, für Kranken- und Pflegekasse zahlen. Gleichzeitig würden Stellen für Erzieherinnen und Tagesmütter geschaffen, die wiederum Steuern sowie ihre Beiträge im Rahmen des Gesundheitssystems zahlten und für ihre eigene Rente arbeiten gingen. Für unsere Gesellschaft ist es eine Katastrophe, bestausgebildeten Frauen, die arbeiten gehen wollen, Geld dafür zu zahlen, dass sie ihr Know-How für sich behalten und zu Hause bleiben. Unabhängig davon WOLLEN Mütter arbeiten gehen. Mehr als bislang angenommen. Die Anzahl der Krippenplätze wurde in den letzten fünf Jahren vervielfacht – und dennoch sind die Plätze ein äußerst knappes Gut. Frau Schröder ist für Wahlfreiheit? Wunderbar. Dann müssen sich Frauen dafür entscheiden können arbeiten zu gehen. Wir brauchen Kinderbetreuung für Kinder zwischen 0 und 12 Jahren. Besonders gefragt sind Ganztagsplätze. Die Schaffung dieser Infrastruktur ist Aufgabe der Bundesministerin.

Wahlfreiheit durch Betreuungsgeld?

Als DAS Argument für das Betreuungsgeld wird oft genannt, dass es »Wahlfreiheit« schaffen würde. Das heißt, der finanzielle Anreiz, den es für Mütter hat, arbeiten zu gehen, soll abgemildert werden.

Fakt ist aber: Der finanzielle Anreiz ist durch Kita-Kosten und Ehegattensplitting für die meisten ohnehin kaum gegeben. Eine weitere Subventionierung der Hausfrauen-Ehe stellt diese sogar finanziell besser.

Viele Frauen würden finanziell davon profitieren, ihrem Job fernzubleiben!

HINTERGRUND

Eine Beispielrechnung

Eine verheiratete 30jährige Mutter zweier Kinder mit Hochschulabschluss hat eine halbe Stelle als wissenschaftliche Mitarbeiterin an einer Hochschule in 40 km Entfernung vom Wohnort.

Ihr Netto-Einkommen:	1.100	EUR
– Ihre monatlichen Pendelkosten:	200	EUR
– Betreuungskosten für Kind 1 (Kindergarten):	250	EUR
– Betreuungskosten für Kind 2 (Tagesmutter):	350	EUR
= Tatsächlicher Zuverdienst nach Abzug der Kosten:	300	EUR
Steuervorteile durch das Ehegattensplitting im Falle des Zu-Hause-Bleibens:	ca. 400	EUR

Die Familie dieser Frau (mit Hochschulabschluss!) hat also ohnehin schon ca. 100 EUR monatlich WENIGER, wenn die Frau arbeiten geht (im Vergleich zu dem Fall, dass sie zu Hause bliebe).

Was ist dann erst mit Frauen, die in Berufen arbeiten, die geringer entlohnt werden?

Wird das Betreuungsgeld eingeführt, erhält die Mutter, die zu Hause bleibt, zusätzlich 150 EUR. Das Zu-Hause-Bleiben wird dann in diesem Fall bereits mit ca. 250 EUR entlohnt. Damit sind bestausgebildete Mütter, die arbeiten gehen und Steuern zahlen, finanziell schlechter gestellt als Mütter, die zu Hause bleiben! Diese Förderung der Hausfrauen bedeutet eine Abwertung der beruflichen Qualifikation aller Frauen.

Die Botschaft an Mütter

Das Signal, das der Staat damit an Männer und Frauen aussendet: Unsere Gesellschaft kann – nein sie will sogar – auf die beruflichen Fähigkeiten von Frauen verzichten. Mütter sind fehl am Arbeitsplatz. Mütter gehören nach Hause, von morgens bis abends. Sie können nichts anderes besser als Essen kochen, Toiletten putzen und Bilderbuchgeschichten vorlesen.

In Wirklichkeit zielt Schröders politisches Programm nicht auf Wahlfreiheit ab. Frauen sollen – egal, ob sie wollen – ans Haus gekettet werden. Die Wahlfreiheit wird mit dem Betreuungsgeld nicht eingeführt, sondern komplett abgeschafft! Zumal die meisten Mütter ohnehin nicht in den Genuss von Wahlfreiheit kommen, da sie keinen Krippenplatz erhalten – oder diesen nur stark verspätet oder als Halbtagsplatz bekommen!

Leugnung struktureller Wirkungen und politischer Verantwortung heizt Mütterterror an

Widersprüche

Schröders Phantasien zur Abschaffung des Mütterterrors werden diesen anheizen. Die Leugnung jeglicher politischer Verantwortung und die Leugnung des Einflusses von gesellschaftlichen Rahmenbedingungen verschlechtern die Lage von Müttern. Dabei werden die vermeintliche Stärkung des privaten Rahmens und das Plädoyer für die individuelle Freiheit durch die tatsächlichen Aktionen der Familienministerin vollkommen konterkariert. Schröder leugnet zwar die Wirkung politischer Leitbilder und fordert »die Steuerung nach Rollen- und Familienleitbildern zu unterlassen«. Auf der anderen Seite hält sie beispielsweise mit dem Ehegattensplitting eben diese strukturellen Eingriffe aufrecht und plant mit dem Betreuungsgeld sogar weitere politische Einflussnahme, um Mütter in das traditionelle Geschlechterverhältnis, in die Abhängigkeit und Unmündigkeit zu drängen.

Sie legt ein paar dicke Holzscheite auf das Feuer der mütterlichen Unzufriedenheit. Denn sie drängt Frauen, die arbeiten gehen wollen, dazu zu Hause zu bleiben. Wo diese Mütter keinen Betreuungsplatz finden, versperrt sie ihnen sogar den Weg in die Erwerbstätigkeit. Bei den vielen Müttern, die geschieden werden, zahlt es sich erst recht nicht aus, dass sie auf eigene Pläne verzichtet haben. Das Unglück einer ganzen Generation von Müttern ist vorprogrammiert. Andere Frauen bekommen aufgrund Schröders frauen- und familienfeindlicher Politik unter Umständen erst gar keine Kinder oder sie bekommen weniger Kinder als ursprünglich geplant. Die Unzufriedenheit der Frauen steigt.

Diejenigen Mütter, die nichtsdestotrotz entgegen allen familienpolitischen Bestrebungen der Ministerin in ihren Beruf zeitnah zurückkehren, werden verstärkt ein schlechtes Gewissen haben. Schließlich müssen sie nun auch noch erklären, weshalb sie trotz widriger Umstände und finanzieller Nachteile berufstätig sein wollen.

»Flexi-Quote«

Am Arbeitsplatz haben sie sich zudem mit Schröders sogenannter »Flexi-Quote« herumzuschlagen. Die Flexi-Quote ist weithin dafür bekannt, dass sie dem Arbeitgeber die Entscheidung überlässt, ob eine qualifizierte Frau oder ein unqualifizierter Mann eingestellt/befördert wird. Es ist also ein neuer Name für ein altes System. Nur dass der Begriff Flexi-Quote eine Gleichberechtigung von Frauen und Männern sowie eine Förderung von Frauen in Spitzenpositionen vorgaukelt. Frauen müssen sich also künftig fragen lassen: »Wie denn, Du hast es trotz Flexi-Quote nicht in die Geschäftsführung geschafft?«

Am Ende ihres in sich widersprüchlichen *Märchen*-Buchs fällt Schröder dann doch noch etwas ein, das die Vereinbarkeit von Beruf und Familie erleichtern könnte: Die Arbeitgeber sollen flexible Arbeitszeitmodelle für alle anbieten, dann würde sich ein Wandel der Arbeits- und Unternehmenskultur hin zu mehr Familienfreundlichkeit wie von allein erledigen.[75] Dass die beste Gleitzeit-Teilzeit-Telearbeits-Regelung

[75] Vgl. ebd., S. 193 ff.

nicht hilft, wenn man keinen Betreuungsplatz für sein Kind hat, kann eigentlich auch die Bundesministerin nicht für ein Gerücht halten.

In all ihren offenkundigen Widersprüchen ist Schröder geradezu eine Karikatur ihrer selbst. Sie ist die Eva Herman der Herzen, eine unpolitische Politikerin, eine, die Frauen von ihrem Arbeitsplatz wegkauft, um diesen Coup nach außen als »Wahlfreiheit« zu verkaufen, eine, die sich kurz nach der Geburt ihres ersten Kindes zur Rednerin *aller* Mütter aufschwingt, eine die sich emanzipiert nennt – und dies nicht obwohl, sondern weil sie die Emanzipation der Frauen von ganz oben mit Füßen tritt –, eine die dank Feministinnen Karriere machen konnte und anderen Frauen nun die Chance auf eine Karriere nehmen will. [76]

[76] Schröder hat ihr Buch laut eigenen Angaben in der vielen »freien Zeit« im Mutterschutz geschrieben. Vgl. ebd., S. 7.

IX. Das Ende des Terrors

Selbsthilfe und Selbstbeobachtung

Frauen mit einer narzisstischen Persönlichkeit, die noch keinen pathologischen Wert hat oder mit Suchtverhalten einhergeht, können sich selbst zu einem besseren Selbstwertgefühl verhelfen.

> »In jedem Menschen gibt es die Kraft, sich zu verändern und das unbewußte wie bewußte Verlangen, vollständig zu werden. Heilung und Genesung geschehen für Menschen, die unter Selbstwert- und Beziehungsschwierigkeiten leiden, über Beziehungen zu anderen, mit dem Ziel, einen besseren Kontakt zu sich selbst und den Menschen zu bekommen.«[77]

Heilung im Kontakt zu anderen Menschen

Man kann bei beinahe allen Müttern, die sich am Mütterterror beteiligen – und ich kenne kaum welche, die das nicht tun – von einer narzisstischen Persönlichkeit ausgehen. Bei den meisten ist diese nicht derart pathologisch, dass sie ein selbstzerstörerisches Suchtverhalten aufweisen. Daher können viele Frauen sich auch selbst heilen und helfen. Das bedeutet, sie können ohne Therapie zu einem gesunden Selbsterleben gelangen. Dies ist jedoch nicht ohne andere Menschen möglich:

> »Narzißtische Störungen können nicht aus sich selbst heraus geheilt werden. Bei allen Befreiungsversuchen und Bemühungen muß man Kontakt und Verbindung zu anderen Menschen herstellen. Die Genesung erfolgt über und in tragenden Beziehungen, nicht in oberflächlichen.«[78]

Bewusstmachung

Mütter, die beim Mütterterror nicht mehr aktiv mitmachen wollen und auch nicht mehr davon betroffen sein möchten, müssen sich die-

[77] Ebd., S. 217.

[78] Ebd., S. 234.

sen erst mal in voller Gänze bewusst machen. Sie sollten ihr eigenes Verhalten genau beobachten.

Bei dieser Selbstbeobachtung und -analyse können Frauen sich zum Beispiel folgende Fragen stellen:

- Wie sprechen sie mit anderen Müttern?
- Wie formulieren sie Erziehungstipps?
- Wie reagieren sie, wenn sie erfahren, dass eine Mutter ihr Kind anders erzieht, als sie ihr Kind erziehen?

Und auch ihre eigenen Empfindungen und Gefühle während der Kommunikation mit anderen Müttern gehören auf den Prüfstand:

- Wie fühle ich mich, wenn andere Mütter mein Kind mit ihren Kindern vergleichen?
- Nach welchen Kommentaren von anderen Eltern fühle ich mich schlecht?
- Welche Tipps, Ratschläge oder auch Nachfragen habe ich wie Kritik und Vorwürfe verstanden?
- Wie glaube ich, schätzen andere Mütter meine Mutterqualitäten ein?
- Wie geht es mir damit, wenn andere mich offenbar für eine schlechte Mutter halten?

Auswirkungen des eigenen Kommunikationsverhaltens

Aggressionen wahrnehmen und analysieren

Dabei geht es vor allem darum herauszufinden, inwiefern die Äußerungen anderer sich auf die eigenen Gefühle auswirken und vielleicht das eigene Selbstwertgefühl beeinträchtigen. Durch diese Erkenntnisse können auch die Reaktionen und Empfindungen, die man selbst mit seinen Kommentaren bei anderen auslöst, besser eingeschätzt werden. Ertappt man sich bei einer aggressiven Erläuterung der Vorteile eigener Erziehungsideen, sollte unbedingt reflektiert werden, wie es dazu kam. Häufig schaukelt sich der Mütterterror hoch. Gerade in Gruppensituationen führt oft ein bissiger Satz zum nächsten, bis die Fronten verhärtet sind, kein vernünftiger Umgang miteinander mehr möglich scheint und die Stimmung zu kippen droht.

In einer Krabbelgruppe unterhielten sich drei Mütter darüber, welche Farben die Kleidung der Kinder haben sollte. Einstimmig beschlossen sie, dass Eltern einem Jungen in gar keinem Fall rosafarbene Kleidungsstücke anziehen dürften. Eine vierte Mutter, Christiane, saß daneben und war der Unterhaltung gefolgt. Sie hatte sich zunächst nicht getraut, sich daran zu beteiligen, da sie neben ihrem Baby noch einen älteren Jungen hatte, der alle Farben tragen durfte – ohne Ausnahme. Nachdem jedoch eine Mutter auch noch behauptete, Jungen in rot oder rosa zu kleiden wäre »grenzwertig«, schaltete sich Christiane ein. Sie giftete in die Runde:

»Ich ziehe meinem Sohn alle Farben an, die er mag. Er liebt rosa. Das ist vollkommen normal und seinen Kindern irgendwelche Farben abzutrainieren oder aufzuzwängen, ist ja wohl ein Riesenquatsch!«

Danach stand sie auf und ging zur Garderobe.

Ganz offensichtlich hat Christiane sich hier angegriffen gefühlt und daraufhin als Selbstverteidigungsstrategie selbst zum Mütterterror gegriffen. In einer Situation, in der andere Frauen ihr Verhalten als Mutter kritisierten und vielleicht sogar wussten, dass sie ihrem Sohn rosa Pullover anzieht, sah sie nur noch rot. Solche Situationen erleben die meisten Mütter andauernd. Und wer ständig angegriffen und kritisiert wird, möchte auch gerne endlich mal »zurückschlagen«. Wenn Christiane sich dem Mütterterror aber entziehen wollte, so ist ihr dies nicht geglückt. In diesem Fall wäre es sinnvoller gewesen direkt auf die Äußerungen einzugehen. Geeignet sind dazu sachklärende Nachfragen zum Verständnis, z.B.:

»Was genau meinst Du mit grenzwertig?«

oder auch

> »Meint Ihr wirklich, dass das Wohl eines Kindes von den Farben seiner Kleidung abhängt und diese daher von den Eltern vorausgewählt werden müssen?«

oder auch

> »Natürlich hat jeder seine eigene Erziehungsstrategie. Und das finde ich gut. Sonst würden ja alle Kinder nur noch in derselben Farbe herumlaufen oder was denkt Ihr?«

Ursachenforschung in der Kindheit

Findet man nun heraus, dass das eigene Selbstwertgefühl stark von der Meinung anderer abhängt, gilt es, dieses zu stärken. Zuerst sollte dafür am besten den Ursachen und Problemen auf den Grund gegangen werden. Die zuvor benannten Faktoren, die häufig in der Kindheit narzisstischer Frauen zu finden sind, können hierfür näher beleuchtet und mit den eigenen Erfahrungen abgeglichen werden. Waren die Eltern vielleicht oft wenig einfühlsam oder haben einen verwöhnt? Gab es Situationen der Trennung oder des Verlassens in der eigenen Kindheit? Sollte man als Kind dem Bild entsprechen, das die Eltern von einem hatten? Wurde man als Säugling oder Kleinkind stets gefüttert, wenn man schrie – selbst wenn man eigentlich Aufmerksamkeit oder Zuwendung erhalten wollte?

Den Prägungen etwas entgegensetzen

Wer sich mit seinen Kindheitserfahrungen auseinandersetzt, kann sich seiner Selbstwertprobleme besser bewusst werden und sich in ein aktives Verhältnis dazu setzen. Man kann dann erkennen, dass das eigene Selbstwertgefühl äußeren Einflüssen unterliegt und geformt wird und muss nun nur noch den Entschluss fassen, es selbst formen zu wollen. Wer den Vorsatz fasst, sich besser fühlen zu wollen und dem Mütterterror entrinnen zu wollen, der hat den ersten Schritt dorthin bereits geschafft.

Bei der Ursachenforschung sollte nicht vergessen werden, dass nicht allein einzelne Kindheitserlebnisse Grund oder Auslöser für die Müttergefechte sind. Mütter werden in unserer Gesellschaft nicht wertgeschätzt. Frauen, die aus den traditionellen Geschlechterrollen ausbrechen wollen, werden öffentlich diffamiert und ausgegrenzt. Der aktuelle Umgang in unserer Gesellschaft mit Frauen und Müttern und die Bewertung (bzw. Abwertung) von Arbeiten, die bis vor ein paar Jahren allein von Frauen erledigt wurden, sind der optimale Nährboden für den Mütterterror.

Gesellschaftliche Aspekte

Bei der Ursachenforschung dürfen nicht die aktuellen gesellschaftlichen Umstände außer Acht gelassen werden, wie zum Beispiel:

- das derzeitige Anschwellen des Aufgabenkatalogs für Mütter,
- die medial präsentierten Supermütter und Schönheitsideale,
- die öffentliche Diskussion, ob Krippenkinder Rabenmütter haben,
- der Stillterror, der von staatlichen Institutionen (wie der Nationalen Stillkommission), von Vereinen (wie der La Leche Liga), von Medien und Firmen, von Ärzt_innen und Hebammen ausgeht.

Maskerade beenden

Minderwertigkeitsgefühle akzeptieren

Wie kann man nun mit seinen Minderwertigkeitsgefühlen umgehen? Zu allererst muss man sie als Teil von sich akzeptieren. Ziel ist das »wahre Selbsterleben«[79], in welchem man nicht mehr zwischen den zwei Polen Minderwertigkeit und Grandiosität bzw. Rabenmutter und Supermutter schwankt, sondern ein realistisches Selbstbild hat. Hierfür muss jedoch erst mal das »falsche Selbsterleben«[80] identifiziert und die Fassade fallen gelassen werden.

79 Ebd., S. 217 ff.

80 Ebd., S. 216 ff.

Selbstliebe trotz Schwächen

Frauen müssen lernen, sich mit ihren Stärken und Schwächen zu akzeptieren und zu lieben. Wer sein Verhalten und seine Reaktionen während der Müttergefechte analysiert, hat bereits damit begonnen, sich seinen Schwächen und Stärken zu stellen. Die eigenen Handlungen verändern auch die Einstellungen zu den Dingen. Das heißt, wer es schafft, bei aggressiven Anfeindungen nicht mehr mitzumachen, kann sein Selbstbewusstsein nachhaltig steigern. Wer anderen Vorwürfe macht, um sich selbst zu verteidigen, gelangt zu keinem realistischen, wohlwollenden Selbstverständnis, sondern fühlt sich nur für einen kurzen Moment besser, da die Minderwertigkeitsgefühle verdrängt statt bewältigt werden.

Bevor Frauen also zu einem gesunden Selbstwertgefühl gelangen können, müssen sie aufhören, sich nach außen als stark, selbstbewusst und grandios darzustellen.[81] Zudem sollte der inneren Stimme, die einem ein schlechtes Gewissen einredet, Einhalt geboten werden.

Verhalten ändern

Verstehen kommt vor Veränderung

Wie aber kann man sein Verhalten ändern? Man muss sein Verhalten verstehen lernen. Das Analysieren der eigenen Reaktionen und die Auseinandersetzung mit Kindheitserlebnissen sind die Vorbereitung auf eine Verhaltensänderung.

In den konkreten Situationen, in denen man Mütterterror erlebt, sollte man mit kleinen Schritten beginnen: z.B. nimmt man sich vor, in der Krabbelgruppe nicht mehr Sätze zu sagen wie: »Mach das doch so.« Oder: »Wieso machst du das denn bloß?« Stattdessen versucht man die Erzählungen anderer folgendermaßen zu kommentieren: »Das kann ich verstehen«; »Das macht ja jeder anders«; »Wir machen das zwar so und so, aber das kommt ja auf die Eltern und Kinder an, wie man es machen möchte oder wie es am besten ist.«

---

[81] Vgl. ebd., S. 215 ff.

Deeskalieren üben

Hat man diese ersten deeskalierenden Gesprächsbeiträge erfolgreich formuliert, kann man später sogar versuchen andere Mütter zu verteidigen und anderen den Mütterterror bewusst machen: »Also ich finde, dass es da keine Regeln gibt, die auf alle passen. Bei den einen ist das gut, bei den anderen jenes.« Oder »Ob man den Milchschorf nun entfernt oder nicht, spätestens bei der Einschulung fragt danach keiner mehr.« Oder »Warum muss man das Drehen der Babys eigentlich beschleunigen? Gibt es auch Kinder, die es sonst nie lernen und bei ihrer Konfirmation noch auf dem Rücken liegen?«

Andere aufklären

In einer Runde mit vertrauten Freundinnen traut man sich vielleicht auch das Thema Mütterterror ganz offen anzusprechen. Egal mit welcher Mutter ich über das Thema dieses Buches sprach, noch bevor ich den ersten Satz dazu beendete, wussten die Frauen, worum es geht und sagten:

> »Ja, das ist doch furchtbar, wie Mütter sich gegenseitig fertig machen.«
>
> »Wie im Kindergarten denke ich immer: Jede will die Beste sein.«
>
> »Schlimm, wenn die Kinder so miteinander verglichen werden und man sich ständig schlecht fühlen muss, weil alle anderen es natürlich viiiieel besser machen.«

Auf das gemeinsame Interesse setzen

Die meisten Mütter werden so reagieren und sicher sehr interessiert daran sein, wenn man ihnen erklärt, woher dieser Kleinkrieg eigentlich kommt und wie man ihn abstellen kann.

Wardetzki gibt Tipps zur Selbsthilfe und rät narzisstischen Frauen, sich nicht mehr als grandios darzustellen, wenn dies ihren eigentlichen Ge-

fühlen widerspricht.[82] Bei dem Phänomen Mütterterror ist dies etwas schwieriger, denn es ist ein Massenphänomen. Wenn sich Mütter in der Pekip-Gruppe nicht mehr als allwissend darstellen, werden sie selbst schnell zur Zielscheibe des Terrors und müssen sich von anderen als unfähig und fehlerhaft hinstellen lassen. Daher kann die einzelne Frau sich nur schwer von dem selbstzerstörerischen Kommunikationsverhalten lösen. Die meisten Frauen bemerken den Mütterterror auch nicht zuerst an ihrem eigenen Verhalten. Sie stellen fest, dass sich andere Frauen ihnen gegenüber unmöglich benehmen und sie sich nach manchen Treffen sehr schlecht fühlen. Also wünschen sie sich natürlich in erster Linie, respektvoll behandelt zu werden. Viele Frauen, die selbst oft besserwisserische, vorwurfsvolle oder bissige Kommentare von sich geben, beschweren sich über den Mütterterror und ahnen nicht im Mindesten, dass ihr eigenes Kommunikationsverhalten von anderen Frauen ebenfalls als kritisierend und unangenehm wahrgenommen wird. Einen angenehmen Umgang miteinander kann keine Einzelperson allein vollbringen. Frauen, die sich dem Mütterterror entziehen wollen, haben zwei Möglichkeiten:

1. Sie gehen auf Distanz zu den Müttern, die ihre Vorwürfe am aggressivsten formulieren.

2. Sie überreden ihre Freundinnen, gemeinsam zum Mütterterror auf Distanz zu gehen und einen ehrlichen, wohlwollenden Austausch zu praktizieren.

Alle Mütter wissen doch eigentlich, dass das andauernde Vergleichen der Kinder miteinander und der Versuch, andere Mütter mit den eigenen Kindern zu übertrumpfen, wenn sie sich »schneller drehen«, »größer wachsen« oder »früher laufen«, töricht und unsinnig ist. Schon nach wenigen Jahren verlieren diese Dinge jegliche Relevanz. Es interessiert sich niemand bei der Einschulung dafür, wann sich das Kind zum ersten Mal drehte. Kein Mensch fragt bei Ausbildungs- oder Studienbeginn, auf welcher Perzentile die Körpergröße mittlerweile liegt.

---

82 Vgl. ebd., S. 229 ff.

Und die allermeisten Mütter wissen auch, dass von einem chemisch belasteten Laufradlenker, dem falschen Hustensaft oder einer um vier Wochen verspäteten Beikosteinführung das Kind keine Schäden davon trägt! Erst recht ist von diesen angeblichen Fehlern nicht darauf zu schließen, dass eine Mutter schlecht wäre, ihr Kind nicht liebt oder nicht anständig für es sorgt. Die meisten Frauen finden den Umgang von Müttern untereinander ebenfalls schrecklich. Sie wissen jedoch nicht, wie sich dies ändern lässt.

Sprechen Sie mit ihren Freundinnen, Bekannten und Verwandten über die Wurzeln des Mütterterrors.

Erzählen Sie ihnen von dem großen gesellschaftlichen Druck, der auf Frauen und insbesondere Müttern lastet.

Klären sie auf über die gesellschaftlichen Veränderungen, die Zunahme von Erziehungsaufgaben und die Verkomplizierung dieser.

Nicht gegeneinander, sondern miteinander kämpfen

Ihre Freundinnen sollten wissen, dass Frauen im beruflichen Bereich gelähmt werden durch die Überlastung und Überforderung im privaten Bereich. Der Mütterterror ist ein antifeministisches Phänomen, das Frauen klein hält. Wenn sie gegeneinander kämpfen, können sie sich nicht für ihre eigenen Rechte und Freiheiten einsetzen. Schenken Sie Müttern, die Sie mögen, dieses Buch. Frauen, die besonders unter dem weiblichen Narzissmus leiden, können von dem Buch von Dr. Bärbel Wardetzki profitieren: »Weiblicher Narzißmus. Der Hunger nach Anerkennung.«[83] Manche Mütter werden Sie vielleicht auch gar nicht mehr ändern, vor allem Frauen aus der älteren Generation. Versuchen Sie, es gelassen zu nehmen. Sie wissen nun schließlich genau, weshalb die Urgroßmutter oder die Nachbarin Sie kritisiert oder Ihnen hunderte von ungebetenen Ratschlägen gibt.

83 Bärbel Wardetzki: Weiblicher Narzißmus. Der Hunger nach Anerkennung, 16. Aufl., München 2004.

Forderungen an die Politik

Natürlich sind die Möglichkeiten begrenzt, im Privaten gegen den Mütterterror vorzugehen. Am Ende aller individuellen Aushandlungsprozesse zwischen Mann und Frau innerhalb der Familie stehen jedoch die Fragen:

- Können wir auch so leben, wie wir leben wollen?
- Kann eine Mutter, die berufstätig sein möchte, nach der Geburt wieder an ihren Arbeitsplatz zurückkehren?
- Kann ein Vater, der Zeit mit seinen Kindern verbringen möchte und zu Hause Fürsorgearbeit leisten will, Elternzeit nehmen oder direkt nach der Geburt Vaterschutz erhalten?
- Können Mütter und Väter, die sich in einer partnerschaftlichen Elternschaft gleichermaßen Kindern, Haushalt und Erwerbstätigkeit widmen möchten, auf eine verlässliche institutionelle Kinderbetreuung und familienfreundliche Arbeitsplatz-Arrangements zurückgreifen?

Politik macht Lebensentwürfe

Ohne die Unterstützung der Politik können Eltern nur sehr begrenzt Einfluss auf ihren Lebensentwurf nehmen. Die Politik schafft gezielte Anreize, um das traditionelle Geschlechterverhältnis zu unterstützen. Die Regierungen von Bund und Ländern, allen voran die Bundesministerin für Familie, Senioren, Frauen und Jugend, Dr. Kristina Schröder, müssen jedoch Gesetze schaffen, die Geschlechtergerechtigkeit auch in der Familie möglich machen. Sie müssen den Ausbau der Betreuungsplätze massiv vorantreiben. Wir brauchen einen rechtlichen Anspruch auf die Ganztagsbetreuung der Kinder von 0–12 Jahren. Das heißt Krippen und Kindergärten mit Ganztagsplätzen und ausreichend Hortplätze. Wenn nicht alle Eltern, die ein Kind betreuen lassen möchten, einen Betreuungsplatz zum gewünschten Zeitpunkt im gewünschten Umfang wohnortnah erhalten können, dann sind wir von einer WAHLFREIHEIT weit entfernt! Diese Betreuungsplätze sind im Idealfall kostenfrei. In jedem Fall müssen sie jedoch erschwinglich und sozial gestaffelt sein und in vollem Umfang von der Steuer abgesetzt werden können!

Das schwedische Modell

Besonders interessant ist das schwedische Modell, wenn es um die Höhe der Betreuungskosten geht. Den Staat kostet es wesentlich mehr, wenn eine Mutter nicht arbeiten geht, sie keine Lohnsteuer und Solidaritätszuschlag und keine Abgaben in die Pflege-, Kranken- und Rentenkasse zahlt. Ebenso entrichtet dann ihr Arbeitgeber keine Lohnsteuer und Sozialabgaben. Daher sind in Schweden die Betreuungskosten von der Höhe des Gehalts abhängig. Für das erste Kind zahlen Eltern in Schweden lediglich 3 % des Haushaltseinkommens für die Kinderbetreuung – maximal aber ca. 137 EUR. (Vgl. Homepage von http://www.schweden-seite.de/aus wandern_kinderbetreuung_in_schweden.html, Stand: 21.05.2012) Für das zweite Kind sind es dann nur noch 2 % des Haushaltseinkommens (und maximal 91 EUR) und für das dritte Kind 1 % des Einkommens (und maximal 46 EUR) pro Monat. (Vgl. ebd.)

Auch dass die Kita-Gebühren landesweit einheitlich erhoben werden, ist als positiv zu bewerten und durchaus nachahmenswert. In Deutschland sind die Kosten für Krippe & Co. leider regional ganz unterschiedlich. Die Wahl des Wohnorts will wohlbedacht sein. Wenige hundert Meter entscheiden nicht selten darüber, ob das Kind in einer Gemeinde in den Kindergarten gehen kann, wo dieser kostenlos ist, oder ob die Eltern in einer anderen Gemeinde 400 EUR im Monat bezahlen müssen – oder sogar noch mehr. Ein Platz bei einer Tagesmutter kostet nicht selten 700 oder 800 EUR monatlich.

Tatsächlich sind gerade Krippenplätze sehr teuer. Sie kosten den Träger rund 1.200 EUR im Monat. Doch es ist aus ökonomischer Sicht nicht sinnvoll, wenn der Staat durch überhöhte Elternbeiträge, Mütter vom Wiedereinstieg in die Arbeitswelt abhält. Denn an berufstätigen Müttern verdient der Staat letztlich mehr, als ihn die Kita-Plätze kosten. Daher muss eine politische Forderung von Müttern dringend lauten, Elternbeiträge für die Kinderbetreuung zu senken! Und zwar nicht, weil Eltern die finanzielle Situation des Staates egal wäre, sondern gerade, weil sie ihnen dies nicht ist!

Wiedereingliederungsmanagement statt Betreuungsgeld

Sponsoring für ein überkommenes Lebensmodell

Das Betreuungsgeld – so heißt es oft – ist *für* Mütter gedacht, die zu Hause bleiben wollen. Stattdessen ist das Betreuungsgeld dafür da, *damit* Mütter zu Hause bleiben. Will man nicht bewirken, dass Mütter zu Hause bleiben, sondern tatsächlich denjenigen, die bereits zu Hause bleiben, Unterstützung bieten, gibt es hierfür ein wesentlich besseres Instrument: das Wiedereingliederungsmanagement!

Das Ziel einer jeden Mutter ist doch, nach einer familiären Auszeit früher oder später in die Erwerbstätigkeit zurückzukehren. Doch ebendies ist oft nur sehr schwer und manchmal gar nicht mehr möglich. Fast immer aber müssen sich Mütter nach einigen Jahren Familienarbeit mit einer Stelle weit unter ihrer Qualifikation abgeben. Trotz Studium, solider Ausbildung oder Berufserfahrung in hoch qualifizierten Berufen können Mütter oft nur noch als Aushilfe oder Raumpflegerin eine Stelle finden. Der Beruf der Raumpflegerin ist natürlich von hohem Wert für unsere Gesellschaft. Doch gerade bei privaten Putzstellen kann dieser Beruf meist ohne qualifizierten Abschluss ausgeübt werden. Bei Frauen mit gut abgeschlossener Ausbildung in einem anderen Bereich oder Studienabschluss entspricht dies sicher nicht dem gewünschten Berufsbild.

Aufgaben für die Agentur für Arbeit

Genau hier muss das Wiedereingliederungsmanagement ansetzen: Es muss durch die Agentur für Arbeit eine gezielte Betreuung von Eltern geben, die länger als 1–2 Jahre familienbedingt aus dem Erwerbsleben ausscheiden. Ein Wiedereingliederungsmanagement sollte viele Bereiche umfassen: Kontakthalteprogramme bei dem bisherigen Arbeitgeber, Weiterbildungsmöglichkeiten, konkrete Beratung zum geplanten Wiedereinstieg, zum Wiedereinstiegszeitpunkt und zur beruflichen Zukunft. Solche Maßnahmen wären tatsächlich im Sinne der Mütter, die ein paar Jahre zu Hause bleiben, und die erfolgreiche Re-Integration von Müttern in den Arbeitsmarkt ist auch im Sinne des Staates.

Aufklärungspflicht

Es gibt eine weitere Möglichkeit, um von politischer Seite her etwas für Mütter zu tun, die für die Familie zu Hause bleiben oder ihre Arbeitszeit reduzieren: Man sollte eine Aufklärungspflicht über den Zusammenhang zwischen Rentenhöhe und Familienzeit bzw. Rentenhöhe und Teilzeitarbeit einführen. Staat und Arbeitgeber sollten Mütter darüber informieren müssen, inwiefern sich die Familienphase oder auch die Teilzeitarbeit auf die Rentenhöhe auswirkt. Viele Frauen merken erst spät, wie viel bzw. eher wie wenig Rente sie erhalten werden. Meist ist es dann auch bereits zu spät, um mit einem erhöhten Engagement im Beruf, die eigene Rente aufzubessern. Gerade junge Frauen müssen erfahren, was ein mehrjähriger Berufsausstieg und eine womöglich jahrzehntelange Teilzeittätigkeit aus ihrer Rente machen.

EU fordert Vaterschutz

Der Vaterschutz ist die männliche Variante des Mutterschutzes. Väter sollen die ersten 14 Tage nach der Geburt ihres Kindes von der Arbeit unter Fortzahlung des Lohns freigestellt werden. Im Oktober 2010 bereits verabschiedete das Europäische Parlament eine Resolution, in der es einen 14-tägigen Vaterschutz forderte. Die Bundesregierung ist der Forderung bislang jedoch nicht nachgekommen. Daher habe ich im März 2012 diesen Vorschlag in den Zukunftsdialog der Kanzlerin eingebracht. Dort konnten Bürger und Bürgerinnen nicht nur politische Vorschläge einbringen, sondern auch für über 11.000 Vorschläge abstimmen. Der Vorschlag zum Vaterschutz erreichte in kurzer Zeit den 37. Platz. Dies verdeutlicht, wie wichtig solch eine Möglichkeit für Mütter und Väter ist.

Im Sinne der Mütter, der Kinder und nicht zuletzt der Väter ist es, dass Väter unabhängig von ihrem Arbeitsplatz und unabhängig von ihren Arbeitsverträgen in den ersten zwei Wochen für Mutter und Kind da sein können.

Im Zukunftsdialog heißt es:

»Väter müssen gesetzlich 14 Tage Väterschutz zugesichert bekommen. In den ersten 14 Tagen nach der Geburt eines Kindes, ist es wichtig, dass das Baby in der Familie und in seinem Zuhause von BEIDEN Eltern willkommen geheißen werden kann. Der Erstkontakt von Vater und Baby ist wichtig und darf nicht durch die Berufstätigkeit des Vaters gestört oder verhindert werden.

Väter müssen in den ersten 14 Tagen nach Geburt uneingeschränkt:

- ihr Baby willkommen heißen und kennenlernen können,
- Mutter und Neugeborenes in der Klinik und zu Hause unterstützen können,
- die Möglichkeit haben, eine enge Bindung zu ihrem Kind aufzubauen.

Für viele Berufsgruppen ist es nicht möglich, direkt nach der Geburt Urlaub zu nehmen oder im Zweifelsfall sehr kurzfristig Urlaub zu nehmen. Andere Väter können dies rein arbeitsrechtlich, haben aber Angst vor der Reaktion des Arbeitgebers. Bei vielen unterliegt es zumindest der Willkür des Vorgesetzten, ob sie Urlaub erhalten. Damit muss Schluss sein!«[84]

Der Vaterschutz darf jedoch nicht als Ersatz für die Elternzeit verstanden werden. Er ist als ergänzendes Angebot gedacht und steht in keiner Konkurrenz zur Elternzeit.

---

[84] Homepage vom Zukunftsdialog: https://www.dialog-ueber-deutschland.de/DE/20-Vorschlaege/10-Wie-Leben/Einzelansicht/vorschlaege_einzelansicht_node.html?cms_idIdea=13302, Stand: 21.05.2012.

Stillterror nicht anfachen, sondern abschaffen

Die Nationale Stillkommission bedarf dringender Überholung. Die Kommission beschreibt sich selbst folgendermaßen: »Hauptaufgabe der Nationalen Stillkommission ist die Förderung des Stillens in der Bundesrepublik Deutschland.«[85]

Aufgabe sollte nicht länger sein, das Stillen zu fördern, sondern es zu unterstützen. Frauen dürfen in ihrer Wahlfreiheit nicht unter Druck gesetzt oder gedrängt werden. Ein stillfreundliches Land ist durchaus wünschenswert – jedoch nur, wenn es dieselbe Freundlichkeit einer nicht-stillenden Mutter entgegenbringt und dieser nicht feindlich gesonnen ist.

Gesetze, die Werbung für Säuglingsmilch verbieten, müssen abgeschafft werden. Zudem darf es keine Aufdrucke auf den Milchpackungen mehr geben, die gezielt vom Kauf des Produkts abhalten sollen – so, als ob es sich dabei um etwas Gefährliches oder Giftiges handeln würde. Das einzige, was in Deutschland bereits vergiftet ist, ist das Klima, welches das Thema »Stillen« umgibt. Ein Umdenken ist wichtig, denn im 21. Jahrhundert sollte es mittlerweile zu den Binsenweisheiten gehören: Wenn eine Frau »Nein« sagt, so meint sie auch »Nein«. Erst recht, wenn es um ihren eigenen Körper geht. Lehnt eine Mutter das Stillen ab oder möchte abstillen, so muss dies künftig von Krankenschwestern, Ärzten und Ärztinnen, Hebammen etc. akzeptiert werden! Die Rücknahme der Stillterror-Gesetze wird hier vermutlich nicht mehr ausreichen.[86] Eine aktive Sensibilisierung des Fachpersonals muss ebenfalls erfolgen.

---

85 Homepage der Nationalen Stillkommission: http://www.bfr.bund.de/de/nationale_stillkommission-2404.html, Stand: 21.05.2013

86 Gemeint ist hier das Säuglingsnahrungswerbegesetz (SNWG), das seit 1994 die Aufdrucke auf den Milchpackungen und die Werbeverbote etc. regelt. Siehe auch: http://archiv.jura.uni-saarland.de/BGBl/TEIL1/1994/19942846.1.HTML, Stand: 21.05.2012.

Väter einbeziehen

Vaterschutz und mehr Partnermonate

So lange Vätern von ihren Arbeitgebern Steine in den Weg gelegt werden, wenn sie eine familiäre Auszeit nehmen möchten, können weder Väter noch Mütter ihren Alltag zu ihrer eigenen Zufriedenheit gestalten. Die Elternzeitmonate müssen egalitärer gestaltet werden, um gezielt Anreize für Väter zu setzen, länger in Elternzeit zu gehen. Wir wissen, dass sehr viele Väter mehr als zwei Monate in Elternzeit gehen möchten, jedoch die Reaktion des Arbeitgebers fürchten. Die zwei Partnermonate werden in Wirtschaft und Wissenschaft bereits häufig akzeptiert. Gerade da es diese Monate zusätzlich gibt, verstehen viele Arbeitgeber, dass man das Elterngeld hier nicht ‚verfallen' lassen möchte. Ein Vater, der zwei Monate in Elternzeit geht, handelt aus ihrer Sicht auch unter ökonomischen Aspekten logisch. Der Anteil der Partnermonate muss jedoch erhöht werden. Denkbar wäre eine schrittweise Anpassung des »12+2« auf ein »10+4« und schließlich auf ein »8+6«.

Auf der »WoMenPower 2012« verwies der Organisationsberater von »Väter & Karriere«, Hans-Georg Nelles, in seinem Vortrag »Väter & Wiedereinstieg. Die Rolle der Partner für einen gelingenden Wiedereinstieg«[87] auf das große Interesse von Vätern an der Elternzeit. Er attestierte der Regelung »12 Monate Elternzeit plus zwei Partnermonate« eine große Wirkungsmacht. Seiner Ansicht nach würden bei einem Modell mit beispielsweise 10 Elternzeitmonaten und vier Partnermonaten ähnlich viele Väter für vier Monate in Elternzeit gehen, wie derzeit für zwei Monate Elternzeit beantragen. Die Anreize, die die Politik hier bietet, und die Möglichkeiten, die sie eröffnet, beeinflussen in hohem Maße die individuelle Nutzung dieser Angebote innerhalb der Familien. Dieser Zusammenhang leuchtet ein, denn wenn es mehr Partnermonate gibt, die sonst verfallen würden, haben Väter, die länger als zwei Monate in Elternzeit gehen wollen, die Argumente bei ihrem Arbeitgeber auf ihrer Seite.

---

87 Programmbroschüre der WoMenPower 2012, http://files.messe.de/001/media/02informationenfrbesucher/broschueren_4/HANNOVER-MESSE_WoMenPower_Programmbroschre.pdf, Stand: 16.05.2012.

Elternzeit überarbeiten

Eine vernünftige Teilzeitregelung

Die Elternzeit muss auch bezüglich der Teilzeitregelung flexibler werden: Derzeit kann man zwar während der Elternzeit in Teilzeit arbeiten. Das Modell ist aber nicht gut durchdacht und daher für Eltern nur von Nachteil! Gerade für Eltern, die gerne gleichzeitig in Elternzeit gehen möchten, währenddessen aber auch stundenweise am Arbeitsplatz präsent sein wollen, gibt es keine sinnvolle Lösung. Eigentlich ein Skandal, denn Mütter wie Väter wollen oft beides: Beruf und Kind erleben. Der Wunsch, dass beide Elternteile für ein paar Monate vielleicht jeweils 10 Stunden am Arbeitsplatz sind und sich zu Hause abwechseln, ist also durchaus nachvollziehbar. Doch wie gestaltet sich das Elterngeld in diesem Fall? Zum einen kann man einen Elternzeitmonat immer nur ganz nehmen. Das heißt: wer während seiner Elternzeit seine Stelle nur um die Hälfte reduziert, muss dafür trotzdem einen ganzen Elternzeitmonat in Anspruch nehmen. Sinnvoller wäre es, die Elternzeit wie ein Stundenkontingent zu regeln. Wer seine Stelle halbiert, sollte die andere Hälfte seines Gehalts 24 Monate lang in Form des Elterngelds erhalten – also doppelt so lange wie bisher. Eltern, die sich die Elternzeit paritätisch teilen möchten, könnten dann beide für 14 Monate ihre Stelle halbieren und sich zu Hause abwechseln. Kristina Schröder fordert in ihrem Buch »Danke, emanzipiert sind wir selber!« von Arbeitgebern flexible Arbeitszeitmodelle. Weshalb bietet sie nicht selbst schon mal flexible Elternzeitmodelle an?

HINTERGRUND

Die aktuelle Teilzeitregelung birgt auch finanzielle Nachteile

Eine Mutter, die 1.200 EUR netto (und ca. 1.770 EUR brutto) verdient und zwölf Monate in Elternzeit geht, erhält in dieser Zeit ca. 750 EUR Elterngeld monatlich. Möchte sie in ihrer Elternzeit ihre Arbeitszeit nur um die Hälfte reduzieren, gestaltet sich die finanzielle Situation folgendermaßen: Sie erhält ca. 680 EUR netto (und ca. 880 EUR brutto) von ihrem Arbeitgeber. Hinzu kommen ca. 340 EUR Elterngeld als Ersatzleistung für ihr halbes Gehalt, das entfällt.

Das Elterngeld fällt allerdings unter den Progressionsvorbehalt. Das heißt, das Elterngeld selbst wird nicht besteuert. Es wirkt sich jedoch steuersatzerhöhend aus. Vom Brutto-Gehalt werden also mehr Steuern abgezogen als dies bei Personen der Fall ist, die tatsächlich nur 880 EUR monatlich brutto verdienen und nicht zusätzlich noch Lohnersatzleistungen erhalten. Eigentlich verständlich und gewissermaßen gerecht. Geht ein Elternteil jedoch während der Elterngeldbezugsmonate in Teilzeit arbeiten, löst die Kombination aus Teilzeit-Elternzeit und Progressionsvorbehalt eine perfide Kettenreaktion aus:

> Die oben beschriebene Mutter erhält während der Elternzeit monatlich insgesamt 1.020 EUR netto. Nach der Steuererklärung kommt dann allerdings ans Tageslicht: Der Steuersatz erhöht sich deutlich, es müssen Steuern nachgezahlt werden. Damit sinken dann die gesamten Einkünfte der Mutter während der Elternzeit nachträglich auf deutlich unter 1.000 EUR monatlich.

Sie könnte also für 750 EUR komplett zu Hause bleiben oder aber für 150 EUR mehr zwanzig Stunden wöchentlich arbeiten gehen. Fallen hierfür noch Spritkosten und Betreuungskosten an, wird schnell deutlich: Wer während der Elterngeldmonate seine Arbeitszeit lediglich reduziert, arbeitet ehrenamtlich und muss vielleicht Betreuung oder Sprit noch aus den Ersparnissen bezahlen.

Nicht nur aus Sicht der Eltern bietet die Teilzeit-Elternzeit finanzielle Nachteile. Für einen Staat sollte es allein aus ökonomischer Sicht von großem Interesse sein, statt einer Entgeltersatzleistung von monatlich 750 EUR lediglich 340 EUR bezahlen zu müssen. Die Mutter aus dem Beispiel hätte dem Staat also monatlich 410 EUR gespart. Zudem hätte sie in die Krankenkasse, Pflegekasse und Rentenkasse eingezahlt. Verrückt, dass sich der Staat dieses Geld entgehen lässt. Will ein Elternteil während der Elternzeit arbeiten gehen, reicht dem Staat offenbar diese Ersparnis von über 400 EUR monatlich nicht aus. Er versucht über die Steuer noch mehr Geld von diesen Eltern zu erhalten, bis es sich gar nicht mehr lohnt, in der Elternzeit erwerbstätig zu sein. Ein Lehrer aus Peine ist in eben diese Falle getappt. Er wollte seinen Leistungskurs trotz Elternzeit bis zum Abitur führen, um den Schülern und Schülerinnen einen Lehrerwechsel so kurz vor den Prüfungen zu ersparen. Es wurde ihm sogar dazu geraten, schließlich könnte er sich so in der Elternzeit noch »etwas dazu verdienen«. Als ihm dämmerte, dass er sich nur ein Taschengeld dazu verdiente, wurde er im Kollegium bekannt als der »1-Euro-Jobber«.

Politische Veränderungen für zufriedene Mütter

Weitere politische Forderungen von Frauen und Müttern, die erstens ihre eigene Zufriedenheit steigern, zweitens zu mehr Anerkennung und Wertschätzung führen und drittens für Gleichberechtigung sorgen würden, sind zum Beispiel:

- das Einführen einer Frauen-Quote (oder vielleicht auch einer Mütter-Quote) für Führungspositionen in Wissenschaft, Wirtschaft und Politik,
- gleiche Gehälter für Männer und Frauen,
- ein Mindestmaß an Körperfett (oder auch Kleidergröße oder BMI) für Laufsteg- und Werbemodels.

Verschwendetes Potenzial

Bisherige und geplante Subventionierungen der Hausfrauenehe, wie das Ehegattensplitting und das Betreuungsgeld, müssen zugunsten eines Familiensplittings und des Ausbaus der Betreuungsplätze abgeschafft werden! Sie verhindern, dass Mütter in einer Arbeitsgesellschaft arbeiten gehen. Stattdessen verschwendet man diese Milliarden dafür, dass die über viele Jahre erworbenen akademischen und beruflichen Qualifikationen von Frauen brachliegen. Wir dürfen nicht länger hinnehmen, dass der Staat bei einer Mutter, die wieder an ihren Arbeitsplatz zurückkehren möchte, an die Tür klopft und sagt »Es wäre mir lieber, du würdest nicht erwerbstätig sein. Wenn du trotzdem in deinen Job zurück möchtest, dann sorge ich dafür, dass du dadurch keine finanziellen Vorteile, sondern sogar finanzielle Nachteile hast. Bleibst du schön brav zu Hause, machst dich abhängig von deinem Mann und verpasst beruflich absolut jeden Anschluss, dann bezahle ich dich jetzt dafür.« Das böse Erwachen kommt dann später…

*Mütter wollen arbeiten gehen,
Mütter müssen arbeiten gehen können.*

Der alltägliche Boykott

Zu guter Letzt wäre es nur konsequent, den Kriegstreibern, die den Druck auf Mütter erhöhen, das Wasser abzugraben. Niemand muss Produkte von Firmen kaufen, die frauenfeindliche Werbung machen, oder Zeitschriften lesen, in denen ein krankhaftes Schönheitsideal propagiert wird. Keine Frau muss in einem Krankenhaus entbinden, in welchem nicht-stillende Frauen herabwürdigend behandelt werden. Mütter müssen nicht jede Woche zu den gleichen Zeitschriften greifen, um sich noch mehr Regeln und Verbote bezüglich der Kindererziehung und Haushaltsführung durchzulesen. Mit dem Geld und der Zeit sollten Sie lieber mit einer Freundin einen Kaffee trinken gehen, während Ihr Mann sich um Haushalt und Kinder kümmert!

X. Literaturverzeichnis

Assmann, Aleida: Erinnerungsräume. Formen und Wandlungen des kulturellen Gedächtnisses, München 1999.

Battegay, Raymond: Die Hungerkrankheiten. Unersättlichkeit als krankhaftes Phänomen, erw. Ausg., Frankfurt am Main 1987.

Behnke, Cornelia und Meuser, Michael: Vereinbarkeitsmanagement. Zuständigkeiten und Karrierechancen bei Doppelkarrierepaaren, In: Heike Solga, Christine Wimbauer (Hrsg.): »Wenn zwei das Gleiche tun...« – Ideal und Realität sozialer (Un-)Gleichheit in Dual Career Couples, Opladen 2005, S. 123–139.

Bertram, Hans: Work-Life-Balance: Möglichkeit, Wirklichkeit oder Illusion?, Tagung FamilienMitArbeit, am 6.11.2009 an der HAWK Hildesheim, http://www.hawk-hhg.de/gleichstellung/ 159473.php.

Bourdieu, Pierre: Die feinen Unterschiede. Kritik der gesellschaftlichen Urteilskraft, Frankfurt am Main 1987 (frz. Original von 1979).

Estor, Julia: Der allgegenwärtige Körper? Der >kleine Unterschied< und seine Manifestationen in der Entstehung und Verarbeitung weiblicher Körperscham. In: Elisabeth Rohr (Hg.): Körper und Identität. Gesellschaft auf den Leib geschrieben. Königstein/Taunus 2004, S. 69–88.

Festinger, Leon: Theorie der kognitiven Dissonanz, Bern, Stuttgart, Wien 1978.

Herman, Eva: Vom Glück des Stillens. Körpernähe und Zärtlichkeit zwischen Mutter und Kind, Hamburg 2003.

Iovine, Vicki: Beim ersten Kind gibt's tausend Fragen. Alles was Ärzte nicht sagen, Männer nicht wissen und nur die beste Freundin verraten kann, München 2006.

Kister, Cornelie: Mütter, euer Feind ist weiblich! Wie Frauen sich gegenseitig das Leben zur Hölle machen, Frankfurt am Main 2007.

Mähler, Bettina; Musall, Peter: Elern-Burnout. Wege aus dem Familienstress, Hamburg 2007 (2. Aufl.).

Maihofer, Andrea: Was wandelt sich im aktuellen Wandel der Familie?, In: Beerjorst, J.; Demirovic, A.; Guggemos, M. (Hg.): Kritische Theorie im gesellschaftlichen Strukturwandel, Frankfurt am Main 2004, S. 384-408.

Maurer, Wolfgang: Impfgegner gibt es seit es Impfungen gibt, JATROS Vaccines 1/2003.

Meves, Christa: Kinderschicksal in unserer Hand. Erfahrungen aus der psychagogischen Praxis, Freiburg, Basel, Wien 1974.

Meves, Christa: Ohne Familie geht es nicht. Ihr Sinn und ihre Gestaltung, Kassel 1983.

Meves, Christa: Es geht um unsere Kinder. Erfahrungen und Einsichten aus der Beratungspraxis, Gießen 1988.

Mundlos, Christina: Die traditionelle Mutterrolle als Heilsversprechen. Argumentationsanalyse am Beispiel von Eva Herman und Christa Meves, Marburg 2010.

Mundlos, Christina: Schönheit, Liebe, Körperscham. Schönheitsideale in Zeitschriften und ihre Wirkung auf Mädchen und Frauen, Marburg 2011.

Öhlschläger, Claudia: Gedächtnis, In: Christina von Braun/Inge Stephan (Hg.): Gender@Wissen. Ein Handbuch der Gender-Theorien, S. 239-260.

Ökotest Sonderheft: Jahrbuch Kleinkinder für 2007 (Nr. 4).

Reiter, Sabine: Impfkritische Gruppierungen in Deutschland; Wahrnehmung in der Gesellschaft, Mainz 2009, http://www.nationale-impfkonferenz.de/media/Vortraege_Eingeladene_Referenten/Reiter.pdf, Stand 05.05.2012.

Rohrmann, Tim: Gender Mainstreaming in Kindertageseinrichtungen, Aus: Kindertageseinrichtungen aktuell, Ausgabe ND, 2003, Jg. 11, Heft 11, S. 224-227.

Schenk, Herrad: Die feministische Herausforderung. 150 Jahre Frauenbewegung in Deutschland, 6. Aufl., München 1992.

Schröder, Kristina; Waldeck, Caroline: Danke, emanzipiert sind wir selber! Abschied vom Diktat der Rollenbilder, München 2012.

von Braun, Christina; Stephan, Inge (Hg.): Gender@Wissen. Ein Handbuch der Gender-Theorien, Köln, Wien 2005.

Wardetzki, Bärbel: Weiblicher Narzißmus. Der Hunger nach Anerkennung, 16. Aufl., München 2004.

Internetquellen

Homepage der Bundeszentrale für gesundheitliche Aufklärung, Stillen und Muttermilchernährung (Bd. 3), http://www.bzga.de/?uid=9680786df0733668a55f2f866d4e2e84&id=medien&sid=1&idx=628, Stand: 2.1.2012.

Homepage der Zeitschrift EMMA, http://www.emma.de/ressorts/artikel/neue-vaeter/erfolgsstory-neue-vaeter/, Stand: 28.05.2012.

Homepage der Zeitschrift Focus, Artikel vom 14.10.2007, Laetitia Seybold: Die Mehrheit will in den Job zurück, http://www.focus.de/finanzen/karriere/berufsleben/beruf-und-familie/tid-7656/berufstaetige-muetter_aid_135719.html, Stand: 6.2.2012.

Artikel, Impfen – Pro und Contra, http://www.enjoyliving.at/gesund-und-fit-magazin/ratgeber-gesundheit/gesundheit-aktuell/impfen-pro-und-contra.html, Stand: 3.1.20012.

Aus der Monatsschrift Kinderheilkunde 10/2002, Fakten zum Stillen in Deutschland. Ergebnisse der SuSe-Studie, http://resources.meta press.com/pdf-preview.axd?code=nufhjg2amax9ujkp&size=largest, Stand: 2.1.2012.

Kreutz, Heike: Honig – Säuglingsbotulismus, http://www.babyernaeh-rung.de/brei/beikost-i/botulismus-saeuglingen, Stand: 05.05.2012.

Mundlos, Christina: »14 Tage Mutterschutz für Väter«, https://www.dialog-ueber-deutschland.de/DE/20-Vorschlaege/10-Wie-Leben/Ein zelansicht/vorschlaege_einzelansicht_node.html?cms_idIdea=13302, Stand: 16.05.2012 .

Homepage der Nationalen Stillkommission, Artikel vom 29.09.2006: Stillen – es dürfte etwas länger sein, http://www.bfr. bund. de/de/presseinformation/2006/27/stillen_es_duerfte_etwas_laenger_sein_-8416.html, Stand: 2.1.2012.

Homepage der Nationalen Stillkommission, Artikel vom 14.05.2003: Checkliste für Wöchnerinnen klärt Fragen rund ums Stillen, http://www.bfr.bund.de/de/presseinformation/2003/11/checkliste_fuer_woechnerinnen_klaert_fragen_rund_ums_stillen-2131. html, Stand: 2.1.2012.

Homepage der Nationalen Stillkommission, Aktualisierte Elterninformation vom 26.03.2003 (aktualisiert am 1.8.2007): Stillen und Berufstätigkeit, http://www.bfr.bund.de/cm/343/stillen_und_berufstae tigkeit.pdf, Stand: 2.1.2012.

Homepage der Nationalen Stillkommission, Artikel vom 20.6.2005, Stillen ohne wenn und aber, http://www.bfr.bund.de/de/presseinf

ormation/2005/20/stillen_ohne_wenn_und_aber-6434.html, Stand: 6.2.2012.

Homepage der Nationalen Stillkommission: http://www.bfr.bund.de/de/nationale_stillkommission-2404.html, Stand: 21.05.2013

Homepage des Bundesgesetzblatt 1994 Teil I Seite 2846: http://archiv.jura.uni-saarland.de/BGBl/TEIL1/1994/19942846.1.HTML

Homepage des Zukunftsdialog: https://www.dialog-ueber-deutschland.de/DE/20-Vorschlaege/10-Wie-Leben/Einzelansicht/vorschlaege_einzelansicht_node.html?cms_idIdea=13302, Stand: 21.05.2012

Homepage von http://www.schweden-seite.de/auswandern_kinderbetreuung_in_schweden.html, Stand: 21.05.2012

Niedersächsisches Kultusministerium (Hg.): Kerncurriculum für das Gymnasium Schuljahrgänge 5-10 Geschichte, Hannover 2008, http://db2.nibis.de/1db/cuvo/datei/kc_gym_gesch_08_nib.pdf, Stand: 05.05.2012.

Niedersächsisches Kultusministerium (Hg.): Kerncurriculum für das Gymnasium – gymnasiale Oberstufe Geschichte, Hannover 2011, http://db2.nibis.de/1db/cuvo/datei/kc_geschichte_go_i_03-11.pdf, Stand 05.05.2012.

Niedersächsisches Kultusministerium (Hg.): Kerncurriculum für die Realschule Geschichte, Hannover 2008, http://db2.nibis.de/1db/cuvo/datei/kc_rs_gesch_08_nibis.pdf, Stand: 05.05.2012.

Niedersächsisches Kultusministerium (Hg.): Kerncurriculum für die Hauptschule Geschichte, Hannover 2008,http://db2.nibis.de/1db/cuvo/datei/kc_hs_gesch_08_nibis.pdf, Stand: 05.05.2012.

Schersch, Stephanie: Honig bringt Babys in Gefahr, Pharmazeutische Zeitung Online, http://www.pharmazeutische-zeitung.de/index.php?id=30355, Stand: 05.05.2012.

Schmelz, Andrea: Welche Wurst für Kinder gut ist, http://www.elternwissen.com/ernaehrung/rezepte-fuer-kinder/art/tipp/welche-wurst-fuer-kinder-gut-ist.html, Stand: 05.05.2012.

Zenz, Werner: Argumente von Impfgegnern, http://www.impfinformationen.de/startseite/impfgegner/impfgegner-argumente.html, Stand 05.05.2012.

Programmbroschüre der WoMenPower 2012, http://files.messe.de/001/media/02informationenfrbesucher/broschueren_4/HANNOVER-MESSE_WoMenPower_Programmbroschre.pdf, Stand: 16.05.2012.